AX시대, 기업의 승부수는 사업·서비스·조직의 AI 전환에 있다

SEISEI AI JIDAI WO KACHINUKU JIGYO · SOSHIKI NO TSUKURIKATA
written by KENT Kajitani.
Copyright ⓒ 2024 by KENT Kajitani
All rights reserved.
Originally published in Japan by Nikkei Business Publications, Inc.
Korean translation rights arranged with Nikkei Business Publications, Inc.
through Danny Hong Agency.

AX 시대, 기업의 승부수는 사업·서비스· 조직의

AI 전환에 있다

모두가 알아야 할 생성형 AI가 이끄는
AI 전환 프레임워크

카지타니 켄토梶谷健人 지음 | **안동현** 옮김

프리렉

서문

"생성형 AI가 굉장하다!"라 말하는 기사나 책은 많습니다.

그러나 실무자인 경영진이나 사업 리더가 정말로 알고 싶어 하는 것, 즉 '어떻게 생성형 AI를 활용해 우리의 사업·조직을 성장시킬 수 있을까?'라는 질문을 다루는 글은 아직 부족해 보입니다. 실제로 필자에게도 생성형 AI를 활용한 사업·조직의 성장과 관련한 상담이 많이 들어오며, 필자 스스로도 고객들과 함께 여러 구상을 해보며 그 답을 탐구해 왔습니다.

이 책의 목표는 경영진이나 사업 리더 그리고 서비스 개발에 종사하는 분들이 진정으로 원하는, 생성형 AI에 관한 지식 및 노하우를 제공하는 것입니다.

지금까지 신규 사업 개발이나 서비스 성장의 조언자로서 여러 기업을 지원하기도 했고, XR/메타버스 스타트업인 MESON(메존)을 약 5년간 직접 경영하기도 했습니다. 그리고 현재는 생성형 AI를 활용한 기업 성장과 관련하여, TV 도쿄 및 엑사위저즈Exawizrds(AI 분야 일본 상장 기업)를 비롯해 10여 곳의 기업에 고문으로서 관여하고 있습니다.

필자는 이상 기업 경영, 신규 사업 개발, 서비스 디자인 등의 개인 경험과 생성형 AI 분야의 지견을 조합하여 수많은 AI 관련 도서 중 독특한 이 도서

한 권을 만들어냈다고 자부합니다.

이쯤에서 이 책의 구성에 대해 소개하겠습니다. 이 책에서는 사업 개발, 서비스 개발, 조직 개발이라는 3가지 주제와 '현재'와 '미래' 2개의 시간 축을 엮어 내용을 전개해 나갑니다.

● 이 책의 구성

	전체 개요	사업 개발	서비스 개발	조직 개발
현재	들어가며_ 생성형 AI의 충격과 그 능력	1장 성공하는 생성형 AI 사업·제품	3장 생성형 AI 서비스의 UX 디자인 포인트	5장 조직의 생산성을 높이는 생성형 AI 활용 기술
미래		2장 생성형 AI 시대, 산업과 사회는 어떻게 변화할 것인가?	4장 생성형 AI 기술이 바꿔 놓을 사용자 경험	6장 생성형 AI 시대에 살아남는 조직 만들기

우선 [들어가며]에서는, 생성형 AI의 기세와 그것이 우리 사회·비즈니스에 미치는 영향, 더 나아가서는 각 분야마다 최신 생성형 AI로 어떤 일을 할 수 있는지 등을 두루 살펴보며 전체적인 개관을 제시합니다.

이어지는 1장에서는 성공하는 생성형 AI 사업·제품의 구상법에 대해 설명합니다. 독자적인 방법론이나 프레임워크를 소개할 뿐 아니라, 더 파고들어 생성형 AI로 무엇까지 할 수 있는지에 관해서도 7가지 분류로써 알기 쉽게 보여줄 것입니다. 생성형 AI를 더 깊이 이해하기 위해서 특히 필독해 주었으면 하는 장입니다.

2장에서는 보다 거시적인 관점에서 생성형 AI가 만들어 나갈 우리 사회나 개별 산업의 미래를 예측합니다. 이 미래 예측은 크게 두 가지로 나누어 제시할 것입니다. 첫 번째는 중장기 미래로, 15~20년의 시간 축에서 사회 전체나 사람 본연의 모습이 어떻게 변화할 것인지를 논합니다. 그리고 두 번째로는 향후 5~10년에 걸쳐 각 산업이 어떻게 변화해 갈지, (비교적) 단기 미래를 그려 보고자 합니다.

3장부터는 무대를 사용자 경험(UX)에 옮겨, 생성형 AI 나름의 우수한 사용자 경험을 만들기 위해 필요한 프레임워크나 최선의 실행 방법을 소개합니다. 앞으로는 사용자 경험 그 자체도 생성형 AI에 따라 크게 변화할 것입니다. 4장에서는 그러한 생성형 AI 시대에서 일어날 UX 양상의 변화를 '5개 키워드'로 해설합니다.

5장의 주제는 조직 개발입니다. "생성형 AI로 어떻게 조직의 생산성이나 결과물의 질을 높일 것인가?"라는 관점에서, 이용해야 할 생성형 AI 도구나 'AI에 어떤 질문을 던져야 하는지' 같은 지극히 구체적인 프롬프트 엔지니어링을 소개합니다.

앞으로의 시대는 생성형 AI를 통해 종래의 업무 프로세스를 쇄신하여 새로운 사업 가치를 창출할 수 있는, 이른바 '생성형 AI 네이티브 조직'이 높은 경쟁력을 발휘하는 시대가 될 것입니다. 마지막 6장에서는 조직을 생성형 AI

네이티브로 바꾸어 나가기 위해 필요한 구체적인 단계나 단계별 핵심에 대해 설명하고자 합니다. 이어서 생성형 AI가 침투한 시대의 조직이 어떤 모습일지, 미래 예상도 제시합니다. 경영진이라면 눈여겨봐 두어야 할 대목입니다.

이 내용들을 통해 독자는 단순히 생성형 AI 지식을 얻는 데 그치지 않고, 그 기술을 자사의 사업 전략이나 조직 강화에 어떻게 활용할지에 대해 구체적인 이미지나 가이드라인을 얻을 수 있습니다.

또한 각 장에 포함된 추가 칼럼에는 해당 장의 이해를 돕기 위한 보충 설명도 있고 창의성이나 뇌과학 등의 관점에서 생성형 AI를 고찰한 내용도 실려 있어, 독자의 지적 호기심을 자극할 만하다고 생각합니다. 더욱이 부록으로 일반인도 알기 쉬운 생성형 AI 기술 해설, 주목받는 생성형 AI 분야 스타트업 리스트, AI 관련 추천 소식지 목록 등을 만나볼 수 있습니다. 이 책을 읽고 난 후에도 학습이나 연구를 더 심화할 수 있도록 안배해 두었으니, 꼭 살펴주었으면 합니다.

부디 이 책이 생성형 AI 시대라는 격랑 속을 나아가는 독자 여러분의 여정에 있어, 가야 할 길을 가리켜주고 용기를 북돋아 주는 좋은 파트너가 되기를 바랍니다. 이제 그 마음을 안고 본편으로 들어가 봅시다.

_ 카지타니 켄토 梶谷健人

차례

PART 1

사업 개발

PART

3

조직 개발

들어가며

생성형 AI의 충격과
그 능력

이 책을 통해, 생성형 AI를 어떻게 사업이나 조직의 성장으로 연결할 것인지를 알아보고자 합니다. 그 전제로, 우선 생성형 AI의 기세와 그것이 우리 사회와 비즈니스에 미치는 영향, 더 나아가서는 분야마다 최신 생성형 AI로 어떤 일을 할 수 있는지 등을 두루 살펴보며 전체적인 개관을 제시하고자 합니다.

생성형 AI의 충격을 올바르게 평가하고, 각 분야에서 어떤 일이 가능해졌는지 이해하는 것은 향후 기업 경영이나 사업 운영에 있어 필수 지식이 되어 가고 있습니다. 독자 여러분도 이 장에서 꼭 그 전모를 파악하길 바랍니다. 또한 생성형 AI의 기술적 구조에 관해서는 [부록(1)]에서 자세히 설명하고 있으므로, 흥미가 있다면 되도록 읽어 보길 권합니다.

챗GPT, 급속하게 찾아온
역사적 전환점

생성형 AI 서비스의 대표 격이라 할 수 있는 미국 OpenAI사의 대화형 AI, 챗GPT(ChatGPT)가 출시 후 불과 2개월 만에 MAU(월간 활성화 사용자 수) 1억 명을 돌파함과 함께, AI는 일부 기술자의 전유물에서 벗어나 일반인들도 당연히 사용하는 것으로 바뀌었습니다.

● 월간 활성화 사용자 수(MAU) 1억 명을 돌파하기까지 걸린 기간(단위: 개월)

UBS, 「Let's chat about 챗GPT」(https://www.ubs.com/us/en/wealth-management/insights/marketnews/article.1585717.html)를 바탕으로 저자 작성

더욱 상징적인 대목은 마이크로소프트 창업자 빌 게이츠가 '게이츠노트'를 통해 기고한 "AI 시대가 시작됐다.(The Age of AI has begun)"라는 제목의 글에서 살펴볼 수 있습니다. 그는 "내 삶에서 실로 혁명적이라고 느꼈던 기술의 출

현은 단 두 번이었다. 최초는 1980년 GUI를 봤을 때였다. 그리고 두 번째는 2022년 OpenAI의 AI를 보았을 때이며, GUI 이래 기술에 있어 가장 중요한 진보를 목격했다고 생각했다."라고 말했습니다. 과거에도 AI의 유행은 여러 번 있었으나 실제로 최종 사용자에게 널리 쓰이기 시작하게 된 점과 오랜 세월 기술의 진화를 지켜봐 온 빌 게이츠가 이 정도로 호평하는 점으로 미루어 볼 때, 이번 AI의 '브레이크 스루break through*'는 그야말로 역사적인 전환점이 되는 듯합니다.

GPT-4의 충격

실제로 AI 모델의 진화도 대단합니다. 그 대표적인 예가 OpenAI의 GPT-4 입니다. GPT-4란, 챗GPT 같은 애플리케이션의 뒤쪽에서 움직이고 있는 AI 모델, 대규모 언어 모델LLM입니다.

● 챗GPT와 GPT-3.5, GPT-4의 관계

---

* 컴퓨터 시스템의 개발 프로젝트 등에서 기술적으로 어려운 문제를 해결하여 프로젝트를 성공시키는 것 등을 가리킵니다.

GPT-4는 기존의 텍스트 입력뿐 아니라 이미지 입력에도 대응합니다. 스크린샷 이미지로부터 실제 동작하는 웹 사이트를 생성하거나, 스마트폰 카메라 너머의 정보를 읽어내어 시각장애인을 위해 음성 가이드를 제공하고 스포츠 영상을 바탕으로 실황 중계까지 해내는 등 이미 다양한 활용 서비스나 데모가 속속 생겨나고 있습니다.

● GPT-4를 사용하여 시각장애가 있는 사용자를 돕는 '비 마이 아이즈 Be My Eyes'

출처: Be My Eyes (https://www.bemyeyes/com)

게다가 지능 면에서의 성능도 대폭 향상되고 있습니다. OpenAI가 2023년 발표한 「GPT-4 Technical Report(GPT-4 기술 보고서)」에 따르면, 챗GPT 초기 탑재되었던 GPT-3.5 모델은 미국 사법시험에서 하위 10%의 점수를 기록했지만, GPT-4는 상위 10%에 해당하는 점수를 받는다고 합니다(출처 상세는 그래프 하단 참조). 또한 기존 의약품의 정보를 보내고 신약의 고안을 지시하면 유사한 성질을 가진 화합물을 발견할 뿐 아니라, 기존 특허를 침해하지 않도록 조합을 수정하고 해당 물질을 구매할 수 있는 공급업체를 특정해 주문 메일을 작성하는 일까지 해치웁니다.

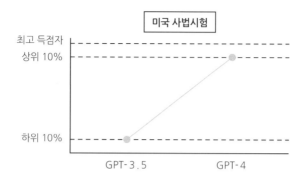

출처: OpenAI (2023), 「GPT-4 Technical Report(GPT-4 기술 보고서)」, arXiv:2303.08774v4 (https://arxiv.org/
abs/2303.08774)

03

소프트웨어 서비스도 AI에 의해
파괴되는 시대

이렇게 급속한 AI의 진화는, 기업에도 큰 영향을 미치고 있습니다. 지금까지는 세계적 벤처캐피털 앤드리슨 호로위츠Andreessen Horowitz의 공동 창업자 마크 앤드리슨Marc Andreessen의 유명한 말, "소프트웨어가 세상을 먹어 치우고 있습니다."가 상징하는 것처럼, 소프트웨어 서비스가 종래의 산업이나 서비스를 파괴하는 입장이었습니다.

그러나 지금은 세계 1위 GPU 생산 기업 엔비디아NVIDIA 대표 젠슨 황Jensen Huang이 "AI가 소프트웨어를 먹어 치우고 있습니다."라 발언한 대로, 소프트웨어 서비스가 새로운 생성형 AI 서비스에 의해 파괴되는 쪽으로 돌아가고 있습니다. 이를 상징하듯이, 세계 최대 인터넷 기업인 구글조차도 챗GPT 등 대화형 AI 서비스의 보급에 따라 자사 검색 광고 비즈니스가 심각한 피해를 입을 것을 우려하여, 2022년 말 사내에 비상사태를 선포하기도 했습니다.

즉, 이번 AI의 변화는 구글처럼 확고부동해 보였던 기업조차도 위기감을 느끼고 대처할만한 수준의 변화인 것입니다.

04

새로운 유니콘 기업이
탄생하고 있다

한편, 생성형 AI는 기업 성장의 큰 순풍이 되고 있습니다. 2023년 10월 기준으로 생성형 AI 관련 유니콘 기업(기업 평가액 10억 달러 이상의 미상장 기업)이 이미 20개 넘게 탄생한 것으로 파악되었습니다. 여기서도 알 수 있듯, 생성형 AI로 인해 광대한 시장이 신흥시장으로서 열리고 있는 것입니다.

2023년 10월 기준 평가액 10억 달러 이상을 기록한 기업 목록

기업	평가액
Open AI	290억 달러
Scale AI	73억 달러
Anthropic	44억 달러
cohere	22억 달러
Hagging Face	20억 달러
Lightricks	18억 달러
Zhipu AI	16억 달러
runway	15억 달러
Jasper	15억 달러
AI21 Labs	14억 달러
Replit	12억 달러
Light Years Beyond	12억 달러
Infrection	12억 달러
Adept	10억 달러
character.ai	10억 달러
stability.ai	10억 달러
glean	10억 달러
Synthesia	10억 달러
Typeface	10억 달러
Imbue	10억 달러

각 사 공개정보 등을 기반으로 필자 직접 작성

05

생성형 AI는 한때의 유행이 아니다

생성형 AI 분야의 유니콘 기업 중 상징적인 기업을 하나 소개하겠습니다.

바로 영국의 신테시아Synthesia입니다. '신테시아'란, 원고를 입력하는 것만으로 AI 아바타가 사실적인 몸짓과 발음으로 말하고 있는 영상을 생성할 수 있는 서비스입니다. 신테시아에서 생성된 영상을 찾아보면, 실제 사람이 이야기하는 듯한 현실적인 느낌을 받을 것입니다. 현재 신테시아는 주로 사내 연수나 마케팅에 활용될 콘텐츠 생성에 쓰이며, 충분히 실용적이라고 평가받습니다. 따라서 미국 존슨앤존슨Johnson & Johnson, 아마존Amazon을 비롯해 5만 개사 이상에 이미 도입되어 시장을 확실히 장악하고 있습니다.

생성형 AI라 하면 과거의 메타버스나 Web3 붐과 같이 기대치만 있을 뿐이지, 아직 실제 비즈니스로 연결하고 있는 기업은 거의 없다고 생각할지도 모릅니다. 그러나 신테시아는 물론 이후에 소개할 여러 기업이 그렇듯, 실제 대규모 사업으로서 성립되고 있는 생성형 AI 기업은 많습니다.

이처럼 생성형 AI는 기업에 있어 강한 순풍도, 쇠퇴의 계기도 될 수 있는 극히 충격이 큰 기술 변화라 말할 수 있겠습니다.

● 신테시아Synthesia

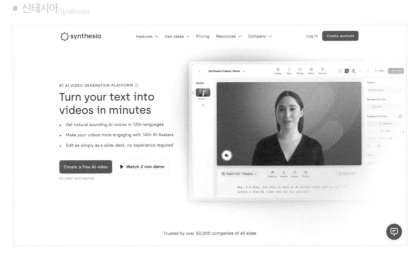

출처: Synthesia (https://www.synthesia.io/)

06

개인: 'AI 파트너력'을 갖춘 인재가 각광받는다

생성형 AI가 일으킨 충격은, 기업만이 아니라 개인에게도 당연히 큰 영향을 미칩니다. 챗GPT가 인간의 업무에 미치는 영향을 분석해 티나 일론도 Tyna Eloundou 등이 2023년 발표한 OpenAI 논문 「GPTs are GPTs: An Early Look at the Labor Market Impact Potential of Large Language Models(GPTs는 GPTs다: 대규모 언어 모델의 노동 시장 영향 잠재력에 대한 조기 조사)」는 향후 미국 노동자 약 80%가 AI의 영향을 받게 될 것이라고 예측했습니다(출처 상세는 다음 그림 하단 참조). 또 같은 주제의 맥킨지앤컴퍼니McKinsey & Company 보고서 「The economic potential of generative AI(생성형 AI가 가져올 잠재적 경제 효과)」에서는 생성형 AI에 의해 종업원 업무 시간의 약 60~70%가 '절약'될 가능성이 제기되고 있습니다.

화이트칼라 노동자나 창작자가 AI로 직접 대체되는 일은 당분간은 일어나지 않을 것으로 보입니다. 하지만 AI를 잘 사용하는 인력이 그렇지 못한 인력을 대체하는 움직임은 앞으로 거세질 것입니다. 앞으로는 AI를 얼마나 좋은 파트너로 만들 수 있는지를 뜻하는 'AI 파트너력'이, 인재의 능력이나 가치를 크게 좌우하는 시대가 찾아올 것입니다.

모든 직업의

약 **80**%가

AI의 영향을 받습니다

직원의 업무 시간의

약 **60 ~ 70**%가

'절약'될 가능성이 있습니다

출처: 「GPTs are GPTs」

출처: 「The economic potential of generative AI」

출처(좌): Tyna Eloundou et al. (2023), 「GPTs are GPTs: An Early Look at the Labor Market Impact Potential of Large Language Models」, arXiv:2303.10130v5 (https://arxiv.org/abs/2303.10130)

출처(우): 맥킨지앤컴퍼니, 「The economic potential of generative AI(생성형 AI가 가져올 잠재적 경제 효과)」 (2023년 6월) https://www.mckinsey.com/capabilities/mckinsey-digital/our-insights/the-economic-potential-of-generative-ai-the-next-productivity-frontier#/

생성형 AI는 고도의 두뇌 노동에도 영향을 미친다

생성형 AI에 의한 업무 효율화는 사무나 문서 작성 등 어느 정도 반복적인 업무에 한정된다고 여겨지는 부분이 있습니다. 하지만 사실 그 영향 범위에는 고도의 두뇌 노동도 포함됩니다. 하버드 비즈니스 스쿨에 게재된 AI가 두뇌 노동에 미치는 영향에 대해 조사한 논문(파브리조 델라쿠아 외Fabrizio Dell'Acqua et al., 2023)에 따르면 세계적 컨설팅 기업인 미국 보스턴 컨설팅 그룹BCG의 컨설턴 트 758명을 대상으로 한 실험에서, AI를 사용한 컨설팅이 AI 비사용 컨설팅 에 비해 평균 12% 더 많은 건수를 처리하고 25% 더 빠르게 과제를 해결했으며, 40% 더 높은 품질의 결과물을 낸 것으로 나타났습니다.

특히 주목할 만한 것은 '저성과자low performer'를 포함한 전체적인 저점이 끌어올려졌다는 점입니다. 다음 그림의 위쪽 그래프가 GPT-4를 사용하지 않고 업무를 수행했을 때의 업무 성과 분포입니다. 여기서 평균 이상의 업무 성과를 내는 직원을 '고성과자high performer', 그렇지 않은 직원을 '저성과자low performer'라 하고, GPT-4를 사용했을 때의 업무 성과 분포를 나타낸 것이 아래쪽 그래프입니다. 이를 살펴보면 전체적인 업무 성과가 향상되어 그래프 분포가 전체적으로, 오른쪽으로 쏠린 것을 확인할 수 있습니다. 조직의 하의 상달 방식은 경영진에게 중요한 이슈이기 때문에, 조직 경영 차원에서 이 연구가 보여주는 생성형 AI의 가능성은 크다고 할 수 있습니다. 또한 개인 차원에서도 설사 특정 업무 영역에서 성과가 평균 이하라 하더라도, 적절하게 생성형 AI의 손을 빌리면 성과를 크게 향상시킬 수 있음을 의미합니다.

● BCG에서의 GPT-4 사용 여부에 따른 업무 성과 분포도

참고: 이 결과는 '제품 개발 아이디어 창출 및 기획' 과제의 성적(10점 만점 평가)만을 반영하고 있습니다. 기초과제의 성적은, 동종 업무에 있어서의 숙련도를 나타내는 것으로서 대용합니다. 두 분포 모두 과제 간 채점의 일관성을 높게 유지하기 위해 GPT-4에 의한 평점을 반영하고 있습니다.

출처: 인간과 생성형 AI의 협동에 관한 실험(2023년 5월부터 6월까지 실시), 보스턴 컨설팅 그룹 분석 © Boston Consulting Group 2023-All Rights Reserved.

08

생성형 AI가 가져올
막대한 경제 효과

지금까지 본 것처럼, 생성형 AI는 기업의 사업 및 조직 양 측면에 모두 큰 충격을 줄 것입니다. 실제로 생성형 AI가 경제에 미치는 영향을 경제적으로 추산한 맥킨지앤컴퍼니 보고서 「The economic potential of generative AI(생성형 AI가 가져올 잠재적 경제 효과)」를 보면 그 충격의 크기가 두드러집니다. 기존 산업에 생성형 AI가 응용됨으로써 태어나는 신 산업의 경제 규모는 2.6조~4.4조 달러(한화 약 3,608조~6,107조 원)이며, 생성형 AI에 의한 생산성 향상의 경제적 영향은 무려 6.1조~7.9조 달러(한화 약 8,466조~1경 원)에 이른다고 합니다. 2022년 우리나라의 국내총생산GDP이 약 2,161조 원(1.6조 달러)임을 생각하면 실로 어마어마한 경제 충격임을 알 수 있습니다.

생성형 AI 기술의 기존 산업
응용에 의한 경제 효과

2.6조~4.4조 달러

생성형 AI 기술을 활용한
생산성 향상에 따른 경제 효과

6.1조~7.9조 달러

출처: 맥킨지앤컴퍼니, 「The economic potential of generative AI(생성형 AI가 가져올 잠재적 경제 효과)」 (2023년 6월)
https://www.mckinsey.com/capabilities/mckinsey-digital/our-insights/the-economic-potential-of-generative-ai-the-next-productivity-frontier#/

09

생성형 AI의 활용 수준이 큰 격차를 가져온다

이런 큰 변화를 받아, AI가 인간의 일자리를 빼앗았다는 비관적인 기사도 많습니다. 다만 이 책을 손에 쥔 여러분처럼, 이 변화를 제대로 맞이하고 AI를 좋은 파트너로 삼는 데 성공한 개인이나 기업에는 오히려 황금시대가 도래한다고 말할 수 있습니다.

일단 개인의 관점에서 말하자면, 생성형 AI는 종으로 횡으로 자신의 능력을 확장할 기회이기 때문입니다. 전문 영역을 보다 깊게 하여 업무의 질을 향상시키거나, 지금까지 능력의 제약으로 포기하고 있었던 영역에도 과감히 발을 내디딜 수 있게 됩니다. 실제로 지금도 챗GPT나 생성형 AI를 사용한 코딩 지원 서비스 '깃허브 코파일럿GitHub Copilot' 등을 이용하여 문서 작성이나 코딩의 생산성을 몇 배에서 열 배까지 향상시키는 것이 가능합니다. 더욱이 영상 생성형 AI나 코드 생성형 AI를 통해 자신의 전문 영역 너머까지 역량을 확장해 임할 수 있게 됩니다. 그러므로 이러한 AI에 의한 영역 확장에 적극적인 인재와 그렇지 않은 인재의 능력이나 가치는, 현저히 차이 나게 될 것입니다.

그리고 생성형 AI를 사업이나 조직에 진심으로 활용한 기업과 그렇지 않은 기업 사이에도 상당한 격차가 발생하는 시대가 될 것입니다. 우선 '생성형 AI로 인해 새롭게 생겨날 시장 기회를 획득할 수 있느냐 없느냐'에서부터 큰 차이가 납니다. 더 나아가 조직의 생산성 제고를 위해 철저히 생성형 AI를 활용한 조직과 그렇지 않은 조직 간에 향후 2~10배 차이가 발생하리란 것도 현실성 있는 전망이 되고 있습니다. 그리고 이 차이는 비용 구조로 이어져, 궁극적으로는 제품 경쟁력 차이로 직결됩니다. 추후 6장에서 자세히 살펴보겠지만, 생성형 AI에 의해 일하는 방식이나 일 본연의 자세가 크게 바뀜에 따라 '최적의 조직이 어떤 모습인지' 역시도 크게 변화할 것입니다. 그 이행 속도에도 큰 차이가 날 것임이 틀림없습니다.

이 책에서는 그런 가능성과 위험으로 가득 찬 생성형 AI를 자사의 무기로 삼아, 사업 및 조직에서 최대한 살리고 나아가 기업 성장에 연결하기 위한 사고법이나 방법론을 설명해 나가고자 합니다.

● 생성형 AI의 활용을 경영 이슈로서 얼마나 진심으로 파고드는지가 향후 기업의 경쟁력을 좌우

생성형 AI를 사업이나 조직에 적극적으로 활용한 기업

발생할 법한 경쟁력 격차

생성형 AI에 의해 새로 창출된 사업 가치 획득 차이

조직 생산성에서 2~10배의 차이

비용 구조 차이에 따른 제품 경쟁력 차이

생성형 AI 활용을 도외시한 기업

생성형 AI를 전제한 조직체제로의 이행 속도

분류별 생성형 AI의 능력

1장 이후에 구체적으로 어떻게 생성형 AI를 사업이나 조직에서 활용할지를 해설하겠지만, 그 전에 우선 생성형 AI에 어떤 범주가 있고 각 범주에서 현재 기준으로 어떤 일까지 실현 가능한지를 대략적으로 짚어 보겠습니다.

생성형 AI의 범주 구분은 매우 단순한데 '무엇을 생성할 수 있는가' 즉, 생성 대상에 따라 다음의 범주로 크게 나뉩니다. 순서대로 살펴봅시다.

● 대표적인 생성형 AI 범주

① 텍스트 생성형 AI	② 이미지 생성형 AI
③ 코드 생성형 AI	④ 영상 생성형 AI
⑤ 음악 생성형 AI	⑥ 3D 모델링/장면 생성형 AI

■ 텍스트 생성형 AI

가장 대표적인 것은 텍스트 생성 영역일 것입니다. 챗GPT는 물론 구글의 '제미나이Gemini', 앤트로픽Anthropic의 '클로드 3Claude 3', 인플렉션 AIInflection AI의 '파이Pi' 등 대화형 AI들이 대거 이 범주에 해당됩니다.

기존에는 텍스트에서 텍스트를 생성하는 형식이 일반적이었지만, 지금은 텍스트와 이미지처럼 복수의 미디어 포맷 입력에 대응하는 모델이 늘어나고 있습니다. 이른바 '멀티모달Multi Modal AI '라는 것으로, 앞서 설명한 OpenAI의 GPT-4가 대표적입니다.

예를 들어, 다음 그림처럼 GPT-4에 상품 사진을 업로드하고 그 상품의 인터넷 쇼핑몰 상세 페이지에 실을 내용을 작성하도록 지시할 수 있습니다. 그러면 GPT-4가 업로드된 이미지를 해석한 후, 입력된 지시에 따라 답변 결과를 생성합니다. 더 나아가서는 만들고 싶은 웹 사이트 디자인 이미지를 주고 그 웹 사이트를 구현하기 위한 코드를 생성하는 일도 가능합니다.

● GPT-4에 텍스트와 이미지를 제공하고, 그것을 바탕으로 작문을 요청한 사례

You

당신은 뛰어난 카피라이터입니다. 이 디자이너 브랜드의 의자를 판매하는 인터넷 쇼핑몰에 게재할 상세 페이지의 문구를 작성해 주세요. 이때, 일반적인 인터넷 쇼핑몰 상품 설명문을 참고해, 300자 정도의 '한국어'로 작성해 주세요.

ChatGPT

이 세련된 디자이너 브랜드의 의자는, 모던한 거실 공간에 딱 맞는 상품입니다. 고품질의 패브릭으로 감싼 쿠션은 쾌적함과 내구성을 겸비하고 있어 장시간 사용하기에 최적입니다. 스마트한 메탈 프레임은 세련된 인상을 주며 튼튼한 지지력을 제공합니다. 햇볕이 드는 방안에 두면, 그 아름다운 그림자가 바닥에 비쳐서, 공간에 리듬감을 자아냅니다. 매일의 피로를 풀어줄 고품격 휴식 시간을 보낼 당신만을 위한 특등석. 지금 바로 주문하세요.

＊ 멀티모달 AI는 여러 가지 유형의 데이터 또는 정보를 함께 활용하여 인공 지능 시스템을 구축하는 접근 방식을 말합니다. 텍스트, 이미지, 음성, 비디오 등의 다양한 유형의 데이터를 활용할 수 있습니다.

■ 이미지 생성형 AI

이미지 생성형 AI는 말 그대로, 텍스트를 입력하거나 이미지를 제공하여 최종적으로 이미지를 생성하는 AI의 총칭입니다. 대표적인 이미지 생성형 AI 서비스로는 '미드저니Midjourney(미국 미드저니)', '스테이블 디퓨전Stable Diffusion(영국 스테빌리티AIStability AI), '어도비 파이어플라이Adobe Firefly(미국 어도비Adobe)' 3가지가 있으며, 다음과 같이 각각 퀄리티 타입, 컨트롤 타입, 클린 타입으로 특징을 파악하면 강점을 알기 쉽습니다.

● 대표적인 이미지 생성형 AI

미드저니 (Midjourney)	스테이블 디퓨전 (Stable Diffusion)	어도비 파이어플라이 (Adobe Firefly)
퀄리티 타입	**컨트롤 타입**	**클린 타입**

퀄리티 타입인 '미드저니'는 고품질의 그림 한 폭을 생성하는 것이 특기입니다. 그러나 생성하는 이미지의 구도나 외견 같은 세세한 지정을 할 수 없으며, 학습 데이터에 저작권 데이터가 포함됩니다(단, 유료 플랜이라면 상업 이용도 가능). 특히 2023년 12월에 발매된 최신 버전 'Midjourney v6'에서는, 그림인지 사진인지 거의 구분되지 않는 고품질의 이미지를 생성할 수 있습니다.

출처: https://twitter.com/kajikent/status/1737770325696544851

한편 컨트롤 타입의 '스테이블 디퓨전'은, 외견을 제어하는 'LoRA(로라)'와 원하는 구도나 자세의 이미지를 생성하기 위한 'ControlNet(컨트롤넷)'이라는 추가 도구(기술)를 이용해 캐릭터의 외모나 구도 등을 특정해 이미지를 생성할 수 있습니다. 단, 현재는 이미지의 완성도가 미드저니에 비해 약간 부족한 면이 있으며, 미드저니와 마찬가지로 학습 데이터에 저작권 데이터가 포함되어 있습니다.

마지막으로 클린 타입이라 불리는 '어도비 파이어플라이'는 어도비사가 보유한 스톡 이미지를 바탕으로 학습했기 때문에 저작권 측면에서 안전하다는 것이 특징입니다. 하지만 생성 이미지의 품질은 현시점 기준 미드저니에 미치지 못하며, 스테이블 디퓨전처럼 세세한 지정을 할 수 없다는 점이 단점입니다.

앞서 설명한 각 생성형 AI별 강점과 약점은 어디까지나 필자 개인의 의견입니다. 애니메이션이나 인물 이미지를 만들고 있다면, 미드저니보다 스테이블 디퓨전 쪽이 더 품질이 좋다고 생각하는 분도 꽤 많을 것입니다. 어디까지나 패션, 예술, 건축 등 광범위한 분야에서의 이미지 생성 품질과 전 세계적인 사용처를 상정했을 경우로 봐주었으면 합니다.

이미지 생성형 AI가 주는 충격은 절대 미미하지 않습니다. 이미 건축 분야에서는 대규모 건축사무소인 WATGWimberly Allison Tong & Goo 설계사가 고객과 설계 이미지의 조합 작업을 생성형 AI를 이용해 실시하고 있습니다. 또한 필자의 자문처 중 한 곳인 제너럴링크사(일본 도쿄)에서도 만화 콘텐츠 생성에 이미지 생성형 AI를 활용하여, 대대적인 효율화와 콘텐츠 품질 향상을 실현하고 있습니다.

아울러 이 분야의 특징은 생성형 AI의 진화가 얼마나 빠른지 실감하기 쉽다는 데 있습니다. 사실 미드저니의 첫 버전이 등장한 지 채 2년도 지나지 않았습니다. 다음 그림은 완전히 동일한 프롬프트를 사용해 'v1(버전 1)'과 그로부터 1년 후 공개된 'v5(버전 5)' 그리고 다시 약 9개월 후 공개된 최신 버전인 'v6(버전 6)'로 각각 이미지를 생성한 결과입니다. 불과 1년 만에 얼마나 비약적인 발전이 이루어졌는지 한눈에 알 수 있습니다. 현재로서 아직 미숙해 보이는 생성형 AI라도, 각 분야에서 약 1년 후면 이 정도로 업그레이드될 것임을 전제할 필요가 있습니다.

● 동일한 프롬프트로 생성한 버전별 미드저니 이미지 비교

약 1년 후 　　　　약 9개월 후

〈v1〉　　　　　　〈v5〉　　　　　　〈v6〉
2022년 2월　　　　2023년 3월　　　　2023년 12월

■ 코드 생성형 AI

생성형 AI 가운데서도 코드 생성 분야가 가장 주목받고 있습니다. 앞서 소개한 깃허브 코파일럿 외에도 더 알아 둘 만한 서비스로는, 챗GPT 상에서 작동하는 기능인 '어드밴스드 데이터 애널리시스Advanced Data Analysis(구 코드 인터프리터)'와 그것을 로컬 PC로 제한 없이 사용할 수 있는 '오픈 인터프리터 Open Interpreter' 그리고 AI 네이티브 코드 에디터 '커서Cursor'의 3가지가 있습니다.

'어드밴스드 데이터 애널리시스'는 한마디로 "챗GPT 상에서" 코드의 실행 결과를 제공할 수 있는 기능입니다. 지금까지 챗GPT에서는 무언가 하고 싶은 일을 전달하고, 그 일을 실현하기 위한 코드를 생성 받는 것까지는 할 수 있었습니다. 그러나 그 코드를 챗GPT 자체에서 실행해 결과까지 받을 수는 없었습니다.

그 '코드 실행'과 '결과 제공'까지 한 번에 담당하는 것이 바로 '어드밴스드 데이터 애널리시스'입니다. 예를 들어 업로드된 데이터를 읽어와서 필요한 파이썬 라이브러리를 사용해 가며 데이터의 시각화 작업을 실행해 주는 식입니

다. 이처럼 단순히 코드를 쓰고 실행하는 것뿐 아니라 파이썬 라이브러리 일부를 호출해 실행할 수 있기 때문에, 결과적으로 데이터 분석 외에도 이미지 데이터의 OCR(문자식별)이나 인터랙티브 방식의 데이터 대시보드 작성 같은 작업도 가능하게 되었습니다.

● 일본 코로나19 공개 데이터를 기반으로 어드밴스드 데이터 애널리시스에서 생성한 산포도

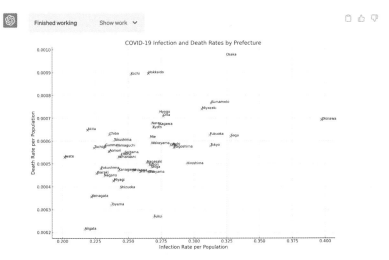

이 산포도는 각 시도부현 인구 대비 감염자 수와 사망자 수를 비교해 나타낸 것입니다.

그리고 어드밴스드 데이터 애널리시스에 영감을 받아 그것의 오픈 소스 버전이라 할 수 있는 도구가 공개되었는데, 바로 '오픈 인터프리터'입니다.

'오픈 인터프리터'를 사용하면, 파이썬이나 자바스크립트, 셸과 같은 프로그래밍 언어 코드의 실행이 챗GPT나 '코드 라마Code Llama' 같은 대규모 언어 모델과의 채팅만으로 이루어집니다. 더욱이 챗GPT의 '어드밴스드 데이터 애널리시스'와는 달리 로컬 환경에서 작동하는 것도 특징입니다. 파일 크기나 인터넷 접속 제약이 없는 까닭에, 보다 다방면에 걸친 이용이 가능해지고 있습니다. 이로써 프로그래밍 기술이 없는 사람도 브라우저 리서치, 데이터 스

크래핑, 대규모 데이터 해석 등 다양한 작업을 채팅 형식으로 간단히 할 수 있게 되었습니다.

● 오픈 인터프리터 Open Interpreter

출처: Open Interpreter (https://openinterpreter.com/)

또 최근에는 최초 AI 코딩 에디터로서 '커서'가 개발자들로부터 지지를 얻고 있습니다. 현재 깃허브 코파일럿의 AI 지원이 기재된 코드의 보완이라는 형태에 머무는 데 비해, 커서는 자연어를 이용해 처음부터 코드를 생성하거나 AI에게 채팅을 통해 질문하고 대답을 얻는 기능에 역점을 두고 있습니다.

● 커서Cursor

출처: Cursor (https://cursor.sh/)

현재 생성형 AI가 가장 잘하는 것은 텍스트 생성 즉, 작문이며 작문 이상으로 AI의 지식이나 능력이 잘 발휘되는 코드 작성 영역에서는 생성형 AI를 사용하는 것이 당연시되어 가고 있습니다. 기업의 입장에서 보면 자사 엔지니어가 이러한 도구를 잘 활용하고 있는지, 아닌지로부터 생산성 차이가 발생하는 형국인 것입니다. 그렇기 때문에 이용 환경의 정비나 활용 역량 육성을 포함해 이 과제에 종합적으로 접근할 것이 요구됩니다.

■ 영상 생성형 AI

영상 생성 분야에서는 미국 런웨이Runway가 제공하는 'Gen-2'라는 AI 서비스가 주목받고 있습니다. 영상의 내용을 지시하는 텍스트를 입력하거나 베이스가 될 이미지를 업로드하면 5초 안팎의 영상을 생성해 주는 서비스입니다. 아직 최종 작품이나 창작물로 사용될 수준은 못 되지만, 단순한 이미지 비디오나 비디오 콘티를 제작하는 정도라면 충분히 쓸 만한 품질이 이미 실현되고 있습니다.

출처: Runway Gen-2 (https://runwayml.com/ai-magic-tools/gen-2/)

또한 엄밀하게 생성형 AI라 할 순 없지만, AI를 활용한 영상 제작이라면 미국 원더 다이내믹스 Wonder Dynamics의 '원더 스튜디오 Wonder Studio'도 주목할 만합니다.

원더 스튜디오에서는 실사 영상의 인물에게 좋아하는 3D 아바타를 드래그 앤 드롭하는 것만으로, 영상 전체 프레임에서 인물 움직임을 검출해 CG 캐릭터(드래그 앤 드롭한 3D 아바타)로 변환한 영상을 생성할 수 있습니다. 별도 제작한 3D 모델의 업로드는 물론, 골격 정보나 조명도 조정할 수 있습니다. 이에 관해서는 실제 영상을 시청하는 편이 더 이해가 쉬우므로, 다음 QR코드를 스캔하여 필자가 만든 영상을 확인해 보길 바랍니다.

● 원더 스튜디오를 이용해 기존 영상 속 인물을 CG 캐릭터로 바꾼 데모 영상

출처: https://twitter.com/kajikent/status/1675336194186694657

　　기능 외에도 살펴볼 부분은 해당 도구를 지원하는 많은 수의 인력과 그들의 커리어입니다. 원더 다이내믹스의 조언자로는 영화 〈쥬라기 공원〉, 〈죠스〉의 감독으로 유명한 스티븐 스필버그Steven Spielberg와 〈어벤져스: 엔드 게임〉 등을 제작한 조 루소Joseph Russo 감독이 있습니다. 또한 세계 유수의 게임 엔진 '언리얼'과 인기 게임 〈포트나이트〉를 서비스하는 에픽 게임스Epic Games, 페이팔 창업자 피터 틸Peter Thiel이 창업해 운영하고 있는 파운더스 펀드Founders Fund도 원더 다이내믹스에 투자하고 있어, 앞으로의 발전 정도가 매우 기대됨

니다.

아직 영상 생성형 AI로 만들어진 콘텐츠는 실제 비즈니스에서 사용할 수 있는 품질은 아닙니다. 다만, 앞서 미드저니의 예에서 보았듯 생성형 AI는 단 1년 만에도 대폭 진화하는 존재입니다. 당장은 실용 수준이 아닌, 영상 생성 분야도 콘텐츠 산업이나 마케팅 활용에서 무시할 수 없게 될 시점은 아마도 그리 멀지 않을 것입니다.

■ 음악 생성형 AI

생성형 AI 세부 영역 중 음악 생성 분야도 상당히 주목받고 있습니다.

이 분야에서 주목할 만한 것은 바로 2023년 12월에 등장한 '수노 AI~Suno AI~' 입니다. 수노 AI에 곡의 이미지를 전달하는 문장, 혹은 가사와 곡의 스타일을 입력하면 악곡이 생성됩니다. 영어가 아닌 한국어 가사를 입력해도 K-pop이나 힙합 같은 장르에서 기존의 음악 생성형 AI보다 월등히 높은 품질의 악곡이 생성되어 화제가 되고 있습니다. (한국어를 지원하긴 하지만, 아직 부족한 부분이 많으므로 참고하길 바랍니다.)

필자 개인적으로는 수노 AI의 등장을 이미지 생성 분야의 미드저니 등장에 비견되는 전환점으로 생각하고 있습니다. 미드저니가 1년 만에 비약적 발전을 이루었듯, 수노 AI를 포함한 음악 생성형 AI도 단기간에 크게 진화할 것으로 확신합니다.

● 수노 AI Suno AI

출처: Suno AI (https://www.suno.ai/)

■ 3D 모델링/장면 생성형 AI

게임이나 XR/메타버스 체험을 구현할 때 필요한 3D 모델링이나 3D 장면 제작은 매우 비용이 많이 드는 분야입니다. 그런 만큼 생성형 AI는 이 분야에 큰 충격을 줄 가능성이 있습니다. 텍스트나 이미지 등에 비해 3D 작업은 데이터의 차원이 높기도 하고, 실용 수준의 생성형 AI 서비스가 등장하기까지는 좀 더 시간이 걸릴 것으로 보입니다. 그런 가운데, 텍스트로부터 3D 모델을 생성할 수 있는 3D 생성형 AI 서비스로는 '캐딤Kaedim'이 주목받고 있습니다.

캐딤은 업로드된 이미지에서 3D 에셋* 을 생성할 수 있으며, 추가로 텍스처 등의 미세 조정도 가능한 서비스입니다. (현재 캐딤은 AI뿐 아니라, 사람에 의한 모델 제작도 조합된 형태입니다.)

---

* 3D 에셋은 다양한 컴퓨터 애플리케이션에 있는 디스플레이 및 인터랙티브 기능과 관련된 정보가 포함된 디지털 파일입니다. 표준 3D 에셋에는 모델, 재질, 조명이 포함됩니다.

● 캐딤_{Kaedim}

또 사용자가 제작한 게임을 다른 사용자들에게 공개할 수 있는 플랫폼 '로블록스_{Roblox}'에서는, 텍스트에서 3D 모델의 외형이나 움직임을 생성해 내는 기능을 발표했으며, 장기적으로는 텍스트로부터 일정한 수준의 게임 자체를 생성할 수 있게 준비할 것으로 전망됩니다.

● 로블록스_{Roblox}

11

생성형 AI는 어떻게 진화해 갈 것인가

지금까지 생성형 AI의 범주를 나누고 각각의 범주에 속한 생성형 AI들의 현재 능력치를 소개했습니다. 당연히 현재도 중요하지만, 그것이 앞으로 얼마만큼의 시간 내에 어느 정도 수준까지 진화할지가 초미의 관심사일 겁니다. 미국을 대표하는 벤처캐피털인 세쿼이아 캐피털Sequoia Capital이 '생성형 AI: 창의적인 신세계Generative AI: A Creative New World'란 제목의 기사에서 공개한 분야별 생성형 AI의 진화 예상을 참고해 볼 수 있습니다.

기사에 따르면, 텍스트 생성형 AI는 2025년경에는 폭넓은 주제와 영역에서 사람의 평균 작문 실력보다 더 좋은 글을 쓰고, 2030년쯤이 되면 전문 작가보다 더 좋은 문장을 생성하게 될 것이라 합니다.

코드 생성 분야에서는 2025년경에 텍스트 입력만으로 제품(프로그램)을 통째로 생성할 수 있게 되고, 더 나아가 2030년경에는 텍스트만으로 풀타임 엔지니어 팀보다 나은 프로그램을 생성할 수 있을 것이라 예측했습니다.

이미지 생성 분야에서는 2025년이 되면 현재의 목업 이미지 수준에서 벗어나 제품 디자인이나 건축 등의 영역에서 최종 결과물 품질의 이미지를 생성할 수 있게 되고, 2030년경에는 전문 디자이너나 건축가보다 뛰어난 결과물을 낼 수 있다고 합니다.

마지막으로 영상과 3D, 게임 생성 분야를 보면 2030년경이 되면 누구나 실용적 수준의 3D 모델이나 영상을 생성할 수 있게 될 것으로 전망됩니다.

개인적인 느낌으로, 이 추정 예상치는 그렇게 놀랍지 않습니다. 오히려 이 타임라인보다도 더 빨리 진화가 실현될 분야도 있겠다고 생각하기 때문입니다. 경영진이나 사업 리더들은 마땅히 이러한 진화의 타임라인 속에서 어떻게 자사의 사업 및 조직을 업데이트해 나갈 것인지를 고민해야 할 것입니다.

● 분야별 생성형 AI 진화 타임라인

	텍스트 생성	코드 생성	이미지 생성	영상·3D·게임 생성
2020년 이전	스팸 탐지 번역 기본적인 Q&A	1줄 코드 보완		
2020년	짧은 카피의 초고 생성	여러 개의 코드 생성		
2022년	더 긴, 고품질의 문장 생성	보다 길고, 보다 정확한 코드 생성	그림, 로고, 사진 생성	3D 모델이나 영상을 생성하는 모델 등장
2023년	특정 분야에서는 충분한 품질의 문장 생성	특정 분야에서는 보다 많은 요구나 언어에 대응하는 코드 생성	디자인이나 건축 등의 영역에서 목업 수준의 이미지를 생성	매우 단순한 3D 모델과 영상 생성
2025년	사람들의 평균 수준보다 좋은 문장 생성	텍스트 입력만으로 프로그램 전체 생성	디자인이나 건축 등의 영역에서 최종 결과물 품질의 이미지를 생성	보다 복잡한 3D 모델과 영상 생성
2030년	어떤 전문 작가보다도 좋은 문장 생성	텍스트 입력만으로 풀타임 엔지니어 팀의 성과물보다도 좋은, 프로그램 전체 생성	전문 디자이너나 건축가보다도 우수한 결과물 생성	누구나 고품질의 3D 모델과 영상 생성 가능

초기 시행착오 수준   곧 실무에 사용 가능한 수준   충분히 실무에 사용 가능한 수준

Sequoia Capital, 「Generative AI: A Creative New World」 (https://www.sequoiacap.com/article/generativeai-a-creative-new-world/)를 기반으로 필자 직접 작성

12

기업은 생성형 AI를
어떻게 활용해야 하는가

생성형 AI가 기업에 있어 무시할 수 없는, 오히려 앞으로의 운명을 좌우하게 될 핵심 요소라는 점, 일반적으로 상상하는 것 이상으로 각 분야에서 생성형 AI가 무섭게 발전하고 있다는 점을 잘 알게 되었으리라 생각합니다. 이제 이 장의 마무리로 기업이 생성형 AI를 어떻게 활용해 나가야 하는지에 관해 대략적인 방침을 제시하고자 합니다.

기업에서의 생성형 AI 활용은 크게 '기존 사업에의 도입이나 신규 사업에서의 활용'과 '생성형 AI의 사내 활용에 의한 생산성 향상'의 두 가지로 구분됩니다.

이상적으로는, 속도감을 가지고 양쪽을 동시에 진행하는 것이 최선입니다. 인터넷, 스마트폰의 보급과 마찬가지로 생성형 AI라는 큰 변화에 발 빠르게 임한 기업이 얻을 수 있는 과실은 클 것이기 때문입니다.

그러나 경영진의 이해를 얻지 못하고, 예산 확보도 어렵기 때문에 본격적인 대처를 할 수 없는 기업도 많을 것입니다. 그러한 기업에는 다음 2단계를 추천합니다.

우선 첫 번째 단계는 외부 생성형 AI 전문가에게 의뢰하여 전사 대상의 세미나를 실시하는 것입니다. 약간 '직급 토크' 느낌이 되긴 하지만, 효과는 상당히 좋습니다.

여기서 관건은 이 세미나에 예산을 배정할 권한을 가진 경영진이 참여할 수 있도록 설득하고 조율하는 것입니다. 경험 있는 강사라면 생성형 AI가 가져올 충격과 현 위치, 그것을 기업에서 활용해 나갈 길을 제시하고 경영진으로 하여금 위기감을 느끼게 할 수 있습니다. 실제로 필자 역시 이런 종류의 세미나를 기업 대상으로 다수 실시하고 있으며, 세미나 후에는 경영진의 대처나 입장이 크게 달라지는 것을 실감하고 있습니다.

이어지는 두 번째 단계는 세미나에서 배운 지식을 바탕으로 특정 부서 업무에 생성형 AI를 활용하고, 그 결과 업무 효율이 얼마나 향상되었는지 정량적인 성과를 배출해 내는 것입니다. 적용 업무를 잘 설정하고 적절히 활용하면 특정 업무의 생산성을 2~10배로 끌어올리는 것은 그리 어렵지 않습니다.

눈에 보이는 정량적이고 유효한 실적이란 무기가 있으면, 생성형 AI에 대처하기 위한 사내 설득 난도는 큰 폭으로 떨어집니다. 이때 어떤 업무 영역에서 어떻게 생성형 AI를 활용하면 효과적인지는[Part 3. 조직 개발](5장 및 6장)에서 자세히 다룰 것입니다. 이러한 2단계를 거쳐, 처음에 열의가 낮았던 기업에서도 생성형 AI에 대한 적극적인 반응을 끌어낼 수 있습니다.

여기서 주의할 점은, 생성형 AI를 활용한 사업 개발의 성공 확률을 높이기 위해서라도 경영진이나 사업 리더층이 생성형 AI를 잘 활용해야 한다는 점입니다.

초기 인터넷 산업을 떠올렸으면 합니다. 인터넷을 잘 이해하지 못하는 경영진과 사업 리더는 그 기술을 좀처럼 사업 성장으로 연결시키지 못했습니다. 마찬가지로 생성형 AI에서도 우수한 사업을 창출하고자 한다면, 그 조직을 통솔하는 사람이 생성형 AI에 대해 체감하는 것이 필요합니다. 그런 의미에서 이 책의 내용을 참고하면서, 독자 스스로나 자사의 생성형 AI 활용 숙련도를 제고해 나가는 것을 의식하길 바랍니다.

COLUMN

01

생성형 AI 시대에 재인식해야 할 창조성

이번 칼럼에서는 인류의 창작 활동이나 창작자 본연의 자세에 생성형 AI가 미칠 영향을 고찰해 보고자 합니다.

우선, "창조는 더 이상 인간의 '전매특허'가 아니다."라 말할 수 있습니다. 이를 뒷받침하는 흥미로운 연구가 있습니다. 베를린 훔볼트 대학에서 2023년 발표한 논문 「인공 뮤즈들Artificial muses」입니다. 저자 제니퍼 하세Jennifer Hasse와 폴 하넬Paul H. P. Hanel에 따르면, 인간의 창조성을 평가하는 'AUTAlternative Uses Test'라는 도구가 있습니다. 인간과 GPT-4 대상으로 이 테스트를 똑같이 실시한 결과, 이미 GPT-4가 대부분 과제에서 인간을 앞질렀으며, GPT-4보다 '창의적'이라고 평가받은 사람은 100명 중 9명에 불과한 것으로 나타났습니다. (출처 상세는 그래프 하단 참조)

● 창조성을 평가하는 테스트(AUT)에 의한 평가 결과

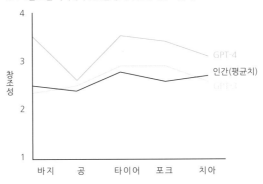

출처: Jennifer Haase and Paul H. P. Hanel (2023), 「Artificial muses: Generative Artificial Intelligence Chatbots Have Risen to Human-Level Creativity」 arXiv:2303.12003 (https://arxiv.org/abs/2303.12003)

046

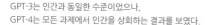
● GPT-4보다 창조성 점수가 높은 사람 수(총 100명 중)

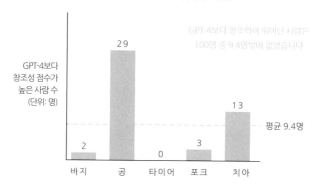

GPT-3는 인간과 동일한 수준이었으나,
GPT-4는 모든 과제에서 인간을 상회하는 결과를 보였다.

GPT-4보다 창조력이 뛰어난 사람은
100명 중 9.4명밖에 없었습니다

GPT-4보다
창조성 점수가
높은 사람 수
(단위: 명)

29

13

평균 9.4명

2

0

3

바지   공   타이어   포크   치아

출처: Jennifer Haase and Paul H. P. Hanel (2023), 「Artificial muses: Generative Artificial Intelligence Chatbots Have Risen to Human-Level Creativity」, arXiv:2303.12003 (https://arxiv.org/abs/2303.12003)

현시점에서 이미 AI의 창조성은 인간 수준에 육박하고 있으며, 이번 장에서 소개한 세쿼이아 캐피털의 차트에서 보았듯 2023년까지는 텍스트와 이미지 분야 어느 쪽이든 간에 인간 전문가보다 AI가 우수한 결과물을 내놓을 것이라는 여러 예측이 있습니다. 요즘 기술의 진화 속도를 볼 때, 이는 그리 틀린 예상은 아닐 것입니다.

즉, 우리는 예전과 달리 AI 역시 창조성을 발휘하는 시대에 살고 있다고 할 수 있습니다. AI를 활용해 만들어진 창조적인 작업의 품질은 나날이 향상되고 있으며, AI를 활용하는 것은 디지털 기기를 사용하는 것과 마찬가지로 창작자의 필수 자질이 될 것입니다. 그리고 그 전제 조건 위에서 계속 상승하는 창조성 기준을 만족시켜 나갈 것이 요구됩니다.

그렇다면 인간은 AI에 창조성을 완전히 양도하고 말까요? 필자는 그렇게는 되지 않으리라 생각합니다. 오히려 AI로 인해 창조 능력을 한 단계 발전시킨 개인이나 기업이 활약하는 시대가 오지 않을까요?

　당분간 AI의 특기는 '확률론적으로 확실한 답을 생성하는 것'과 '변화·변형을 대량으로 생성하는 것'의 2가지입니다. 틀이나 논리를 초월한 아이디어를 내거나, 스토리텔링으로 주위를 열광시키는 것은 아직 인간만이 할 수 있는 행위입니다. 사람이 특정 대상으로부터 창조성을 느끼는 원천이 어디까지나 어떤 종류의 '이상성', '희소성', '이야기성'에 있는 이상, AI와 역할을 분담하는 선에서 창의성의 핵심은 사람이 계속 쥐고 있을 것입니다.

　그런 의미에서, 인간과 AI가 상호 보완하는 창조성의 형태가 향후 주류가 될 것입니다. 하여 이른바 'AI 파트너력'이라 할 수 있는 협업 능력이 강한 기업이나 개인이 존재감을 드러내는 시대가 될 것으로 예상합니다.

　재차 강조하고 싶은 것은, 기업이나 창작자의 창조 행위가 AI로 대체되는 않는다는 것입니다. AI를 잘 활용한 기업과 창작자가, 그렇지 못한 기업과 창작자를 대체하는 구조가 앞으로 일어날 변화라고 생각합니다. AI는 부조종사, 코파일럿이라는 말을 많이 듣는데, 문자 그대로 AI는 경쟁상대가 아니라 파트너입니다.

　AI를 좋은 친구로 둔 기업과 창작자는 강해질 것이고, 그들에게 AI 시대는 호시절이 될 것입니다. 왜냐하면 한 명 한 명이 자지도 쉬지도 못하고 일하던 과거에서 해방되어, 100명의 제자(AI)가 항상 곁에 붙어 꿈꾸던 이상을 바로 출력해 주는 미래로 전환될 것이기 때문입니다. 기술의 제약은 사라지고, 좋은 센스와 AI와의 대화 능력이 창의성으로 직결되는 시대가 됩니다. 그런 만큼 AI를 가장 친한 친구로 삼은 개인과 기업에게는 분명 황금시대가 열릴 것입니다.

PART 1

✦

사업 개발

성공하는 생성형 AI 사업·제품

생성형 AI의 활용은 앞으로의 기업 성장에서 빼놓을 수 없다는 것을 알게 되었을 터입니다. 특히 '생성형 AI 네이티브 사업·제품 개발'과 '생성형 AI를 활용한 철저한 생산성 개선'의 2가지는, 기업이나 경영자에게 있어 피할 수 없는 과제가 되었다고 하겠습니다. 후자인 생산성 개선에 관련해서는 5장, 6장에 설명해 두었으니 참고하길 바랍니다. 지금 이 단계에서 경영자가 알고 싶은 정보는 아무래도 전자인 생성형 AI 네이티브 사업·제품 개발의 식견일 것입니다. 매우 중요한 주제지만 그에 비해 실제로 생성형 AI 지식과 사업·제품 개발 지식 모두에 능통한 인재가 적기 때문에, 충분히 노하우가 공유되고 있는 상황은 아닙니다.

필자의 경우 생성형 AI 분야 지식에 더하여, 지금까지 신규 사업 개발이나 제품 디자인, 서비스 성장 등을 전문적으로 취급해 왔으며, 현재도 다양한 기업의 생성형 AI 활용 사업 개발 및 성장 지원에 협력하고 있습니다.

이 장에서는 필자의 경험을 바탕으로, 성공하는 생성형 AI 사업과 제품 구상법에 대해 설명하고자 합니다. 그중 최신 정보가 많아 핵심을 파악하기 어려운 생성형 AI의 본질적 가치에 관해서는, 먼저 7가지로 분류한 후에 알맞은 사례를 곁들여 쉽게 풀어 쓰고자 노력했습니다. 사업 기획에는 직접 관여하지 않더라도 생성형 AI의 본질을 파악하고 싶다면 이 절을 꼭 읽어주었으면 합니다. 아울러 전반부는 생성형 AI와는 관계없는 신규 서비스 개발 프로세스를 다룹니다. 우수한 생성형 AI 사업을 만들기 위해서는 간과할 수 없는 내용이지만, 신규 서비스 개발에 정통한 분이라면 이 대목은 건너뛰고 후반부인 생성형 AI의 본질적인 가치에 대한 해설만 읽어도 무방합니다.

● 기업의 생성형 AI 활용과 관련된 2가지 큰 주제와 이 장에서 다루는 주제(왼쪽)

성공하는 생성형 AI 사업·제품 개발의 포인트

생성형 AI 분야에서 성공하는 사업·제품 개발의 포인트를 한마디로 말하면, '의의'와 '의미' 디자인입니다.

'의의'란 서비스 자체의 가치로, '해결하고자 하는 고객의 과제가 고객에게 정말로 심각한 고충인가?'라는 관점입니다. 한편 '의미'는 생성형 AI를 사용할 필요성, 즉 '고객의 과제를 해결하는 수단으로서 정말로 생성형 AI 기술 활용이 최선인가?'라는 관점입니다.

서비스 분야의 생성형 AI 아이디어의 좋고 나쁨은, 다음 그림과 같이 '의의'와 '의미'의 사분면으로 파악하면 알기 쉽습니다. 생성형 AI 분야에서 새롭게 서비스를 개발하는 과정 중 관건은 '의의'와 '의미'를 겸비한 우측 상단(2사분면) 영역의 서비스를 어떻게 만들어 가는지에 있습니다.

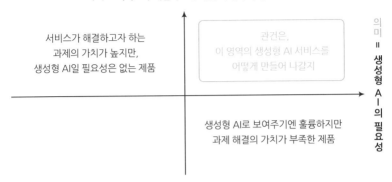

의의 = 서비스가 해결하고자 하는 과제의 가치

서비스가 해결하고자 하는
과제의 가치가 높지만,
생성형 AI일 필요성은 없는 제품

관건은,
이 영역의 생성형 AI 서비스를
어떻게 만들어 나갈지

의미 = 생성형 AI의 필요성

생성형 AI로 보여주기엔 훌륭하지만
과제 해결의 가치가 부족한 제품

목표는 그러하나 정작 생성형 AI 같은 새로운 기술 분야에서 흔한 것은, 좌측 상단과 같이 서비스가 해결하고자 하는 과제의 가치가 높지만, 생성형 AI일 필요성은 없는 제품(=의의는 있지만 의미는 없음)입니다. 아니면 우측 하단과 같이 생성형 AI 보여주기에는 훌륭하지만 과제 해결의 가치가 부족한 제품(=의미는 있지만 의의는 없음)입니다.

이는 얼마 전 트렌드였던 메타버스나 Web3 서비스의 사례를 생각해 보면 알기 쉽습니다. 단순히 메타버스, Web3의 화제성을 틈타 주목받은 서비스는 트렌드가 바뀌는 동시에 쓰이지 않게 되어 갑니다. 반면 우측 상단의 가치를 제공할 수 있었던 서비스는 지금도 살아남아 새로운 경제권을 만들어 가고 있습니다.

다시 강조하건대 중요한 과제는, '서비스가 해결하고자 하는 가치가 높으며 생성형 AI의 필요성도 강한 우측 상단 영역의 서비스를 어떻게 만들어 갈 것인가'입니다. 지금부터 자세히 설명하겠습니다.

의의 디자인과 의미 디자인

그럼 이 '의의'와 '의미' 서비스 자체의 가치와 생성형 AI를 사용할 필요성을 어떻게 디자인해야 할까요? 이때 다음 2가지가 중요 사항이 됩니다.

1. **의의 디자인**: 철저하게 고객을 이해하고, 본질적인 니즈를 발굴하고 검증합니다.

2. **의미 디자인**: 생성형 AI의 본질적 가치 7가지를 확실히 파악한 후에, 그것을 과제 해결의 중심에 둡니다.

다시 말해, 고객의 본질적인 니즈를 철저히 파악해 해결해야 할 과제를 설정하고 그 과제에 생성형 AI만의 가치와 생성형 AI의 본질적 가치를 조합하면, 자연스럽게 '의의'도 '의미'도 있는 제품으로 완성된다는 것입니다.

사실 이 제품 개발 사고방식은 생성형 AI에 한정된 이야기는 아닙니다. 스타트업 세계에서는 '고객-문제 적합성CPF, Customer Problem Fit', '문제-솔루션 적합성PSF, Problem Solution Fit'이라 불리는 것으로, 고객이 접근하고자 하는 과제에서 심한 어려움을 겪고 있는 상태와 그 과제에 대해 제공하는 해결 수단이 최선인 상태, 이 두 상태야말로 신규 서비스 개발에서 우선 달성해야 할 목표입니다.

하지만 생성형 AI 같은 신기술을 이용한 신규 서비스 개발에서는 이 당연한 발상이 누락되기 쉽습니다. 생성형 AI라는 신기술만 쓰면 사용자가 마구 몰려들 것이란 달콤한 기대감 때문입니다. 문제는 그렇게 기술의 신선함으로 모은 사용자 관심은 반드시 금세 수그러든다는 데 있습니다.

따라서 우리는 이 장에서 설명하는 의의와 의미 디자인, 2단계 과정을 명시적으로 의식하고 실천해야 합니다. 그러면 해결해야 할 과제의 가치가 높고, 솔루션이 최적화된 상태를 구현함으로써 사용자가 오래 쓸 수 있는 제품이나 서비스를 구축해 낼 가능성이 높아질 것입니다.

'의의' 디자인을 위해서는
철저히 고객을 이해하고
본질적인 니즈를
발굴 및 검증할 것

'의미' 디자인을 위해서는
생성형 AI의 '본질적 가치 7가지'를
확실히 파악한 후
과제 해결의 핵심에 둘 것

보다 구체적으로 이해하기 쉽게, 필자가 자문처에 생성형 AI 사업 아이디어를 브레인스토밍할 때 사용을 권장하는 형식을 가지고 설명하겠습니다.

그 형식은 다음 그림과 같은데, 중요한 것은 가운데 부분입니다. 단순히 서비스의 콘셉트나 개요를 정리할 뿐 아니라, '누구의 어떤 과제를 해결할 것인가', '어느 생성형 AI의 본질적 가치를 조합할 것인가'를 명확히 정의하고 있습니다. 그렇게 함으로써 앞서 정리한 아이디어 사분면 우측 상단의 '의의'와 '의미'를 겸비한 제품을 생각하기 쉬워집니다.

그럼, 여기서부터는 '의의'와 '의미' 각각을 구체적으로 어떻게 설계해 가면 좋을지 살펴봅시다.

● '의의'와 '의미'를 양립하기 위한 브레인스토밍 형식

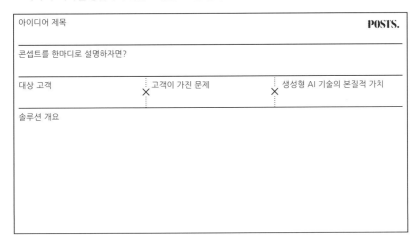

2.1 의의 디자인

■ 우선해야 할 것은 의의 디자인

먼저 '의의'와 '의미' 중 무엇부터 설정해야 할지 궁금할 것입니다. 대부분의 경우, 서비스가 원래 해결해야 할 과제가 무엇인가를 생각하는 의의 디자인을 우선시하는 편이 결과가 좋습니다. 생성형 AI에 직접 연관은 없지만, 후반부에 설명할 '생성형 AI의 본질적 가치'를 최대한 살리기 위해서도 중요한 지점이기 때문에 간단히 짚어 보겠습니다.

제품의 99%는 '과제 해결형'이며 '누구의 어떤 문제를 어떻게 해결할 것인가', 다시 말해 '고객·과제·해결법'이라는 구조로 되어 있다고 전제합니다. 이때 대다수 제품이 실패하는 요인은, 애초에 과제가 존재하지 않는 혹은 약한 과제의 해결을 목표하는 제품이기 때문입니다.

그러므로 대상 고객과 그 고객이 가진 과제를 어떻게 명료하게 할지, 덧붙여 상정한 과제에 고객이 정말로 심각한 고충을 겪고 있는지를 검증하는 것이 매우 중요합니다.

여기서 과제의 명료함 검증 정확도가 매우 중요　＝　Customer Problem Fit

■ **고객 과제의 발굴과 검증 방법**

그럼 어떻게 고객의 과제를 부각시키고 검증해야 할까요? 이것만으로도 책 한 권을 쓸 수 있을 주제이기에 여기서는 대략적인 개요 설명만 하겠습니다. 큰 흐름을 제시하면 다음과 같습니다.

1. **인사이트 씨앗 수집:** 자사나 담당자가 안고 있는 과제를 정리하거나, 시장조사, 사용자 인터뷰 등을 통해 매일 어려움을 겪는 부분 혹은 명확한 과제라고는 할 수 없어도 신경이 쓰이는 사건을 수집합니다.
2. **본질적인 니즈**(본질 과제) **탐구:** 수집한 사건이나 발언에 대해 "왜?"라고 질문을 던지며, 그 배경에 있는 행동의 목표나 심리를 고려해 그 이유를 생각하면서 본질적 니즈를 부각시켜 나갑니다.

3. **과제 검증**(CPF 검증): 사용자 인터뷰 등을 통해, 상정한 과제의 대상 고객이 정말로 그 과제를 심각한 고충으로 여기고 있는지를 검증합니다.

● 고객 과제의 발굴과 검증 흐름

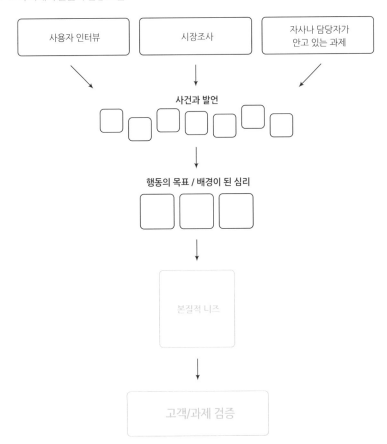

개인적으로는 과제 검증용으로 미국 자벨린Javelin사가 고안한 '자벨린 보드 JAVELIN Board'라는 프레임워크를 추천합니다. 구체적인 방법에 대해서는 필자의 저서 중 《가장 친절한 그로스 해킹 교본(いちばんやさしいグロースハックの教本, 국내 미출간)》에 자세히 설명해 두었으니, 관심 있는 분은 참고하길 바랍니다. 여기서는 아주 간단한 개요만 소개하겠습니다.

JAVELIN Board

여기서 시작하세요. 포스트잇을 이용해 브레인스토밍합니다. 오른쪽 간에 붙이고, 시작하세요.

	실험들	1	2	3	4	5
당신의 고객은 누구인가요? 가능한 한 구체적으로 적으세요.	고객					
문제는 무엇인가요? 고객의 관점에서 기술하세요.	문제					
해결할 가치가 있는 문제를 검증한 이후에 솔루션을 구상하세요.	솔루션					
당신의 가설이 참이기 위해, 진실이어야 하는 가정을 열거하세요.	가장 위험한 가정					
사무실 밖으로 나가라!						
문제/솔루션 가설 설정을 위해서: 나는 이 솔루션이 수요화함수 있는 결과물을 만들 것이라 믿습니다.	방법 & 성공					
	빌딩 밖으로 나가라!					
가장 위험한 가정 규명을 위해서: 가장 적은 양의 데이터에 기반한 것이며, 내 가설을 실행 가능성의 핵심이기도 한 가정은	결과 & 결정					
성공이 어떤 모습일지 결정하세요: 나는 n명이 고객들과 함께 실험을 진행할 것이며, 고객들로부터 x의 강한 신호를 기대합니다.	교훈					

고객/문제 가설 설정을 위해서:
나는 내 고객이 이 목표를 달성하는 데
문제가 있다고 믿습니다.

가설 설정을 위해서:
이 가설이 참이기 위해서는,
가정도 진실이어야 한다.

검증을 위해서:
내 가정을 검증하기 위한 가장 저렴한 방법은 .....

▪ 자벨린 보드를 이용한 서비스 가설 검증

앞서 언급한 바와 같이, 대부분의 서비스는 기본적으로 '누구의 어떤 문제를 어떻게 해결할 것인가'라는 '고객·과제·해결법' 세 구성요소의 곱으로 이루어져 있습니다.

그리고 자벨린 보드는 고객·과제·해결법이라는 한 세트의 가설에 대해, 사무실 밖으로 나가 사용자와 대화하는 등의 실험을 통해 피벗_{pivot}을 반복하며 검증하는 도구입니다. 자벨린 보드는 크게 다음 5단계로 검증과 업데이트를 실시해 나갑니다.

> **1단계** 최초의 가설을 설정합니다.
> **2단계** 가장 검증해야 할 전제를 규명합니다.
> **3단계** 검증 방법과 판단 기준을 결정합니다.
> **4단계** 사무실 밖에 나가서 검증합니다.
> **5단계** 배움을 살려 아이디어를 업데이트합니다.

1단계 최초의 가설을 설정합니다.

첫 번째로, 우리 서비스는 '누구의 어떤 과제를 어떻게 해결하는' 서비스라고 할 수 있는지를 팀 차원에서 의논하여, '고객', '과제', '해결법'의 후보들을 하나씩 포스트잇에 써서 브레인스토밍합니다. '해결법'은 다음에 설명하는 의미 디자인에서 다루기 때문에, 여기서는 빈칸으로 두고 '고객'과 '과제'에 대해서만 아이디어를 내도 무방합니다.

브레인스토밍이 끝나면 규명된 '고객', '과제', '해결법' 아이디어들을 팀원들과 논의하고, 다음 그림과 같이 보드의 1열에 선택한 아이디어를 붙여 나갑니다. 이때 '고객'이 기업 고객과 개인 고객과 같이 두 그룹 이상 존재하는 경우, '고객-과제' 쌍을 2개 이상 작성하도록 합니다.

이번 예에서는 'IT 스타트업' 고객이 가진 '사내 지식이 구성원 사이에서 잘 공유되지 않고 있습니다'라는 과제를, '대규모 언어 모델과 고객사가 이용하는 SaaS 데이터를 연계한 사내 지식을 바탕으로 응답하는 챗봇 서비스'로 해결하는 아이디어를 생각해 봅니다.

	실 험 ①	실 험 ②	실 험 ③	
고객	IT 스타트업			
과제	사내 지식이 구성원 사이에서 잘 공유되지 않고 있습니다.			
해결법	대규모 언어 모델과 고객사가 이용하는 SaaS 데이터를 연계한 사내 지식을 바탕으로 응답하는 챗봇 서비스			

2단계 **가장 검증해야 할 전제를 규명합니다.**

이 단계에서 팀에서 정의한 '고객·과제·해결법'(혹은 고객·과제)이란 한 세트의 아이디어는, 전제가 되는 복수의 가정 위에 성립되어 있습니다.

예를 들어 [1단계] 아이디어는 '참조해야 할 정보가 문서로 충분히 정리되어 있는 기업이 많을 것입니다', '사내 지식은 복수 서비스에 분산 축적되고 있어, 원하는 지식을 찾기가 어려울 것입니다', '데이터 취득을 위해 제휴해야 할 SaaS 서비스의 종류는 현실적인 개수일 것입니다' 등을 상정한 것입니다.

따라서 이 전제가 잘못되었다면, [1단계] 가설도 잘못된 것입니다. 이렇게 전제가 무너져 버리면 아이디어가 성립할 수 없기에 '검증해야 할 전제'를 최대한 규명합니다.

전제A	전제B
참조해야 할 정보가 문서로 충분히 정리되어 있는 기업이 많을 것입니다	사내 지식은 복수 서비스에 분산 축적되고 있어, 원하는 지식을 찾기가 어려울 것입니다

전제C	전제D
데이터 취득을 위해 제휴해야 할 SaaS 서비스의 종류는 현실적인 개수일 것입니다	이 서비스의 대상 기업은 국내에 충분히 존재하고 있을 것입니다

그리고 밝혀낸 전제 각각을 검증해 보지 않으면 옳은 것인지 알 수 없는 불확실성의 정도인 '불명확도'와 전제가 무너졌을 때 서비스에 미치는 손상 정도인 '영향' 2개 축으로 평가하고, 양자가 모두 높은 전제 조건부터 우선적으로 검증해 나가면 됩니다.

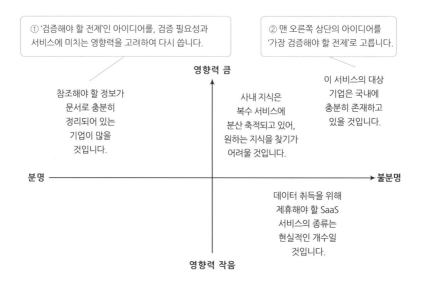

● '불명확도'와 '영향' 2개 축으로 최우선 전제를 발견합니다

① '검증해야 할 전제'인 아이디어를, 검증 필요성과 서비스에 미치는 영향력을 고려하여 다시 씁니다.

② 맨 오른쪽 상단의 아이디어를 '가장 검증해야 할 전제'로 고릅니다.

영향력 큼

참조해야 할 정보가 문서로 충분히 정리되어 있는 기업이 많을 것입니다.

사내 지식은 복수 서비스에 분산 축적되고 있어, 원하는 지식을 찾기가 어려울 것입니다.

이 서비스의 대상 기업은 국내에 충분히 존재하고 있을 것입니다.

분명 ──────────────────→ 불분명

데이터 취득을 위해 제휴해야 할 SaaS 서비스의 종류는 현실적인 개수일 것입니다.

영향력 작음

3단계 **검증 방법과 판단 기준을 결정합니다.**

다음으로, 앞서 선택한 '최우선으로 검증해야 할 전제 조건'이 올바른지 검증하는 방법을 생각합니다.

초기 검증에서는, 상정된 대상 고객에게 직접 인터뷰하는 것을 추천합니다. 속도나 비용 측면, 나아가 고객을 분명하게 설정할 수 있다는 점에서도 좋습니다. 여기에서는 '참조해야 할 정보가 문서로 충분히 정리되어 있는 기업이 많을 것입니다', '사내 지식은 복수 서비스에 분산 축적되고 있어, 원하는 지식을 찾기가 어려울 것입니다'라는 2가지 전제 조건을 검증하고자 합니다. 그러기 위해 대상 고객층인 경영자 및 관리직 임원 10명을 대상으로 '사내 지식 축적에 적극적으로 임하고 있는가', '사내 지식이 보존된 장소가 직종마다 3개소 이상으로 분산되어 있는가'를 묻는 방법을 생각하고 있습니다.

아울러 고객과 실제 인터뷰를 실시하기 전, '어떤 기준을 만족시키면 검증

대상(전제 조건)이 옳다고 간주할 것인가'라는 판단 기준을 세워두도록 합니다. 인터뷰 이전에 이를 확실히 정함으로써, 자신들의 아이디어가 옳아야 한다는 확증 편향이 작동해 고객의 반응을 억지로 호의적으로 해석해 버리는 사태를 피할 수 있습니다. 앞선 두 질문에 대해 생각해 보면, '예라고 대답하는 회사 숫자가 10개사 중 6개사 이상인가'라고 정할 수 있을 것입니다.

	실 험 ①	실 험 ②	실 험 ③	
고객	IT 스타트업			
과제	사내 지식이 구성원 사이에서 잘 공유되지 않고 있습니다.			
해결법	대규모 언어 모델과 고객사가 이용하는 SaaS 데이터를 연계한 사내 지식을 바탕으로 응답하는 챗봇 서비스			
가장 검증해야 할 전제	참조해야 할 정보가 문서로 충분히 정리되어 있는 기업이 많을 것입니다.	사내 지식은 복수 서비스에 분산 축적되고 있어, 원하는 지식을 찾기가 어려울 것입니다.	가나게에서 선택한 가장 검증해야 할 전제를 붙입니다	
검증 방법과 달성 기준	사내 지식 축적에 적극적으로 임하고 있는가, '예'가 10개사 중 6개사 이상	사내 지식이 보존된 장소가 직종마다 3개소 이상으로 분산되어 있는가, '예'가 10개사 중 6개사 이상	'검증 방법과 '달성 기준'을 붙입니다.	
사무실 밖으로 나가라!				

사무실 밖에 나가서 검증합니다.

'가장 검증해야 할 전제'와 그 '검증 방법', '판단 기준'이 정해지면 곧바로 사무실 밖으로 나가 검증합니다. "빌딩(사무실) 밖으로 나가라Get out of the building" 는 스타트업에서 많이 쓰이는 비유입니다. 신규 사업 개발에 익숙하지 않은 사람은 가설 검증을 컴퓨터 앞에서 인터넷 검색으로 스마트하게 처리하곤 합니다. 그러나 온라인에는 살아있는 사용자와의 직접적인 대화 이상으로 배울 수 있는 것은 없으며, 반드시 사용자와 직접 면대면으로 대화해야만 합니다. (그런 의미에서 줌 등 화상 회의 도구를 이용한다면 굳이 물리적으로 사무실 밖으로 나갈 필요는 없습니다.)

배움을 살려 아이디어를 업데이트합니다.

대부분의 경우, 고객 인터뷰를 통해 최초 가설이 틀렸음을 깨닫는 경우가 많습니다. 신규 서비스의 낮은 성공률을 생각해 봐도, 최초 가설이 옳을 확률이 압도적으로 낮음을 알 수 있을 것입니다.

아마도 가설은 틀렸겠지만, 여기서 사용자와 직접 대화를 나눈 팀은 중요한 자산을 얻었습니다. 바로 고객의 살아 있는 목소리를 들음에 따라 생겨난 다양한 깨달음입니다. 모두 초기에는 보이지 않았던 것들입니다. 얻게 된 깨달음은 해결법과 더 궁합이 좋은 다른 고객층일 수도 있고, 대상 고객이 안고 있는 또 다른 큰 과제일지도 모릅니다. 새로 배운 것을 바탕으로 아이디어를 업데이트함으로써, 초기보다 명확해진 양질의 서비스 아이디어를 짤 수 있을 것입니다.

다음 그림을 보면 첫 번째 가설은 옳았지만, 두 번째 가설은 잘못되었음을 알 수 있습니다. 인터뷰 결과, 스타트업의 경우 사내 지식이 '노션'이나 '구글 드라이브' 같은 소수 서비스에 집약되어 있음이 드러났기 때문입니다.

하지만 같은 인터뷰에는 "(지금은 아니지만) 전 직장이었던 대기업에서는 사내 지식이 흩어져 있어 곤란했었습니다."라는 발언도 다수 있었습니다. 그런 점에서, 오히려 대상 고객을 대기업으로 옮겨 아이디어를 재조정하고 검증하는 가능성을 찾을 수 있습니다. (물론 이는 어디까지나 예시일 뿐, 스타트업 대상으로 이런 종류의 사업이 성립될 가능성을 아예 부정하는 것은 아님을 밝힙니다.)

장 검증해야 할 전체	잠재··· 문서로 충분히 정리되어 있는 기업이 많을 것입니다.	···는 복수 서비스에 분산 축적되고 있어, 원하는 지식을 찾기가 어려울 것입니다.	
검증 방법과 달성 기준	사내 지식 축적에 적극적으로 임하고 있는가, '예'가 10개사 중 6개사 이상	사내 지식이 보존된 장소가 직종마다 3개소 이상으로 분산되어 있는가, '예'가 10개사 중 6개사 이상	
사 무 실 밖 으 로 나 가 라 !			
결 과 와 판 단	결과 : 8/10 가정은 옳음	결과 : 2/10 가정은 틀림	
배 운 점	스타트업은 지식 축적에 적극적으로 나서고 있지만, 지식은 분산되지 않고 노션이나 드라이브 등에 집약 보존되어 있어 과제감이 희박합니다. 오히려 전 직장인 대기업에서 사내 지식이 흩어져 있어 곤란해했던 인터뷰이가 다수입니다.	인터뷰에서 얻은 결과와 교훈을 정리합니다.	

이러한 일련의 단계를 몇 번씩 반복하면서, 팀 전체가 확신을 가질 수 있는 서비스 아이디어를 발견해 나가는 것이 중요합니다.

　의의 디자인 단계에서 고객이 정말로 곤란해하고 있는 과제, 말하자면 '진정으로 해결해야 할 과제'가 정해지면, 다음으로 그 과제를 어떻게 해결할 것인지를 생각하는 프로세스로 들어갑니다. 이때 무작정 생성형 AI를 사용하려 들지 말고, '생성형 AI의 본질적 가치'를 확실히 한 이후에 그 '생성형 AI만의 가치'가 잘 살아날 듯한 과제 해결 방법을 생각합니다. 우선 생성형 AI의 본질적 가치부터 제대로 이해한 상태에서 의의 디자인으로 설정된 고객의 과제와 조합하여 서비스를 만들자는 것입니다.

　그리고 이는 동시에 '생성형 AI의 본질적 가치'가 발휘되지 않는다면 깨끗하게 포기하고, 생성형 AI 이외의 방법을 사용해 과제 해결을 모색해야 한다는 의미기도 합니다. 그렇다면 '생성형 AI의 본질적 가치'란 대체 무엇일까요? 지금부터 함께 알아보도록 합시다.

■ 생성형 AI의 본질적 가치 7가지와 대표적인 서비스 사례

　매일 새로운 생성형 AI 서비스나 비즈니스 케이스가 나타나는 요즘, 생성형 AI는 만능 도구처럼 보이기도 합니다. 한편, 생성형 AI 본래의 강점이 잘 보이지 않기도 합니다. 실제로 성공한 생성형 AI 서비스들을 추상화하여, 그 본질적 가치를 정리한다면 다음 7가지로 정리할 수 있습니다. 각각에 대한 자세한 설명은 차차 하겠습니다.

● 생성형 AI의 본질적 가치 7가지

① 한없이 제로에 가까운 콘텐츠 제작 비용	② 시스템에 의한 무한히 자유로운 대화 실현
③ 비정형 데이터의 벡터화에 따른 유연한 처리	④ 콘텐츠의 멀티모달화
⑤ 고부가가치 전문 지식의 민주화	⑥ 언어 장벽 해소
⑦ 새로운 인풋 수단의 실현	

본질적 가치 1 **한없이 제로(0)에 가까운 콘텐츠 제작 비용**

생성형 AI의 첫 번째 본질적 가치는, '창조의 한계 비용'을 한없이 제로(0)에 가깝게 만든다는 점입니다. '창조의 한계 비용'이라는 말은 세계적 벤처캐피털 앤드리슨 호로위츠의 마틴 카사드, 사라 웡의 기사에서 볼 수 있습니다. 그들은 "마이크로칩이 계산의 한계 비용을 제로로 만들고 인터넷이 정보 유통의 한계 비용을 제로로 만든 것처럼, 생성형 AI는 창조의 한계 비용을 제로로 만든다."라고 주장합니다. 이 주장은 생성형 AI가 가져올 충격을 훌륭히 알아맞힌 것입니다.

생성형 AI는 이름 그대로, 무엇인가를 생성하는 능력을 갖춘 AI를 가리킵니다. 예전에는 막대한 비용을 들이지 않고선 만들기 어려웠던 콘텐츠를 생성형 AI를 통해 한없이 적은 노력으로 만들어낼 수 있게 되었습니다.

그 결과 구체적으로 다음 3가지의 사용자 이점이 생겨났습니다.

1. 콘텐츠 제작 비용 대폭 절감

2. 무수한 베리에이션(변형) **생성 가능**

3. 고객마다 콘텐츠의 개인화 가능

그럼 각 이점을 실제 서비스 사례와 함께 하나씩 소개하겠습니다.

1. 콘텐츠 제작 비용 대폭 절감

AI 작문 도구인 '재스퍼_{Jasper}(미국 Jasper AI사)'는 블로그 글이나 마케팅 문구 등 작성하고자 하는 콘텐츠의 종류와 주제를 입력하는 것만으로 사람 대신 글을 써 줍니다. 사용자는 재스퍼가 작성한 콘텐츠를 간단히 편집하기만 하면 다양한 콘텐츠를 제작할 수 있으며, 제작 비용을 대폭 절감할 수 있습니다. 재스퍼는 2023년 10월 기준으로 기업 평가액 17억 달러(한화 약 2조 3,300억 원), 누계 조달액은 1.9억 달러로 급성장하고 있습니다.

● 재스퍼_{Jasper}

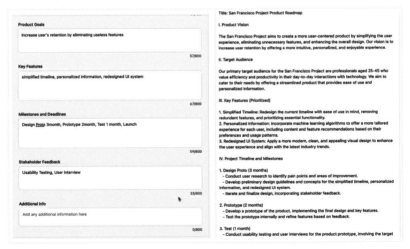

출처: Jasper (https://www.jasper.ai/)

2. 무수한 베리에이션(변형) 생성 가능

또한, 사진 편집 도구 '픽스아트_{Piscart}(미국 Picsart사)'에서는 특정 상품 이미지에 대해 무수한 베리에이션을 생성할 수 있습니다.

● 픽스아트_{Picsart}

출처: 픽스아트(https://picsart.com/ko/)

픽스아트에 상품 사진을 업로드하면 자동으로 상품의 외곽선(누끼)이 분리됩니다. 그 상태에서 입력된 텍스트 프롬프트를 기반으로 그 상품에 맞는 다양한 배경화면을 생성해 주어, 여러 종류의 상품 이미지를 제작할 수 있습니다.

3. 고객마다 콘텐츠의 개인화가 가능

동영상 생성 서비스인 '타부스_{tavus}(미국 Tavus사)'도 주목할 만합니다. 동영상을 한 번만 찍어도, 상대방 맞춤 영상을 생성할 수 있습니다. 사용자가 상품 소개 영상을 하나 녹화해 업로드하면, 타부스는 오디오에서 상대방의 이름이나 회사명에 해당하는 부분을 찾아 AI로 생성한 사용자의 목소리로 자동으로 대체해 줍니다. 이렇게 하면 여러 번 반복해 찍지 않아도 마치 특정 고객만을 대상으로 찍은 것 같은 영상을 무수히 만들 수 있습니다.

이 개인화된 영상은 마케팅, 고객 성공*, 인재 채용 등의 분야에서 일반 영상에 비해 높은 효과를 거두고 있습니다. 실제로 타부스에 따르면 메타_{Meta}나 세일즈포스_{Salesforce} 등 대형 기술 기업이 그들의 서비스를 도입했으며, 2023년 10월 기준 누계 조달액은 600만 달러(한화 약 82억 원)에 이르는 등 유망한 스타트업 중 하나입니다.

● 타부스_{tavus}

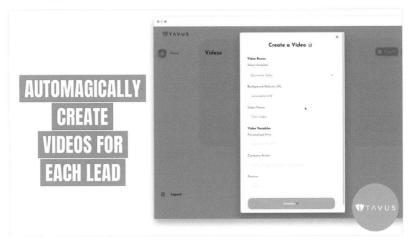

출처: tavus (https://www.tavus.io/)

본질적 가치 2 **시스템에 의한 무한히 자유로운 대화 실현**

생성형 AI의 두 번째 본질적 가치는 시스템에 의한 무한히 자유로운 대화의 실현에 있습니다. 챗GPT를 통해 이미 체감하고 있는 사람도 많겠지만, 대규모 언어 모델의 등장과 그 진화에 따라, 매우 자연스러운 대화가 가능해졌습니다.

이 강점을 살려 구체적으로 다음 3가지의 사용자 이점이 생겨나고 있습니

---

* 고객 성공(Customer Success)이란 고객이 자사의 제품이나 서비스를 사용해서 성공적인 결과를 얻게 하려는 기업의 접근법입니다.

다. 각각에 대응하는 생성형 AI 서비스 사례와 함께 하나씩 소개하겠습니다.

1. 대인 비용의 대폭 절감
2. 인터페이스 자연어화에 따른 조작 비용 절감
3. 체험 내 콘텐츠의 상호 작용화·반자율화

1. 대인 비용의 대폭 절감

캐나다의 에이다_{Ada}사는 기업이 고객에게 제공하는 채팅 형식의 CS를 '에이다_{Ada}'라는 인공지능 서비스로 제공하고 있습니다. 이렇게 대규모 언어 모델을 이용해 자동화함으로써 고객 대응 비용을 대폭 절감하는 효과를 수반하기도 했습니다.

이 서비스를 구체적으로 살펴보면, 고객사의 웹 사이트나 업로드된 문서에서 기업 및 상품 정보를 학습하여 사용자로부터 그와 관련된 질문을 받았을 때 자사의 정보에 입각한 답변을 자동으로 돌려줍니다. 에이다는 2023년 10월 기준 기업 평가액 12억 달러(한화 약 1조 6,500억 원), 누계 조달액은 1.9달러로 가파르게 성장 중인 유니콘 기업입니다.

● 에이다_{Ada}

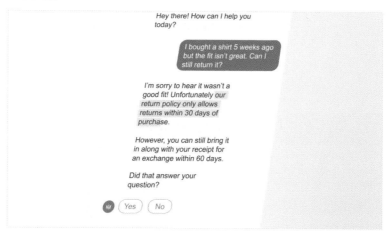

출처: Ada (https://www.ada.cx/)

2. 인터페이스 자연어화에 따른 조작 비용 절감

'어뎁트_{Adept}(미국 어뎁트_{Adept}사)'는 사용자가 자연어로 지시만 하면, 복잡한 웹사이트(예를 들면 세일즈포스나 부동산 계약 사이트 등)를 사용자 대신 자동으로 조작해 주는 서비스입니다. 이러한 작업에는 많은 단계가 필요해, 세일즈포스 같은 경우에는 그 운용에 특화한 컨설팅 서비스가 존재할 정도입니다. 하지만 어뎁트 사용자라면 "OO씨를 OO사에 신규 리드로 등록해."라고 자연어 텍스트만 입력하면 작업을 완료할 수 있습니다.

이처럼 따로 사용법을 배우지 않아도 자연어만으로 복잡한 인터페이스를 다룰 수 있게 해줌으로써 가치를 발휘하는 서비스는 이외에도 속속 등장할 것으로 생각됩니다. 이 책을 집필하는 2023년 10월 기준으로 아직 어뎁트사는 상장되지 않았지만, 이미 평가액 10억 달러(한화 약 1조 3,700억 원) 이상, 누계 조달액은 4.1억 달러 규모의 유니콘 기업으로서 큰 기대를 받고 있습니다.

● 어뎁트_{Adept}

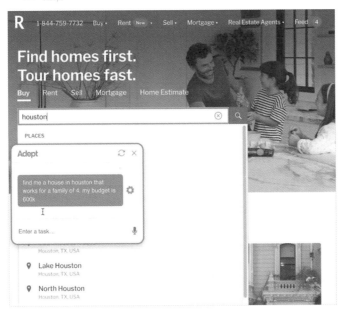

출처: Adept (https://www.adept.ai/)

3. 체험 내 콘텐츠의 상호 작용화·반자율화

한편 미국의 인월드Inworld사는 체험 내 콘텐츠의 상호 작용화·반자율화 영역에서 급성장 중인 회사입니다. 기존 게임의 NPCnon-playable character(RPG 게임에 등장하는 마을 사람같이 플레이어가 조작하지 않는 게임 내 캐릭터)는 사전에 정해진 단조로운 답변만 하는 게 보통이었습니다. 하지만 인월드는 대규모 언어 모델을 이용하여 개발자가 사전에 설정한 성격이나 배경 스토리 등에 기반해 다양하고 유연한 대화가 가능한 게임 내 NPC를 노코드로 생성해 줍니다. 인월드는 2023년 10월 기준 기업 평가액 5억 달러(한화 약 6,880억 원), 누계 조달액 1.2억 달러를 기록하며 경쟁사 콘바이Convai와 함께 뜨거운 주목을 받고 있습니다.

● 인월드Inworld

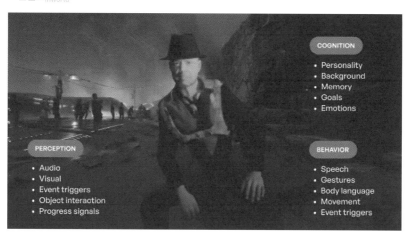

출처: Inword (https://inworld.ai)

본질적 가치 3 **비정형 데이터의 벡터화에 따른 유연한 처리**

비정형 데이터를 벡터화함으로써 다양한 처리를 가능케 하는 생성형 AI의 강점은, 매우 중요한 특징이면서도 간과되기 쉬운 생성형 AI의 핵심 가치 중 하나입니다.

기존 머신러닝은 데이터의 형식이 구조적으로 잘 정리되어 있지 않으면 원칙적으로 잘 처리하지 못했습니다. 그러나 생성형 AI 서비스에 주로 사용되고 있는 대규모 언어 모델은 입력 텍스트 등의 비정형 데이터를 벡터라는 수치 데이터로 변환하여 처리할 수 있습니다. 그러므로 가령 사내 공유 클라우드에 업로드된 파일 모음이나 온라인 기사 모음 등을 불러와서, 분석이나 작문 같은 처리를 실시하는 것이 가능한 구조입니다.

그로 인해 생성형 AI는 다음의 구체적인 사용자 이점을 가져옵니다.

1. 비정형 데이터의 문맥을 가미한 검색

2. 비정형 데이터에서 인사이트 추출

여기에서는 상기 이점의 사례로서 구체적인 서비스를 2개 소개합니다.

1. 비정형 데이터의 문맥을 가미한 검색

비정형 데이터의 벡터화라는 특성을 살린 생성형 AI 서비스의 대표 사례로, '글린Glean(미국 글린 테크놀로지스Glean Technologies)'을 들 수 있습니다. 글린은 구글 드라이브, 노션, 콘플루언스Confluence 등의 사내 데이터를 축적한 온라인 애플리케이션과 연계하여, 이들 사내 지식 정보를 대화형 인터페이스로 효율적으로 검색할 수 있게 하는 서비스입니다.

● 글린Glean

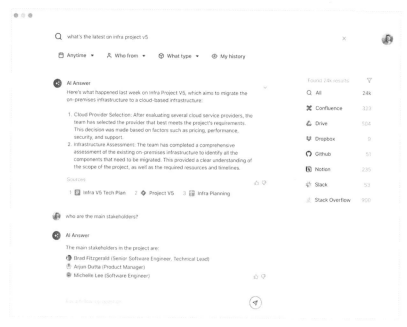

출처: Glean (https://www.glean.com/)

IDC리서치가 수행한 〈Information Worker Survey(정보 근로자 조사)〉에 의하면, 일반적인 지식 노동자 근무 시간의 4분의 1 이상이 정보 검색에 사용되고 있으며 사내 콘텐츠가 다른 사원이 접근할 수 있는 곳에 게재되어 있는 비율은 전체의 약 16%에 불과한 것으로 나타났습니다.

현재 호주 캔바Canva, 미국 옥타Okta, 듀오링고Duolingo 등 다수 IT 기업에 도입된 글린은, 상술한 화이트칼라의 사내 정보 검색과 관련하여 실제로 많은 기업에서 업무 효율 개선 실적을 올리고 있습니다.

2. 비정형 데이터에서 인사이트 추출

미국 알파센스AlphaSense사는 온라인상의 기사나 공개 정보, 조사기관 보고서 등의 비정형 데이터로부터 인사이트를 자동 추출하여 가치를 제공하는 서비스를 전개하고 있습니다. 알파센스 시스템이 테슬라_{Tesla}나 엔비디아_{Nvidia} 등 특정 기업에 관해 공개된 실적 정보나 뉴스 기사, 골드만삭스, J.P. 모건 등 평가기관이 제공한 조사 보고서 등에 기반하여 자동으로 분석 보고서를 작성하는 식입니다. 컨설팅 기업이나 투자사 담당자는 이 알파센스 보고서를 통해 리서치 업무를 효율적으로 수행할 수 있습니다.

알파센스는 2023년 10월 시점에 누계 6.2억 달러 규모를 조달했을 뿐 아니라, S&P100(미국 상장기업 중 시가총액 상위 100개 사) 기업의 85%, 자산운용사의 75%, 컨설팅 기업의 80%가 이미 도입하여 사용 중입니다. 극히 높은 시장 점유율을 자랑하고 있습니다.

● 알파센스_{AlphaSense}

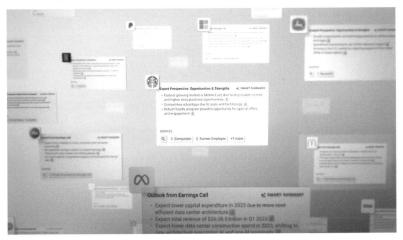

출처: AlphaSense (https://www.alpha-sense.com/)

본질적 가치 4 **콘텐츠의 멀티모달화**

생성형 AI의 네 번째 본질적 가치는, 텍스트처럼 단일 종류인 데이터로부터 복수 데이터 종류로 구성된 콘텐츠(멀티모달)를 생성함으로써 해당 콘텐츠의 가치를 높이는 것입니다.

AI 세계에서의 '모달Modal'이란, 쉽게 말해 텍스트, 음성, 이미지 같은 데이터의 종류별·종별(모달리티Modality)입니다. GPT-4를 필두로 AI 맥락에서 '멀티모달Multi Modal'이란 말이 자주 나오는데, 그것은 해당 모델이 '텍스트+이미지'와 같이 복수 종류 데이터를 취급할 수 있음을 의미합니다.

이 가치를 살린 서비스의 구체적 예시로는, 사람과 거의 유사한 AI 아바타가 입력된 텍스트 원고를 자연스러운 발화와 움직임으로 이야기하는 동영상을 생성하는 영국 신테시아Synthesia가 꼽힙니다. 신테시아의 서비스는 [들어가며]에서 소개한 대로 사내 연수나 판매 촉진, 마케팅용 제품 소개 비디오 등으로 용도를 좁혔으며, 현시점에서도 실용적인 품질을 실현하고 있습니다. 존슨앤존슨Johnson & Johnson, 아마존Amazon을 비롯해 포춘 500대 기업의 과반수뿐 아니라, 5만 곳 이상의 기업이 이미 신테시아의 서비스를 도입한 것으로 집계됩니다. 2023년 10월 시점에서 누계 1.6억 달러 조달, 평가액은 약 10억 달러(한화 약 1조 3,760억 원)로 시장에서도 매우 인정받고 있습니다.

● 신테시아Synthesia

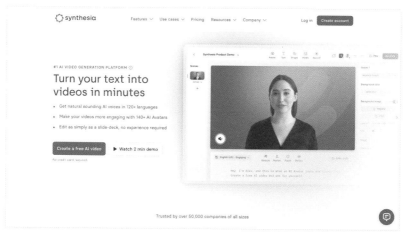

출처: Synthesia (https://www.synthesia.io/)

이러한 멀티모달 모델로는 텍스트 입력만으로 문자나 이미지가 삽입된 프레젠테이션 슬라이드 자료를 생성해 주는 '톰Tome(미국 매지컬 톰Magical Tome 사)' 또한 성장하고 있습니다. 지금으로선 개인적으로 '톰'만으로 실제 쓸 만한 자료를 만들기는 어렵다고 느끼지만, 2023년에 누계 750만 달러(한화 약 103억 원)를 조달하고 있는, 앞으로 진화가 매우 기대되는 생성형 AI 서비스임은 분명합니다.

● 톰Tome

출처: Tome (https://tome.app)

이와 같이, 단일 혹은 소수 모달 입력으로부터 더욱 풍부한 멀티모달 결과물을 생성함으로써 콘텐츠 사용 가치를 제고하는 서비스는 점점 늘어날 것으로 예상됩니다.

본질적 가치 5 고부가가치 전문 지식의 민주화

다섯 번째 가치로는 고부가가치 전문 지식의 민주화를 들 수 있습니다. 이는 두 번째 가치(AI에 의한 자연스러운 대화를 할 수 있음)와 세 번째 가치(비정형 데이터의 벡터화에 의한 유연한 처리)를 조합함으로써 발생하는 가치입니다.

대규모 언어 모델에 법률 문서나 의료 데이터를 학습시켜, 본래 고도의 전문 지식이 필요한 법률이나 의료 분야의 민주화도 진행되고 있습니다. 예를 들어 '아이온크래드Ironclad(미국 아이온크래드Ironclad 사)'란 서비스는 계약서 작성이나 검토를 자동화하는 플랫폼을 계약 업무가 많은 기업용으로 제공하고 있습니다. 이용사가 아이온크래드에 계약서 문서를 업로드하면 아이온크래드 AI가 자동으로 계약서를 검토하고, 주의해야 할 조항을 알려주거나 수정 문구를 제안해 줍니다. 실제로 아이온크래드를 이용하는 기업 중 한 곳인 글로벌 코스메틱 기업 로레알은 대량 제품 공급 계약서 검토 프로세스를 대폭 효율화했다고 합니다.

● 아이온크래드Ironclad

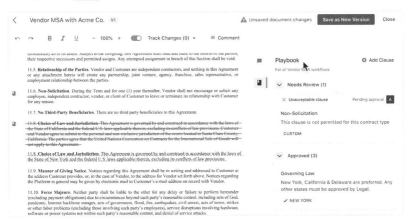

출처: Ironclad (https://ironcladapp.com/)

또한 의료 분야에서는 임상 시험 레벨이지만, 구글이 개발 중인 의료 용어에 특화된 대규모 언어 모델 'Med-PaLM2'가 독보적입니다. 실제 병원에서 테스트 운용이 개시되었고, 이미 특정 영역에서는 인간 의사보다 진단 정확성이 높다는 결과도 나오고 있습니다.

● Med-PaLM2

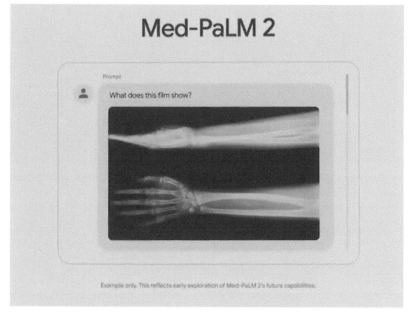

본질적 가치 6　**언어 장벽 해소**

여섯 번째 가치로는 언어 장벽 해소가 있습니다.

이미 설명했듯, GPT 같은 대규모 언어 모델은 여러 가지 언어의 학습 데이터를 벡터화하여 처리합니다. 하지만 그것은 실상 다양한 언어의 데이터를 학습할 때, AI가 자신만이 알 수 있는 독자적인 언어로 모든 것을 번역해 AI 내에 축적하고 있는 형국에 가깝습니다. 즉, 대규모 언어 모델은 언어 장벽이 극히 존재하지 않는 상태로 지식을 보존하는 것입니다.

(숫자들) 벡터화하여 보존

이처럼 대규모 언어 모델이 등장함에 따라 언어 장벽은 희미해지고 있으며, 점차 모델이 발전해 나가는 가운데 궁극적으로 언어 장벽은 융해되어 갈 것입니다. 예를 들어, 네 번째 본질적 가치 사례로 소개한 신테시아Synthesia에서는 1개 언어의 텍스트 원고를 입력하더라도, 원고의 언어뿐 아니라 다른 언어 버전의 영상까지 한꺼번에 생성할 수 있습니다. (영어 원고를 입력하면, 스페인어, 프랑스어, 독일어 영상까지 자동 생성이 가능합니다.) 이 특징을 살린 생성형 AI 서비스는 앞으로도 계속 늘어날 것입니다.

한편 다른 각도에서 이 상황을 바라보면, 사업상의 국경이란 장벽 역시도 점차 없어지리라 전망할 수 있습니다. 이를테면, 지금까지는 언어 장벽의 존재 때문에 해외 서비스가 국내 시장에 진출하기 어려웠고 그만큼 국내 기업과 서비스들이 비교적 경쟁력을 발휘하기 쉬운 상황이었습니다. 그러나 앞으로는 해외 서비스의 국내 소비자 대응 속도가 현격히 개선되어, 조기부터 해외 서비스와 글로벌 경쟁을 해야 하는 케이스도 점점 증가할 터입니다. 반대로 똑같이 언어 장벽으로 해외 진출이 어려웠던 국내 서비스도 상황이 달라질 가능성이 높으며, 이러한 변화도 경영진으로서 인식하고 있어야 할 것입니다.

● 신테시아Synthesia

출처: Synthesia (https://www.synthesia.io/)

본질적 가치 7 **새로운 인풋 수단의 실현**

마지막 일곱 번째 가치는 일반적인 텍스트 입력에서 벗어나 영상만으로 지시를 보내는 것처럼, 새로운 인풋 수단을 실현하는 데 있습니다. 이는 비교적 새로운 것으로, 사업으로서 크게 성장했거나 대표적인 서비스는 아직 나오지 않았습니다. 그러나 OpenAI의 GPT-4를 이용해 영상 입력에 대응하는 API가 공개됨에 따라, 이 가치에 앞으로 이목이 집중되리라 예상됩니다.

그 조짐을 보이는 서비스를 하나 소개합니다. 영국 TLDraw사가 제공하는 온라인 도해 도구 '티엘드로우tldraw'가 GPT-4 API를 이용해 선보인 기능 '티엘드로우 메이크리얼tldraw makereal'입니다. 이 기능은 간략하게 스케치하거나 손으로 그린 일러스트를 붙여 넣으면 GPT-4 API를 경유해 그 이미지를 읽어 내고 사양을 해석한 후에 소스코드와 실제로 움직이는 목업을 출력해 줍니다. 소스코드 작성이나 목업 제작을 위해 이미지를 입력하는, 완전히 새로운 체험이 실현되고 있는 것입니다.

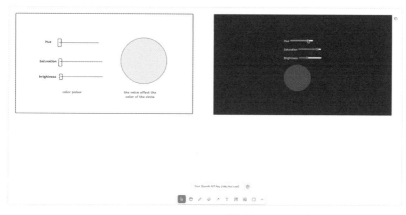

출처: tldraw makereal (https://makereal.tldraw.com/)

이 밖에도 데모 수준에서는 자신의 전신사진을 업로드하여 패션 추천을 받거나, 식탁 사진을 업로드하여 헬스케어 및 영양 관점에서 조언을 받거나, 냉장고 안을 찍은 사진을 업로드하여 레시피를 제안받는 등의 체험이 GPT-4 API로 실현되고 있습니다. 이러한 새로운 인풋 수단을 활용하는 서비스는 앞으로 점점 더 많이 등장하리라 전망됩니다.

우수한 생성형 AI 서비스 아이디어를 발상하기 위한 로드맵

지금까지의 내용을 정리하는 차원에서 의의와 의미의 조합으로 우수한 생성형 AI 서비스를 발상하기 위한 구체적인 단계를 알기 쉽게 제시하고자 합니다. 앞으로 신규 생성형 AI 서비스를 시작하고자 하는 팀은, 꼭 여기 제시한 프로세스를 참고하여 워크숍을 실천하길 바랍니다. 서비스 디자인의 기본 프로세스까지 설명되어 있기 때문에, 이에 정통한 사람이라면 읽지 않고 넘어가도 괜찮습니다.

● 우수한 생성형 AI 서비스를 발상하기 위한 로드맵

서비스 아이디어 탐색

① 사업 도메인을 정하기 위한 재료 모으기

② 접근할 사업 도메인 결정하기

③ 대상 고객과 과제 세트 알아내기

④ 사용자 검증을 통해 고객과 과제의 세트 좁히기

⑤ 생성형 AI의 본질적 가치와의 조합으로 아이디어 발상하기

⑥ '본질적 가치의 활용도×과제 해결 심도'로 아이디어 선정하기

아이디어 검증

⑦ 실제 대상 고객과의 대화를 통해 가설 검증 실시하기

⑧ 필요에 따라 서비스 아이디어 업데이트하기

사업 계획

⑨ 서비스 아이디어를 사업 아이디어로 승화시키기

⑩ MOAT 가설 만들기

⑪ 서비스 기능 범위 정의하기

서비스 디자인

⑫ 정보 구조 설계하기

⑬ 와이어프레임 작성하기

⑭ 간이 프로토타입 제작 및 사용자 테스트 실시하기

⑮ UI 디자인 및 기능 탑재하기

성장(그로스)

⑯ 서비스 런칭하기

⑰ 지속적인 개선에 의한 성장에 집중하기

1단계 사업 도메인을 정하기 위한 재료 모으기

우선, 방향성을 결정하기 위한 재료를 모읍니다. 생성형 AI 서비스의 국내외 사례를 조사하거나 자사가 사업을 통해 실현하고 싶은 것, 자사나 고객의 니즈를 확인하는 등의 조사도 실시합니다.

2단계 접근할 사업 도메인 결정하기

"참고할 만한 기존 서비스에서 특히 흥미를 느낀 영역은 어디인가?", "우리가 향후 10년간 계속 전념할 수 있는 영역은 어디인가?", "우리가 직면하고 있는 과제 중, 가장 해결하고 싶은 것은 무엇인가?" 같은 질문을 힌트로 삼아, '대기업×데이터 관리×생성형 AI'나 '영상 SNS×생성형 AI' 등의 정밀도로 접근하여 사업 도메인을 결정해 갑니다.

3단계 대상 고객과 과제 세트 알아내기

사업 도메인을 선택했다면, 그 도메인에서 "누구의 어떤 문제를 해결할 것인가?"라는 '고객'과 '과제'의 조합을 가능한 한 많이 찾아내도록 합니다.

4단계 사용자 검증을 통해 고객과 과제의 세트 좁히기

찾아낸 '고객'과 '과제'의 세트 가설 가운데 어느 세트가 가능성이 있을 것 같은지, 팀 내 논의나 사용자와의 직접 대화를 통해 몇 개 후보로 좁힙니다.

5단계 생성형 AI의 본질적 가치와의 조합으로 아이디어 발상하기

선정한 고객의 과제에 대하여 생성형 AI의 본질적 가치를 조합해 가면서, 과제를 해결하기 위한 서비스 아이디어를 앞서 소개한 아이디어 시트에 기재해 갑니다.

아이디어 제목		POSTS.
콘셉트를 한마디로 설명하자면?		
대상 고객 ✕	고객이 가진 문제 ✕	생성형 AI 기술의 본질적 가치
솔루션 개요		

6단계 '본질적 가치의 활용도×과제 해결 심도'로 아이디어 선정하기

팀에서 브레인스토밍한 서비스 아이디어에 대해 생성형 AI의 본질적 가치를 살린 서비스인지, 선정한 과제의 해결 방법으로서 유효하게 작용할지의 관점에서 검증을 실시할 서비스 아이디어를 몇 개 선정합니다.

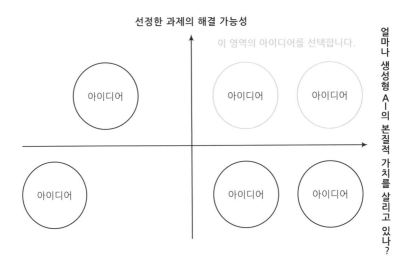

선정한 과제의 해결 가능성

이 영역의 아이디어를 선택합니다.

얼마나 생성형 AI의 본질적 가치를 살리고 있나?

아이디어

아이디어 아이디어

아이디어

아이디어 아이디어

7단계 실제 대상 고객과의 대화를 통해 가설 검증 실시하기

선정된 서비스 아이디어로 정의된 '고객·과제·해결법' 세트를 앞서 소개한 자벨린 보드에 세팅한 후 검증해야 할 가설을 밝히고, 우선도가 높은 항목부터 차례로 실제 고객과의 대화를 통해 검증을 실시합니다.

8단계 필요에 따라 서비스 아이디어 업데이트하기

대부분의 경우, 최초의 서비스 가설은 잘못되었을 확률이 높습니다. 고객과의 대화에서 얻은 배움을 살려, 적절하게 아이디어를 수정하면서 최종 '고객·과제·해결법' 세트를 선정합니다.

9단계 서비스 아이디어를 사업 아이디어로 승화시키기

이 단계까지는 아직 수익화 계획이나 경쟁 우위 관점이 없는 '서비스 아이디어' 차원에 머물러 있습니다. 다음 그림의 포지셔닝 선언문이나 린 캔버스 Lean Canvas(상세는 5장에) 등의 사업 아이디어 프레임워크를 채워 가면서, 사업 아이디어 계획을 정밀화해 갑시다.

● 포지셔닝 선언문

다음 문장의 빈칸을 채울 수 있고, 또한 그것을 검증할 수 있는가?

당신의 제품(서비스)는 [대상 고객이 안고 있는 과제]라는
과제를 안고 있는 [주 대상 고객]용 [제품 카테고리]의 제품(서비스)이며,
[제품이 해결할 수 있는 것] 할 수 있습니다.
그리고 [대체품]과는 달리 본 제품(서비스)에는
[차별화 포인트]가 갖추어져 있습니다.

예: 글린
이것은, [사내 정보가 흩어져 있어 사원이 요구하는 정보를 찾는 데 시간이 걸린다]라는
과제를 안고 있는 [사원 수가 상당한 중규모 이상 기업]용 [대규모 언어 모델을 활용한 사내
지식 검색 서비스] 제품이며, '사내 복수 SaaS 서비스와 연계한 AI 비서에게 대화 형식으로
다양한 사내 지식을 문의]할 수 있습니다. 그리고 [기업용 챗GPT 계열 서비스]와 다르게 이
제품에는 [SaaS 애플리케이션 제휴에 의한 최신 정보 취득 및 사용자 열람 권한별 차등 회답
기능]이 갖추어져 있습니다.

	솔루션 Solution	독자적인 가치 제안 Unique Value Proposition	경쟁 우위성 Unfair Advantage	고객 세그먼트 Customer Segments
사용자가 안고 있는 과제 Customer Segments	주요 지표 Key Metrics		고객과의 접점 Channels	
비용 구조 Cost Structure			수익 흐름 Revenue Streams	

『린 스타트업』(애시 모리아 저, 권혜정 역 | 2012, 한빛미디어)
애시 모리아의 블로그(https://blog.leanstack.com) 등을 참고로 필자가 만든 그림

여기서 포인트는 수익 모델의 설계입니다. GPT 등 API를 이용해 서비스를 제공할 경우, 사용자가 생성형 AI 기능을 사용할수록 API 이용료 형태로 비용이 발생합니다. 때문에, 이러한 서비스는 개인용이든 기업용이든 간에 이용량에 따라 비용을 지불하는 종량 과금 형태를 취하는 것이 바람직합니다.

다만 그렇다고 완전히 종량과금제를 채택해 버리면 사용자가 총비용을 짐작하기 어려워져, 과금 전환율이 하락할 가능성이 있습니다. 기본적으로 월 정액당 일정한 이용 범위를 제공해 고정 금액을 청구하면서, 그 범위를 초과하는 이용에 대해서는 종량 과금으로 진행하는 식의 수익 모델이 순항하는 경우가 많습니다.

10단계 MOAT 가설 만들기

MOAT란, 자사의 사업을 성$_{castle}$으로 보았을 때 경쟁자(경쟁 기업)의 공격에

서 그 성(자사 사업)을 계속 지켜주는 성곽인 '해자'를 가리킵니다. 즉, 비즈니스에 있어서는 '중장기 기간, 경쟁 기업에 지지 않는 이유'로 해석할 수 있습니다. 현재 경쟁력이 있음에 그치는 차별화 요인과 달리, '한번 쟁취한 시장을 앞으로도 지켜낼 수 있을까?'라는 질문에 대한 해답이 바로 MOAT입니다.

생성형 AI 서비스의 경우 MOAT의 설계가 일반적인 앱/웹 서비스보다 더 어렵기 때문에, 여기서 잠깐 설명하겠습니다. 어려움의 원인은 다음 그림처럼 많은 생성형 AI 제품이 그 핵심 기능을 OpenAI GPT 등 외부 API나 서비스에 의존하고 있으며, 기능 자체가 차별화가 되는 경우가 적다는 데 있습니다. 단기적으로 우수한 기능을 창출하더라도 이후에 다른 빅테크 기업이 더욱 뛰어난 AI 모델을 제공하여 하룻밤 사이에 우위가 무효가 되는 시나리오는 쉽게 상상할 수 있습니다.

● 생성형 AI 연관 기술 레이어

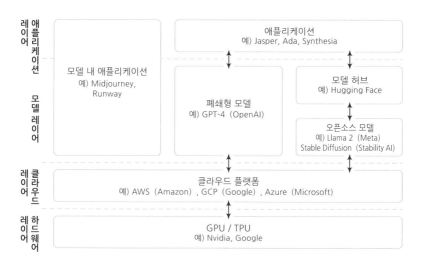

앤드리슨 호로위츠, 「누가 생성형 AI 플랫폼을 소유하는가 Who Owns the Generative AI Platform?」 (https://a16z.com/who-owns-the-generative-ai-platform/)를 바탕으로 필자 작성

그럼, 생성형 AI 서비스의 MOAT는 어떤 패턴으로 나타날까요? 개인적으로는 다음 6가지 패턴이 일반적이라고 생각합니다. 다음 설명을 참고하여 자신의 서비스가 중장기적으로 계속 승리해 나가기 위한 MOAT 가설을 설계하길 바랍니다.

생성형 AI 영역에서 나타나는 MOAT 패턴 6가지

1. 타사가 얻기 어려운 독자적인 데이터를 축적 및 활용하여, 고객이 증가할수록 서비스의 정확도가 높아지는 구조를 만듭니다.
2. 네트워크 효과(새로운 사용자가 증가하면 기존 사용자의 서비스 가치가 증대되는 효과)가 나타나는 영역에서 속도로 경쟁합니다.
3. 서비스 변경이나 데이터 이행 등, 이용자의 전환 비용을 높입니다.
4. 제품에 수반되어 사용자 가치를 창출하는 컨설팅 서비스 등, 타사가 따라갈 수 없는 조직 체제와 운영을 구축합니다.
5. 캐릭터 IP 등의 희소 자원을 선점합니다.
6. 대규모 대리점과의 자본 제휴에 의한 판로 개척이나 자사 미디어 등 마케팅 채널을 통해 독자적이고 강력한 사용자 획득 경로를 확보합니다.

11단계 서비스 기능 범위 정의하기

제프 패튼Jeff Patton이 제안한 사용자 스토리 매핑이라는 기법을 이용해, 서비스 전체에 요구되는 기능을 파악합니다. 이어서 초기에 출시할 MVPMinimum Viable Product(고객 니즈를 충족시킬 최소한의 제품)의 사양을 설계하고 개발 로드맵의 큰 틀을 기획 책정합니다.

사용자 스토리 매핑은 크게 다음 4단계로 진행합니다.

1단계 서비스와 관련된 사용자의 구체적인 행동을 가능한 한 많이 포스트잇에 적습니다.
2단계 사용자 행동을 시계열로 배열하면서 그룹화합니다.

3단계 각 사용자 행동 그룹 아래에, 그 사용자 행동을 실현하기 위해 서비스 측에서 필요한 기능을 가능한 한 많이 밝혀냅니다.

4단계 기능들을 초기 출시 버전에 포함할, 사용자 과제 해결을 위해 필요한 최소한의 기능, 그다음 출시에서 우선적으로 업데이트하고 싶은 기능, 그 이후에 업데이트하고 싶은 기능의 3단계로 나누어 세로로 정렬합니다.

● 사용자 스토리 매핑

행동 플로우	행동 장면 1	행동 장면 2	행동 장면 3	행동 장면 4	행동 장면 5
사용자의 구체적인 행동	행동 1	행동 2	행동 3	행동 4	행동 5
	기능	기능	기능	기능	기능
최초 출시 (MVP)				기능	
기능	기능	기능		기능	기능
2차 출시		기능			기능
3차 출시		기능	기능	기능	

『사용자 스토리 맵 만들기User Story Mapping』(제프 패튼Jeff Patton 저, 오라일리 미디어O'Reilly Media, 2014)를 바탕으로 필자 작성

12단계 정보 구조 설계하기

이제 서비스 화면이나 사용자 행동 등을 구조적으로 도해해 나가며 설계합니다. 이른바 정보 구조 설계Infomation Architecture Design라 불리는 단계입니다. 다양한 방법론이 있지만, 개인적으로는 다음 그림과 같은 형식을 잘 이용하고 있습니다.

화면이나 스크린을 각진 상자로, 사용자 행동을 둥근 상자로 나타내고, 최초 출시 이후 추가해 갈 화면이나 사용자 행동은 점선으로 정리합니다. 이렇게 진행하면서 사용자 행동의 이행 관계나 화면 간의 포함 관계를 도해(정보 구조 다이어그램)로 만드는 방식입니다. 중장기 추가 기능까지 포함해 정보 구조를 정리하면 서비스의 화면 전환이나 액션이 복잡해져 사용성이 손상되는 것을

피할 수 있을 뿐 아니라, 엔지니어의 초기 아키텍처 설계도 쉬워집니다.

● 정보 구조 다이어그램Information Architecture Diagram

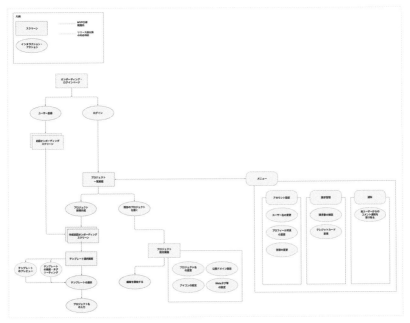

필자 작성

13단계 와이어프레임 작성하기

사용자 스토리 매핑에서 정리한 MVP 범위를 바탕으로, "어떤 콘텐츠를, 어디에, 어떻게 배치할 것인가"를 정의하는 와이어프레임*을 작성합니다. 생성형 AI 특유의 UX 디자인 포인트는 이후 3장에서 자세히 설명하고 있으므로, 그쪽을 참고하길 바랍니다.

14단계 간이 프로토타입 제작 및 사용자 테스트 실시하기

본격적인 개발에 들어가기에 앞서, 간이 프로토타입이나 목업을 이용해 사

---

* 프로젝트 또는 기술의 기본 프레임워크를 요약하는 시각적 다이어그램

용자 테스트를 실시하고, 조기에 '실패해 버린 부분'을 특정함으로써 개발 공수 손실을 줄일 수 있습니다. 피그마_{Figma} 등의 디자인 도구를 이용해 와이어 프레임의 화면 사이를 이동하는 목업을 제작하거나, 공수가 얼마 들지 않는 범위 내에서 프로토타입 개발을 진행한 후, 그것을 대상 고객에게 제시해 사용감이 어떤지 등을 검증합니다.

15단계 UI 디자인 및 기능 탑재하기

GPT 등 대규모 언어 모델의 API를 사용해 서비스를 만드는 경우에는, 통상적인 디자인이나 개발 공정 외에도 백엔드 시스템에서 설정하는 프롬프트 튜닝의 정밀도가 서비스 체험의 질을 크게 좌우합니다. 따라서 일반적인 개발 공수에 더하여, 프롬프트 튜닝 기간을 최소 1~2주 정도 확보해 두는 것이 좋습니다.

16단계 서비스 런칭하기

서비스 런칭은 주목을 끌 수 있는 하나의 대목입니다. 보도자료를 배포하고 언론 담당자나 컨택포인트에 연락합니다. 친구나 지인에게는 물론이고, 해외 출시라면 미국 제품 투고 사이트 'Product Hunt'에 게재하는 등 사용자를 모으기 위해 할 수 있는 액션은 모조리 실행합니다.

17단계 지속적인 개선에 의한 성장에 집중하기

서비스 런칭 시의 일시적인 주목이 지나가면, 거기부터는 서비스 성장을 위한 지속적인 개선이 필요해집니다. 그때 사용자의 이용 데이터를 모른다면 개선의 여지도 없기 때문에, '앰플리튜드_{Amplitude}'나 '믹스패널_{Mixpanel}' 같은 분석 도구를 미리 도입해 두도록 합니다.

우수한 생성형 AI 서비스를 위한 체크리스트

여기까지 일련의 프로세스를 거친다면, 이런 방법론 없이 만드는 경우에 비해 압도적으로 좋은 제품이 완성되어 있을 것입니다. 마지막으로 우수한 생성형 AI 서비스가 충족해야 하는 조건의 체크리스트를 제시합니다. 이를 팀 내에서 공유하여 설계한 생성형 AI 서비스를 더블 체크해 보길 바랍니다.

● 우수한 생성형 AI 서비스인지 확인할 수 있는 체크리스트

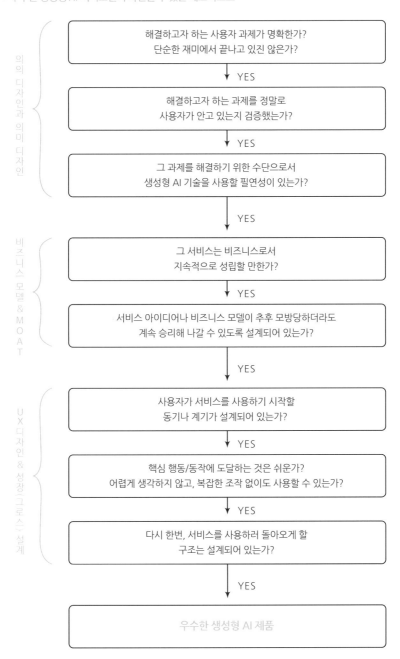

의의 디자인과 의미 디자인

해결하고자 하는 사용자 과제가 명확한가?
단순한 재미에서 끝나고 있진 않은가?

↓ YES

해결하고자 하는 과제를 정말로
사용자가 안고 있는지 검증했는가?

↓ YES

그 과제를 해결하기 위한 수단으로서
생성형 AI 기술을 사용할 필연성이 있는가?

↓ YES

비즈니스 모델 & MOAT

그 서비스는 비즈니스로서
지속적으로 성립할 만한가?

↓ YES

서비스 아이디어나 비즈니스 모델이 추후 모방당하더라도
계속 승리해 나갈 수 있도록 설계되어 있는가?

↓ YES

UX 디자인 & 성장(그로스) 설계

사용자가 서비스를 사용하기 시작할
동기나 계기가 설계되어 있는가?

↓ YES

핵심 행동/동작에 도달하는 것은 쉬운가?
어렵게 생각하지 않고, 복잡한 조작 없이도 사용할 수 있는가?

↓ YES

다시 한번, 서비스를 사용하러 돌아오게 할
구조는 설계되어 있는가?

↓ YES

우수한 생성형 AI 제품

기존 서비스에 생성형 AI 기술을 접목하는 방법

기업이 생성형 AI를 활용할 때, 그 용도는 크게 (1) 사업에 활용, (2) 업무 운영에 활용의 두 가지로 나눌 수 있으며, 전자는 다시 (1-a) 생성형 AI를 이용한 신규 서비스 개발과 (1-b) 생성형 AI의 기존 서비스 활용으로 나눌 수 있습니다.

(1-a) 생성형 AI를 이용한 신규 서비스 개발은 지금까지 이번 장에서 다루었으며, (2) 생성형 AI를 활용한 사내 생산성 향상에 관해서는 이후 5장에서 설명할 예정입니다. 남은 (1-b) 생성형 AI의 기존 서비스 활용은 앞선 둘에 비하면 그다지 필요한 지식은 많지 않지만, 큰 사업 가능성을 내포한 영역이기도 합니다. 따라서 이 칼럼에서 필요한 사고방식을 짚고 넘어가고자 합니다.

우선 기존 서비스에 생성형 AI를 추가한다는 것은 대부분의 경우, 서비스에 코파일럿Copilot 기능을 더한다는 의미입니다. 코파일럿이란, AI가 사용자의 보조 역할을 하며 사용자가 수행하는 다양한 작업을 보조하는 기능을 총칭합니다. '깃허브 코파일럿', '마이크로소프트 코파일럿' 등이 바로 여기 해당합니다.

코파일럿 기능을 설계할 때는 크게 두 단계를 밟습니다. 첫 번째는 보조할 작업의 선정, 두 번째는 체험 설계입니다.

1. 보조할 작업의 선정

1단계로, 코파일럿으로 보조할 작업을 선정합니다. 작업을 선정할 때는 핵심 기능에 가깝고 사용자 입장에서 실행 난도가 높은 작업 영역을 우선적으로 골라야 합니다.

● 코파일럿 기능으로 보조할 작업 선정

구체적인 예를 들어보겠습니다. 일본의 온라인 중고 거래 플랫폼인 '메루카리'는 최근 공식 앱에서 '메루카리 AI 어시스트'란 이름의 코파일럿 기능을 제공하기 시작했습니다. 이는 사용자가 등록한 상품에 대해, 잘 팔릴 수 있도록 AI가 상품 이름이나 설명, 가격 등의 개선을 제안하는 시스템입니다. 이 기능은 '판매'라는 메루카리의 핵심 기능과 관련된 데다, 사용자 입장에서 난도가 높은 작업을 보조하는 중요한 역할을 담당합니다.

● 메루카리 AI 어시스트

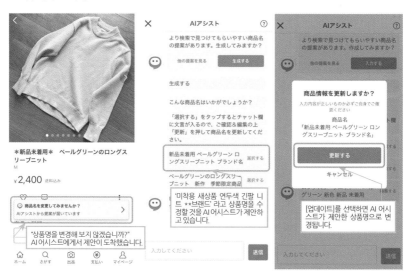

출처: 메루카리 보도 자료 (https://about.mercari.com/press/news/articles/20231017_mercariaiassist/)

작업을 보조하는 의미라면, 자기소개서 작성을 돕거나 감사 메시지를 작성하는 등의 용도도 생각할 수 있습니다. 다만 전자는 핵심 기능과의 거리가 멀고, 후자는 사용자에게 있어 실행 난도가 출품에 비해 낮으므로 우선도가 떨어진다고 생각됩니다.

이와 같이, 자사 서비스의 핵심 기능인 동시에 사용자에게 있어 실행 난도가 높은 기능이 무엇인지 특정할 수 있으며, 이는 뛰어난 코파일럿 기능을 탑재하는 첫걸음이 됩니다.

2. 체험 설계

보조할 작업 영역이 정해지면 어떤 체험을 실현할지 설계하는 단계로 진입합니다. 여기서 중요한 것은 "무엇이 옆에 있어야 사용자에게 도움이 될까?"란 물음을 생각하는 것입니다.

앞서 말한 메루카리 AI 어시스트 사례를 살펴봅시다. 메루카리를 이용할 때, '메루카리 우수 판매자'가 "이렇게 하면 잘 팔릴 거야."라 옆에서 수시로 조언해 준다면, 사용자에게 큰 도움이 될 것입니다. 따라서 이 역할이 바로 메루카리 AI 어시스트의 기능이 되었습니다.

체험을 설계함에 있어 관건은 '과잉 지원하지 않는 것'입니다. 예를 들어 블로그 플랫폼이 블로그 글 전체를 생성하는 코파일럿 기능을 지원해 버린다면, 사용자는 블로그에 글을 쓸 의욕을 잃을 수 있습니다. 더 나아가 비슷비슷한 블로그 글이 난무하게 되어 서비스 생태계를 훼손할 우려도 있습니다.

어디까지나 서비스에 남겨야 할 인간적인 부분은 사용자에게 맡기면서도, 그 안에서 사용자가 기분 좋게 받아들일 좋은 보조 역할을 찾아 탑재해 나가는 것이 중요합니다.

● 코파일럿 기능 체험을 설계할 때의 핵심

무엇이 옆에 있어야
사용자에게 도움이 될까?

사용자   코파일럿

CHAPTER 2

생성형 AI 시대, 산업과 사회는 어떻게 변화할 것인가?

1장과 이어진 [칼럼 2]에 걸쳐서, 생성형 AI를 활용해 사업 성장을 꾀할 때 필요한 사고 방식이나 구체적인 프레임워크를 알아보았습니다. 그러나 생성형 AI로 사업 성장을 이루기 위해서 중요한 관점은 사실 하나 더 있습니다. 바로 "생성형 AI의 진화에 따라 자신의 업계나 사회가 어떻게 변화해 갈 것인가?"라는 미래상입니다. 왜냐하면 진화한 생성형 AI에 의해 산업 구조 및 사회 전체가 근본부터 바뀔 가능성이 있는 가운데, 그 미래의 전망을 가지고 사업이나 경영에 임하고 있는지가 기업 간의 큰 차이를 낳을 터이기 때문입니다.

따라서 이번 장에서는 2가지 버전의 미래 전망을 제시하고자 합니다. 첫 번째는 중장기 미래, 즉 15~20년의 시간 축에서 사회상이나 인간 본연의 모습이 어떻게 변할지에 관한 전망이며, 두 번째는 비교적 단기의 미래, 5~10년의 시간 축에서 각 산업이 어떻게 변화해 나갈지에 관한 예상입니다.

미리 양해를 구해 두자면 어떠한 미래 전망에도 해당되는 이야기지만, 이후 제시하는 미래상이 모두 적중할 리는 없습니다. 그럼에도 SF소설의 비전이 차례차례 현실이 되는 요즘, 경영자나 사업 리더라면 마땅히 자기 나름의 미래 통찰을 갖고, 이를 튜닝해 가는 것이 중요합니다. 그 첫 번째 버전을 제공하는 의미에서라도, 필자의 비전을 펼쳐 보고자 합니다.

또한 통상적으로는 가까운 미래에 일어날 각 산업의 변화 쪽을 먼저 이야기함이 자연스럽지만, 여기서는 보다 장기적인 시간 축의 관점에서 사회 전체가 어떻게 변화할지에 대한 예상을 먼저 제시하고 싶습니다. 이는 '백캐스팅backcasting 기법'이라는 것인데, 우선 장기적으로 어떤 미래에 도달할지를 생각한 다음, 거기에서부터 현대로 선을 이었을 때 어떤 풍경이 펼쳐질지 생각하는 방법입니다. 생성형 AI와 같이 사회를 크게 바꾸는 기술의 미래를 전망하는 경우에는, 이런 접근법을 취하는 편이 보다 예리하게 미래를 내다볼 수 있습니다.

01

중장기 미래 예상:
2040~2045년, 사회나 인간 본연의
모습은 어떻게 변화할까?

생성형 AI가 지금보다 진화했을 미래, 2040~2045년의 사회는 어떤 모습을 하고 있을지 생각하기에 앞서, 우선 중심이 될 '질문'을 정리하고 싶습니다. 자신을 둘러싼 다양한 존재와의 '관계'로부터 떠오르는 질문이라면, 중요한 목록은 다음과 같을 것입니다.

1. 자기와 기계의 관계 → "앞으로 사람과 AI의 관계는 어떻게 될 것인가?"
2. 자기와 기업의 관계 → "앞으로 일하는 방식은 어떻게 바뀔 것인가?"
3. 자기와 타자의 관계 → "앞으로 사람 간의 의사소통은 어떻게 바뀔 것인가?"
4. 자기와 환경의 관계 → "앞으로 환경이나 정보와의 상호 작용은 어떻게 바뀔 것인가?"
5. 자기 본연의 모습 → "앞으로 인간의 본질 자체는 어떻게 변해 갈 것인가?"

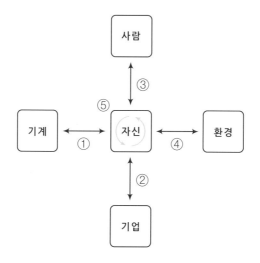

①	사람과 AI의 관계는 어떻게 될 것인가?	
③	사람 간의 의사소통은 어떻게 바뀔 것인가?	
⑤	인간의 본질 자체가 어떻게 변해 갈 것인가?	

②	일하는 방식은 어떻게 바뀔 것인가?
④	환경이나 정보와의 상호 작용은 어떻게 바뀔 것인가?

그럼 지금부터 각각의 질문에 대해 대답을 생각하는 형식으로서, 본격적으로 2040~2045년의 미래를 예상해 보도록 합시다.

1.1 AI가 인간 뇌의 새로운 층이 된다

AI가 급속히 진화하는 가운데, 인간과 AI의 관계가 어떤 모습이 될지는 많은 이가 궁금해하는 주제일 것입니다. 이와 관련하여 필자는 "AI는 인간에게 있어 두뇌의 새로운 층에 가까운 존재가 될 것입니다."라고 생각하고 있습니다.

우리 인간의 뇌를 대략 설명하자면, 운동이나 본능을 담당하는 원시적인 뇌 심부가 있고, 그 주위를 언어나 사고를 담당하는 대뇌 피질이 덮고 있는 구조로 형성 및 진화해 왔습니다. 그리고 지금부터 15~20년의 시간에 걸쳐, AI는 인간 두뇌의 새로운 피질, 일명 'AI 신피질Artificial Neocortex'이라 할 만한 존재가 될 것입니다. 필자가 이렇게 생각하는 근거는 'AI에 의한 능력의 확장 폭'과 '인간의 사고와 AI 접속 기술의 발달'의 2가지입니다.

코딩이나 작문 보조 같은 영역을 중심으로, 생성형 AI를 사용해 업무 생산성이 2~10배 향상되었다는 사례는 필자가 담당하는 자문처에서도 시장 전체적으로도 많이 볼 수 있습니다. 이처럼 현시점에서도 10배 정도의 수치는 이미 현실적인 것이며, 앞으로는 100배, 1,000배 규모의 능력 확장도 충분히 실현될 가능성이 높다고 생각하고 있습니다. 그리고 능력이 1,000배나 차이가 나면 지금까지 '기술에 능숙한 사람'과 '기술에 익숙지 않은 사람' 정도에 불과했던 기술에 의한 격차가, 향후에는 아예 '구인류와 신인류' 수준으로 거대해지게 됩니다.

아울러 능력을 대폭 확장해 주는 AI와 자신의 사고나 뇌 자체를 연결하는 기술도 점차 발전하고 있습니다. 단기적으로는 AR 글래스 같은 웨어러블 기기가 있고, 중장기적으로는 일론 머스크Elon Musk가 주도하는 '뉴럴링크Neuralink(뇌에 직접 전극을 삽입해 머신과 연결)'나 DARPA(미국 국방 연구소) 등이 연구 중인 혈관으로부터 신경에 작용하는 나노봇 등이 있습니다. 이러한 뇌와 AI를 직접 연결해 통신을 가능케 하는 '브레인·머신 인터페이스'의 실현에 의해, AI의 사고 영역이 장차 인간 두뇌 사고의 지속·확장이 되리라 생각할 수 있습니다.

이윽고 AI는 인간에게 있어 마치 뇌의 새로운 또 하나의 층과 같은 존재가 되어, 이 층을 가진 사람과 그렇지 못한 사람 간에 현격한 역량 차이가 발생하고 또 확대되어 갈 것입니다.

● 뇌의 새로운 층, 'AI 신피질'

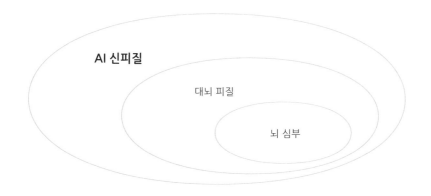

1.2 인간은 AI를 내포하고, 양자를 구분 없이 생각해야 하는 시대

AI가 인간 두뇌의 새로운 층이 된 결과, AI는 인간 밖의 존재가 아니라 인간을 내포하는 존재가 됩니다.

AI가 경이로운 속도로 진화하는 모습을 볼 때, 미래에는 AI의 지적 능력이 인류를 압도할 가능성이 높고, 그러면 인간의 존재 의의가 사라지는 것은 아닐지 불안해하는 사람도 많을 터입니다. 분명 좁은 의미에서의 인간 능력이 AI에 추월당하는 시점은 올 것입니다. 하지만 필자는 그때 인간이라는 존재를 규정하는 틀 자체가 AI까지 포함하는 범위로 확장되어, 그 새로운 존재 범주에서 충분히 인간의 존재 의의를 다시 찾게 되리라고 생각합니다.

현재도 우리는 스마트폰이나 컴퓨터, 인터넷으로 접근할 수 있는 지식이나 처리 능력을 어떤 사람이 갖춘 능력이라 보고 있습니다. 이처럼 인간의 능력이나 존재 의의도 동일한 맥락에서 생각해야 할 것입니다.

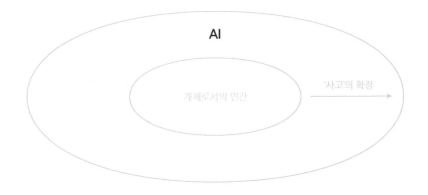

● 인간의 능력이나 존재 의의를 생각하는 외연의 확장

스마트폰은 기억을 확장하지만, AI는 사고를 확장합니다

1.3 알파고가 모든 지적 생산 활동에 나타난다

"앞으로의 일하는 방식이 어떻게 바뀔 것인가?"를 생각할 때, 포괄하여 말한다면 바둑이나 장기에서 일어난 일이 모든 지적 생산 활동에서 똑같이 발생하리란 점을 들 수 있습니다. 알파고 등장 이후, 바둑이나 장기에서 인간이 AI를 이기지 못한다는 건 자명한 사실이 되었습니다.* 그런데 사실 과거에는 바둑이나 장기는 인간의 성역이었으며, AI가 그 영역에서 인간을 꺾으리라고는 많은 사람이 결코 상상하지 못했습니다. 그렇다면 현재 우리가 인간의 영역이라고 생각하는 계획, 기획, 경영, 노동, 발명 등의 분야에서도 언젠가는 그런 일이 똑같이 일어나리라 생각하는 편이 자연스러울 것입니다.

---

* 2016년 3월 13일, 프로 바둑 기사 이세돌 九단이 알파고를 이긴 것이 유일합니다.

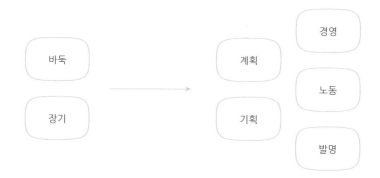

● 바둑/장기 현상의 확대

| 바둑 |
| 장기 |
→
| 계획 |
| 기획 |
| 경영 |
| 노동 |
| 발명 |

이런 생각의 한 가지 근거는, 최근 몇 년 사이 AI의 진화가 가속화되고 있다는 데 있습니다. 다음 그림은 마리오 크렌Mario Krenn과 동료들이 2022년 발표한 논문 「AI를 이용한 AI의 미래 예측: 기하급수적으로 성장하는 지식 네트워크에서의 고품질 링크 예측(Predicting the Future of AI with AI: High-quality link prediction in anexponentially growing knowledge network)」에서 발췌한 것입니다. AI 관련 논문이 많이 공개되는 논문 사이트 'arXiv'의 월별 발표 논문 수를 시계열로 정리한 그래프입니다. AI 연구 속도가 가파른 우상향을 기록하고 있음을 알 수 있습니다.

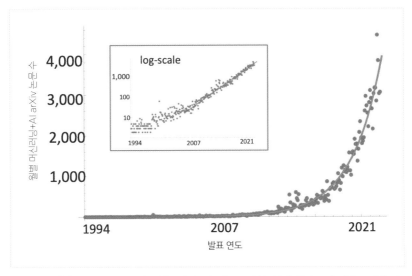

출처: Mario Krenn et al. (2022), 「Predicting the Future of AI with AI: High-quality link prediction in anexponentially growing knowledge network」, arXiv:2210.00881v1, https://arxiv.org/abs/2210.00881

게다가 AI를 사용함으로써 AI를 비롯한 과학 연구를 더욱 가속화하는 일도 가시화되고 있습니다. 구글이 2023년 12월 공개한 AI 모델 '제미나이Gemini'의 웹 페이지를 보면, 제미나이를 이용해 연구의 효율성을 크게 개선하는 시연이 있습니다. 제미나이에 자신의 연구 개요를 포함한 프롬프트를 입력하면 제미나이가 그 연구와 관련된 20만 편의 논문을 읽고, 그중 연관성이 높은 약 250편의 논문을 추출합니다. 그다음 거기서 필요한 정보를 뽑아 새로운 데이터 세트를 더해 그래프를 생성해 주는 모습을 볼 수 있습니다.

이렇듯 우리는 "AI의 진화 결과, AI의 연구가 촉진되고 그로 인해 만들어진 새로운 AI가 AI 연구를 더욱 가속화한다."라는 양의 루프 상태에 이미 돌입하고 있다는 걸 알 수 있습니다.

● 제미나이_{Gemini}

이런 AI의 진화 가속화를 고려할 때, 현재 인간만이 할 수 있다고 생각되는 계획과 기획, 경영 및 노동, 발명 등의 분야에서도 AI가 인간을 능가하는 날이 오리라는 예상은 크게 무리는 아닙니다.

그리고 AI가 경영이나 노동, 발명 등에서 인간을 앞지르고, 그 활동을 통해 자율적으로 돈을 벌 수 있는 존재가 되면, 우리 사회에서 다음 쟁점이 주요 안건으로 급부상하게 될 것입니다. "AI를 소비의 주체로 간주할 것인가?" 그리고 "자본주의 사회의 중요한 주체로서, 사회 구성원으로 간주해 인권 개념을 적용해야 하는가?"

이 두 논점은 서로 이어져 있습니다. 노동이나 경영 활동에서 '매입'이라는 형태로, AI가 구매 행동을 하는 시대는 비교적 빨리 올 것이라 생각됩니다. 그렇다면 자율적으로 돈을 벌어 납세도 하는 이 AI라는 존재를 자본주의 사회의 중요한 주체이자 주요 구성원으로 간주하는 관점이 생겨날 가능성도 있습니다. 더 나아가 'AI에게 소비 활동을 요청하는 것이 자본주의 사회 발전으로 이어진다'는 견해나, '소비할 권리는 물론 인권에 가까운 권리를 AI에게 서서히 부여해야 한다'는 식의 윤리적 차원의 여러 의견도 점점 늘어갈 것입니다.

이런 쟁점에 현시점에서 명확한 해답은 없으나, 적어도 지금까지의 인간 절대주의를 그대로 유지하기는 아마 어렵게 될 것입니다. 사회가 전체적으로 생각과 관점을 재논의해야 할 시점은 멀지 않았습니다.

● 향후의 주요 쟁점

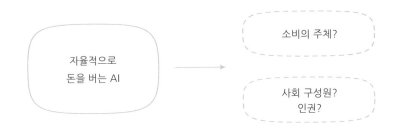

1.4 의사소통 장벽의 소멸

"앞으로 사람 사이의 의사소통은 어떻게 바뀔 것인가?"라는 질문을 생각해 봅시다. 우선 생성형 AI의 진화로 '언어의 벽'이나 '언어화의 벽' 같은, 지금 당연히 여겨지는 '의사소통 장벽'들이 서서히 없어져 갈 것은 틀림없습니다.

실제로 '일레븐랩스ElevenLabs(미국 일레븐랩스ElevenLabs사) 등에 의해, 발화자의 목소리를 이용하여 실제 발언한 내용을 그대로 다른 언어로 변환한 음성을 생성하는 일은 이미 실현되었습니다. 앞으로 그 처리 속도도 점차 개선되어 실시간에 가까워질 것입니다.

심지어 메타Meta가 2023년 12월에 발표한 음성 번역 AI '심리스 익스프레시브Seamless Expressive'에서는 속삭임 같은 음색은 물론, 기쁨이나 슬픔 등 특정 감정이나 고유한 억양까지 재현하여 다른 언어로 자신이 말하고 있는 듯한 음성을 생성할 수 있습니다. 이러한 번역과 발화 생성형 AI의 진화에 따라, 언어 장벽은 상당 부분 소멸될 것입니다.

● 심리스 익스프레시브Seamless Expressive

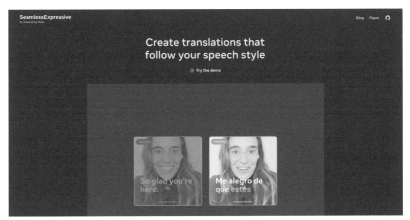

출처: SeamlessExpressive (https://seamless.metademolab.com/expressive)

더 나아가, 중장기적으로는 '언어화의 벽'도 대폭 낮아질 겁니다. 그 조짐 가운데 하나가, 메타가 발표한 「뇌 디코딩: 시각적 인지의 실시간 재구성을 향해(Brain decoding: toward real-time reconstruction of visual perception)」라는 연구입니다. 거기에서는 MEG(뇌자성) 측정 장치를 착용한 피험자가 보고 있는 이미지를 뇌 활동 데이터를 바탕으로 실시간에 가까운 속도로 예측하고 똑같이 생성하는 데 성공하고 있습니다.

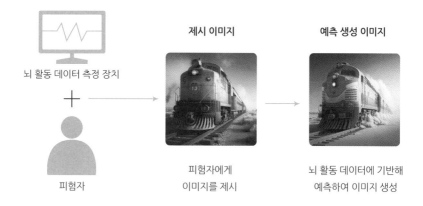

제시 이미지

예측 생성 이미지

뇌 활동 데이터 측정 장치

피험자

피험자에게
이미지를 제시

뇌 활동 데이터에 기반해
예측하여 이미지 생성

「Brain decoding: toward real-time reconstruction of visual perception」(https://ai.meta.com/staticresource/image-decoding) 연구 내용을 바탕으로 필자가 작성. 그림은 어디까지나 참고 이미지입니다.

현재로서는 정밀도에 한계도 있고 뇌 활동 데이터 측정을 위해 대규모 장치가 요구되는 등 여러 제약이 있지만, AI의 성능 향상과 '브레인·머신 인터페이스'의 진화에 따라 "머릿속에 떠올리는" 것이 의사소통 수단이 되어, '언어화의 벽'이 일부 해소되는 미래가 찾아올 것입니다.

1.5 소프트웨어와 하드웨어로 분리되는 정체성

또한 의사소통의 관점에서 미래에는 인간 정체성의 소프트웨어와 하드웨어가 각각 분리 가능해질 것이라 예상됩니다.

현대 사회에서, 우리는 내면이라는 '소프트웨어'와 외견이라는 '하드웨어'를 분리하기 어렵습니다. 필자는 이 한계가 외모지상주의나 LGBTQ 등의 정체성 문제를 포함한, 삶의 괴로움을 유발하는 큰 원인 중 하나라고 생각합니다.

한편 VR SNS 서비스 '브이알챗_{VRChat(미국 VRChat사)}' 등 메타버스 세계에서는 남성 사용자가 미소녀 아바타를 취하고 동성 파트너를 갖는 등, 소프트웨어와 하드웨어를 분리해 살아가는 사람들이 등장하기 시작하고 있습니다. 이처럼 좋아하는 외견을 걸치고 일상을 살아가는 모습이, AI 기술의 진화와 AR 인터페이스의 보급으로 말미암아 장차 물리적인 세계에서도 가능해지리라고 봅니다.

그 징조는 [들어가며]에서도 소개한 '원더 다이내믹스Wonder Dynamics(미국 Wonder Dynamics사)'에서 발견됩니다. 이 서비스를 사용하면, 실사 영상의 인물을 손쉽게 CG 캐릭터로 변환할 수 있습니다. 이 기술이 발전하여 특정 인물의 외모를 바꾸거나 실시간으로 아바타로 변환하여 표시하고 더욱더 많은 사람이 AR 글래스나 AR 콘택트 등의 장치를 착용하고 세상을 살아가는 시대가 되면, 현재 메타버스 세계 거주자들이 획득한 바와 같은 소프트웨어와 하드웨어의 분리가 현실로 다가올 것입니다.

1.6 보는 것이 곧, 아는 것이다

다음으로, "환경이나 정보와의 상호 작용은 어떻게 바뀔 것인가?"란 질문을 생각해 봅시다. 일단 말할 수 있는 것은 앞으로는 '보는 것=검색하는 것=아는 것'인 세계가 찾아오리란 것입니다.

OpenAI의 GPT-4나 구글의 제미나이Gemini를 비롯해, 텍스트뿐 아니라 이미지를 입력받고 사고할 수 있는 멀티모달 AI가 여럿 등장하고 있습니다. 멀티모달 AI가 정밀도, 속도, 처리 가능한 데이터 유형(이미지뿐 아니라 영상, 심층 정보 등) 등 여러 측면에서 진화하고, 여기에 AR 글래스 등 웨어러블 기기의 보급이 더해진다면 눈으로 바라본 것이 즉시 '쿼리(검색 시 입력하는 문자열)'가 되어, 대상의 정보를 순식간에 얻는 일이 가능해질 것입니다.

이미 그 조짐이 여럿 목격되고 있습니다. 시각장애인을 위한 가이드 앱 '비

마이 아이즈_{Be My Eyes}(덴마크 Be My Eyes사)'는 시각 입력에 대응한 GPT-4를 내장하여, 스마트폰 카메라를 갖다 대기만 하면 렌즈에 비치는 환경이나 물체를 인식하고 문장을 생성해 음성으로 설명합니다.

● 비 마이 아이즈_{Be My Eyes}

출처: Be My Eyes (https://www.bemyeyes/com)

또 웨어러블 기기를 통해 대상의 정보를 AI로부터 습득하는 체험 역시 일부 실현되고 있습니다. 메타가 선글라스 브랜드 '레이밴_{Ray-Ban}'과 함께 출시한 글래스형 기기 '레이밴 메타 스마트 글래스_{Ray-Ban Meta Smart Glass}'는 안경테에 달린 카메라를 통해 핸즈프리로 사진 및 영상을 촬영할 수 있는 장치입니다. 2023년 12월, 멀티모달 AI 기능이 일부 개방되어 기기를 장착한 채 AI에게 눈앞에 보이는 풍경이나 사물에 대해 질문하면, 카메라로 읽은 정보를 바탕으로 AI가 대답하게 되었습니다. (예를 들면, 다른 언어로 쓰인 간판의 의미를 묻거나, 불판 위 고기를 얼마나 더 익히면 좋을지 묻는 식입니다.)

이렇게 AI 기술과 웨어러블 기기의 진화 및 보급에 의해 '보는 것=아는 것'인 세계가 실현되어 갈 것입니다.

1.7 소프트웨어화·다층화된 도시

앞서 말한 바와 같이 멀티모달 AI가 발전해 기계가 환경을 인식하는 능력이 비약적으로 향상되고 XR 기기 보급으로 사용자의 상황이나 환경에 맞는 정보나 콘텐츠를 표시할 수 있게 되면, 도시는 소프트웨어화 되어 다층적으로 변할 것입니다.

같은 도시를 이동하고 있어도 운전 중인 사람에게는 내비게이션 정보나 랜드마크 정보가 나타나고 특정 애니메이션이나 드라마를 좋아하는 사람에게는 그 콘텐츠와 연관된, 이른바 '성지순례용' 콘텐츠가 출력됩니다. 또 거리를 걷는 사람은 다양한 장소에 관한 에피소드나 가이드를 볼 수 있게 될 것입니다.

이처럼 도시 위에 복수 레이어가 실현됨으로써, 사람들은 저마다 개별적으로 최적화된 정보와 경관을 두루 갖춘 각자의 도시에서 살아갈 것입니다. 그런 시대에서 지금까지 하드웨어(물질)적인 가치에 치우쳐 있던 도시는 새롭게 소프트웨어적인 성질을 획득하게 됩니다.

1.8 현대는 개체 능력에 가치가 있는 최후의 세계

마지막으로 "사람 본연의 모습은 어떻게 변해갈까?"란 질문에 대해 생각해 봅시다. 현대는 개체의 능력이란 것에 가치가 부여되는 마지막 세계라고 생각합니다. 고대부터 현대에 이르기까지, 사회가 성숙함에 따라 인류에게 중요한 핵심 능력은 본능·근육·전투 능력으로부터 이성·지능·사회적 지위로 변해 왔습니다.

● 고대부터 현대까지의 핵심 능력의 변천

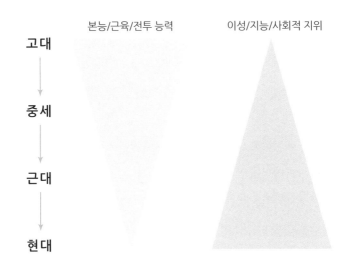

마찬가지로 앞으로 AI에 접속한 뇌와 그렇지 않은 뇌 사이에 1,000배의 능력 격차가 생기면, 현재 중요한 '개체의 능력'은 중요성이 떨어지고 'AI와의 접속 수·스펙·속도'가 핵심 능력으로 전환될 것입니다.

● 지금부터의 핵심 능력 변천 (예상)

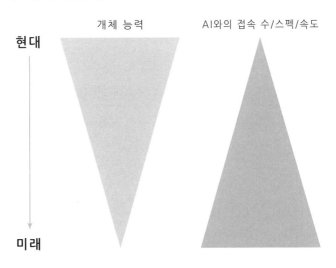

현대의 가치관으로 이 전망을 볼 때 자칫 비관적으로 생각될지 모르지만, 그건 마치 근육이나 무력이 필요치 않게 되는 변화에 씁쓸함을 느끼는 것과 구조적으로 같습니다. 향수를 느낄지언정 이 불가피한 변화를 분명히 직시해야만 합니다.

다시 말해, 인류사적 전환점에 선 우리 세대에게는 우리 인간의 '사상 OS'를 업데이트할 것이 강력히 요청되고 있는 것입니다.

02

단기 미래 예상:
2030~2035년, 각 산업에는 어떤
변화가 일어날 것인가?

지금까지 장기적인 시간 축에서 사회와 인간의 본연 모습 등이 어떻게 변화할지 살펴보았습니다. 지금부터는 2030~2035년이란, 보다 단기적인 시간 축에서 각 산업이 구체적으로 어떻게 변화해 갈지를 예상해 봅시다.

들어가기 앞서 각 산업에서 일어날 주요 변화를 정리한 다음 표를 봅시다. 총 21가지 미래 예측이 되므로, 독자 여러분과 관련되어 있거나 관심 가는 업계의 예상을 골라 읽기를 추천합니다.

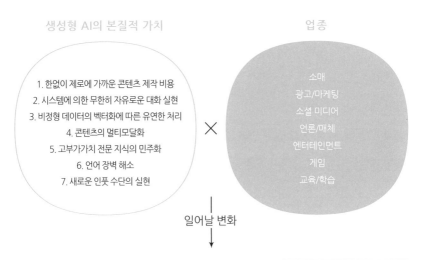

소매	어시스턴트 AI가 차세대 온라인 쇼핑몰 인터페이스가 된다	AI가 단독 디자이너인 브랜드가 다수 등장한다	버추얼 피팅 기능이 온라인 쇼핑몰의 표준으로 자리 잡는다
광고/마케팅	광고 크리에이티브 PDCA 사이클이 초고속화된다	현실 세계의 관심사나 페이지 열람 이력을 파악할 수 있게 된다	광고의 초점이 검색 연동 광고에서 대화 연동 광고로 이동한다
소셜 미디어	사람의 희소성이 반영된 콘텐츠를 교환하는 SNS가 유행한다	디지털 트윈을 통한 매칭 앱이 인기를 끈다	가상 인플루언서가 대중화된다
언론/매체	독자 맞춤형 기사를 최적의 문장으로 자동 생성한다	'AI 필터 버블'이 과해지고, 그 결과 미디어에 '우발성'이 요구된다	정보의 출처와 팩트 체크 서비스가 중요해진다
엔터테인먼트	1인 엔터테인먼트 스튜디오가 난립한다	보컬로이드를 만들듯이 오리지널 IP를 만들 수 있게 된다	인터랙티브 시청 콘텐츠가 증가한다
게임	블로그 글을 쓰는 정도로 간편하게 게임을 만들어 공개한다	오픈 월드의 다음 차원, 오픈 스토리가 열린다	인디 개발자도 지금의 AAA 수준 게임을 만들 수 있게 된다
교육/학습	모든 학생에게 무한한 인내력과 지식을 가진 가정 교사&개인 트레이너가 붙는다	자동으로 교재가 생성된다	생성형 AI 사용을 전제로 사고력을 기르는 시대가 된다

■ 어시스턴트 AI가 차세대 온라인 쇼핑몰 인터페이스가 된다

그리 머지않은 미래에, 1인당 최소 하나 이상의 전용 어시스턴트 AI를 보유하고 일상생활의 살림이나 다양한 작업을 그 AI에 의뢰해 처리하는 시대가 옵니다. 사용자와의 소통 내역을 기억하는 어시스턴트 AI가, 그 사람의 취향이나 기호를 사용자 본인 이상으로 이해하는 일도 가능해질 것입니다.

그럼 당연히 어시스턴트 AI에게 옷이나 가구, 선물 같은 쇼핑 상담부터 각종 온라인 쇼핑몰에서의 주문까지 부탁하게 됩니다. 이는 차세대 온라인 쇼핑몰 인터페이스로서 어시스턴트 AI가 사용될 것임을 의미합니다.

그 사례로, 미국 마스터카드Mastercard가 2023년 12월 발표한 '쇼핑 뮤즈Shopping Muse' 서비스가 있습니다. "여름 결혼식에 무얼 입으면 좋을까?"라든가 "미니멀리스트의 옷장에 추천하는 아이템은 무엇일까요?" 같은 질문을 하는 것만으로 최적의 상품 추천을 받을 수 있는 서비스입니다.

● 쇼핑 뮤즈Shopping Muse

출처: Shopping Muse (https://www.dynamicyield.com/shopping-muse/)

쇼핑 뮤즈는 사용자와의 대화 내용은 물론, 사용자의 사이트 내 행동 이력, 과거의 구매 내역·열람 기록 등을 근거로 하여 개인화된 추천을 제공합니다.

패션, 인테리어, 선물 고르기 등 다양한 카테고리에서 해당 분야의 전문가에게 무료 상담하면서 쇼핑할 수 있습니다. 이러한 체험에 관심 있는 사람은 많을 것입니다. 그 때문에 새로운 온라인 쇼핑몰 인터페이스로서의 어시스턴트 AI는 환영받으며 널리 보급되리라 예상됩니다.

또 그런 시대라면 마케팅의 대상이 인간을 넘어, 일종의 대리인으로서 활동하는 AI로 확장되게 됩니다.

■ AI가 단독 디자이너인 브랜드가 다수 등장한다

인기 디자이너가 AI를 활용해 창의력을 발휘하는 움직임은 (응당) 거세질 것입니다. 한편으로는, AI 자체가 아예 디자이너로 활약하는 브랜드도 앞으로 몇 가지쯤은 등장하리라 생각합니다.

그 실마리가 되는 것이, '오프/스크립트_{Off/Script}(캐나다 Off/Script사)'라는 서비스입니다. 사용자는 오프/스크립트가 이미지 생성형 AI인 스테이블 디퓨전_{Stable Diffusion}을 독자적으로 튜닝한 서비스를 이용해 오리지널 패션 아이템을 디자인할 수 있습니다. 그 디자인에 다른 사용자들의 '좋아요'가 모이면, 실제 상품화되어 판매됩니다.

● 오프/스크립트 Off Script

출처: Off/Script (https://offscriptmtl.com/)

같은 이미지 생성형 AI라도, 파라미터 설정이나 프롬프트 입력 방식 등에 따라 출력되는 디자인 완성도에 큰 차이가 납니다. 그렇기에 적절히 튜닝된 이미지 생성형 AI와 트렌드 예측 AI, 그것들을 통합하고 제어하는 자율적인 에이전트 AI를 조합함으로써, 다른 것과는 확연히 차별화되는 AI 디자이너 가 등장할 것입니다.

■ 버추얼 피팅 기능이 온라인 쇼핑몰의 표준으로 자리 잡는다

온라인 쇼핑에서 사용자의 불편 중 하나는 실제 착용하면 어떨지를 상상 하기 어렵다는 것입니다. 이 문제를 해결하고자 통신판매업자는 지금까지 다 양한 버추얼(가상) 피팅 솔루션을 시험해 왔지만, 지금까지 비용과 효과 양측 면에서 만족스러운 솔루션은 좀처럼 없는 것이 현실입니다.

그러나 생성형 AI의 발전으로, 오랜 세월 통신판매업의 과제였던 버추얼 피팅이 본격적으로 현실화되려 하고 있습니다. 중국의 대형 온라인 쇼핑 사 이트 알리바바가 공개한 '아웃핏애니원OutfitAnyone'에 모델의 사진과 착용하고 싶은 아이템 이미지 두 가지를 업로드하면 모델이 그 아이템을 착용한 이미지를 생성해 줍니다. 또한, 알리바바가 함께 공개한 인물 사진에 임의의 애니메이션을 부여할 수 있는 '애니메이트애니원AnimateAnyone'과 조합하면, 버추얼 피팅 동영상을 제작하는 일까지 가능합니다.

● 아웃핏애니원OutfitAnyone과 애니메이트애니원AnimateAnyone을 조합한 데모

| 사람 | 상품 | 시착 | 애니메이션 |

출처: Institute for Intelligent Computing, Alibaba Group이 깃허브에 공개 (https://github.com/HumanAIGC/OutfitAnyone)

이러한 기술의 정밀도와 구현 속도가 향상되면 온라인 쇼핑몰에 간단하게 삽입할 수 있는 SaaS 제품이 증가할 것이며, 가까운 미래에 온라인 쇼핑몰에서 버추얼 피팅은 당연한 기능이 될 것입니다.

2.2 광고/마케팅

■ 광고 크리에이티브 PDCA 사이클이 초고속화된다

광고·마케팅 산업에서 가까운 미래에 확실히 일어날 일은 광고 크리에이티브의 PDCA 사이클(테스트를 통한 지속적인 개선 프로세스)의 속도가 지금까지와는 비교할 수도 없을 정도로 빨라진다는 것입니다.

배너 광고의 경우, 이미지 생성형 AI로 제작하는 이미지 품질이 향상되고

현재 AI가 어려움을 겪고 있는 문자를 써넣어 출력하는 것에도 대응할 수 있게 됩니다. 문자를 입력하면 한 번에 실제 사용할 수 있는 수준의 배너 광고 이미지를 얻을 수 있게 될 것입니다.

또한 동영상 광고에서도 현재는 1, 2개의 메인 소재를 촬영한 뒤에 편집을 통해 여러 시안을 제작하고 내부 시사 등으로 평가하는 방법이 일반적이지만, 앞으로는 더 무궁무진하고 풍부한 영상을 생성해 테스트하는 일이 가능해질 것입니다.

이를 체감하고 싶다면 동영상 생성형 AI인 'Runway Gen-2'나 'Pika' 등을 X(구 트위터)에 검색해 보길 바랍니다. AI로 생성된 영상이 여럿 나오며, 재생해 보면 이미 그 품질이 독자 여러분의 상상을 뛰어넘었을 것입니다. 특정 브랜드의 비공식 영상 광고도 눈에 띄는데, 일종의 팬메이드(fan made, 해당 브랜드 혹은 상품을 좋아하는 팬이 직접 만든 콘텐츠)로 "휴식 시간에 만들었습니다."라고 하는 영상의 완성도가 실제 광고에 상당히 근접해 있어 정말 놀랍습니다.

그런 만큼 영상 크리에이티브에서도 AI 생성된 무수한 베리에이션을 이용하여 PDCA 사이클을 고속으로 돌릴 날이 머지않아 보입니다.

▪ 현실 세계의 관심사나 페이지 열람 이력을 파악할 수 있게 된다

앞서 메타의 스마트 글래스도 보았지만, 앞으로 몇 년 안에 멀티모달 AI를 탑재한 스마트 글래스의 종류와 숫자가 늘어날 것으로 보입니다. 다시 말해, 인류의 눈에 처리 능력이 있는 카메라가 대량 배치된다는 것을 의미합니다.

그 카메라를 통해 사용자가 생활 속에서 어떤 콘텐츠를 보고 있는지, 심지어는 특정 상품을 유심히 보고 있는지와 같은 현실 세계의 관심사와 관련한 정보나 열람 이력을 취득할 수 있게 됩니다.

그리고 디지털상에서 이미 실현되고 있는 것처럼 그 관심사에 기반한 광고

송출이나, 현실 세계에서 본 상품을 후킹으로 삼은 리타겟팅* 광고 등이 실현되어 갈 것입니다.

■ 광고의 초점이 검색 연동 광고에서 대화 연동 광고로 이동한다

아직 챗GPT 같은 대화형 AI로 정보를 검색하는 사용자는 그리 많지 않습니다. 그러나 챗GPT가 Bing 검색 기능을 탑재해 검색 영역에도 발을 뻗고 있는 것처럼, 미래에는 현재 검색 행위의 대부분을 채팅 AI가 차지하게 될 것입니다.

이러한 미래에 대비해, 구글은 이미 대화형 AI 상에서의 광고 표시를 테스트하고 있습니다. 예를 들어 구글이 공개한 데모를 보면, 사용자가 마우이섬에서의 서핑과 관련하여 AI에 질문할 때, 'Sponsored'라 태그된 여행 광고가 표시되어 있습니다. 이 같은 AI와의 대화 내용을 이용한 '대화 연동 광고'의 대두는 마케팅 관계자가 향후 주시해야 할 움직임입니다.

2.3 소셜 미디어

■ 사람의 희소성이 반영된 콘텐츠를 교환하는 SNS가 유행한다

현재 AI로 생성한 이미지 등의 콘텐츠를 업로드하는 SNS 서비스가 여럿 등장하고 있습니다. 허나 개인적으로는 AI 생성 결과물을 공유하는 SNS는 크게 유행하지 않을 것이라고 생각합니다.

이 문제를 생각하는 데 있어, 영어권 스타트업 관계자 사이 한때 널리 읽혔던 'Status as a Service(서비스로서의 지위)'라는 기사가 매우 도움이 됩니다. 상당히 긴 기사로 SNS 서비스가 성공하기 위해서는 무엇이 중요한지를 논리적으로 설명하는데, 그중 특히 회자되었던 부분을 발췌하면 다음과 같습니다.

---

* 리타겟팅이란, 웹사이트나 앱을 방문한 사용자에게 해당 제품이나 서비스를 다시 보여주는 마케팅 기술입니다.

"인간은 지위(사회적 지위)를 추구하는 생물로서, 사회적 자본을 최대화하기 위해 가장 효율적인 길을 찾는다. 그리고 소셜 서비스에 있어 '가치'란 곧 '희소성'이며, 마치 암호화폐의 '프루프 오브 워크proof-of-work(작업증명)'가 그렇듯이 업로드에 수반되는 계정주의 노력이나 스킬에 근거해 '좋아요', '댓글', '팔로우' 등의 사회적 보상이 지급된다."

인스타그램이나 틱톡 등에서 인기를 끄는 콘텐츠나 사용자를 떠올리면 어떤 이야기인지 이해하기 쉬울 것입니다.

이 기사는 또한 '프리즈마Prisma(미국 Prisma Labs사)'라는 서비스를 소개합니다. 여기서는 사용자가 촬영한 사진을 AI를 이용해 특정 스타일의 고품질 작품으로 변환하는 기능을 제공합니다. 그런데 AI 필터 의존도가 지나치게 높아 사용자의 노력이나 기술이 개입할 여지가 적고, 특정 사용자를 팔로우할 만한 매력이 약합니다. 그러다 보니 프리즈마가 도구로서 상당한 성공을 거두고 있음에도 SNS 서비스로의 이행은 잘되고 있지 않은 요인이 이 부분에 있다는 이야기도 있습니다.

● 프리즈마Prisma

출처: Prisma (https://prisma-ai.com/prisma)

이러한 관점으로 AI로 생성한 이미지를 공유하는 SNS를 바라보면 여전히 AI의 대단함만이 돋보일 뿐 개별 사용자의 기술이나 노력의 차이는 눈에 띄지 않습니다. 물론 그런 차이가 전혀 없다고는 할 수 없지만, 시간이 지난 후 미래에서 현재 상황을 바라본다면 개인 창작자의 색깔이 충분히 발휘되고 있다고는 말할 수 없을 것입니다.

AI 생성 콘텐츠를 공유하는 SNS로 폭발적인 인기를 얻고자 한다면, 이 점을 기억하여 AI를 활용하면서도 한편으로는 자기 개성이라는 희소성이 반영된 콘텐츠를 공유할 수 있는 장을 만들어 나갈 필요성이 있습니다.

■ 디지털 트윈을 통한 매칭 앱이 인기를 끈다

장기적으로 어시스턴트 AI와의 대화 기록이나 AI를 탑재한 웨어러블 기기로부터 취득하는 다양한 데이터에 의해서 본인의 성격이나 취미 기호를 본인 수준, 혹은 그 이상으로 AI가 이해하는 시대가 옵니다. 그런 상황에서 자신의 디지털 트윈digital twin, 즉 디지털 차원에 있는 '복제된 나'를 통한 매칭 앱*이 인기를 끌지 않을까 예상합니다.

요즘 대부분의 나라에서 매칭 앱 사용자가 이탈하고 있습니다. 그 이유 중 하나로는, 자신과 궁합이 좋을지 알 수 없는 상대와의 대화에 시간을 할애하는 것이 피로하기 때문입니다. 그런 상황에 대응해 구상된 이 모델은 디지털 트윈의 정밀도가 충분히 향상되었다는 전제하에 자신의 분신이 자율적으로 여러 사용자와 교류할 수 있게 하여 궁합이 잘 맞는 상대를 발견하면, 비로소 인간인 본인들이 대화를 시작하자는 구상입니다.

AI끼리라면 교류 없이도 한순간에 궁합을 맞춰볼 수 있습니다. 공원에서

---

* 매칭 앱(matching app)이란, 자신의 사진이나 프로필을 등록하여 가입하는 일종의 소개팅 애플리케이션입니다. 자신이 등록한 정보는 타인에게 보이며, 해당 플랫폼에 가입한 다른 사람의 사진과 프로필을 보고 대화를 진행하는 방식으로 서비스됩니다. 국가마다 많이 사용되는 앱은 다르겠지만, 대표적인 매칭 앱으로는 틴더(tinder)가 있습니다.

강아지를 산책시키다가 강아지를 매개체로 관계를 구축하는 경우가 있듯이, 자신의 분신인 AI 간의 대화를 지켜보며 그것을 대화의 소재로 삼아 관계를 구축해 가는 모습을 생각해 볼 수 있습니다.

■ 가상 인플루언서가 대중화된다

코로나 팬데믹 전후로 가상 인플루언서가 주목받고 있습니다. 생성형 AI의 발전에 따라, 미래에는 지금처럼 보기 드문 존재가 아니라 일반적인 존재로 바뀔 것으로 예상됩니다.

현시점, 3D CG 전문가에 의해 만들어져 사람 대신 SNS나 광고 등에 출연하는 가상 인플루언서에게는 크게 2가지 과제가 있습니다. 첫째, 자연스러운 신체 움직임을 표현하려면 그때마다 제작 비용이 들어갑니다. 둘째, 사람이 팬이나 다른 사용자와 유연하게 쌍방향 소통하는 것처럼은 아직 대화할 수 없습니다.

그러나 생성형 AI 기술이 발전하며 3D CG나 모션 데이터 모두 충분한 품질과 양으로 생성할 수 있게 되고, 대규모 언어 모델을 통해 회화의 정확도가 높아지면 그런 한계는 없어집니다. 1337은 이런 생성형 AI 주도로 가상 인플루언서 산업에 뛰어든 기업 중 하나입니다.

출처: 1337 (https://1337.org/)

현재 1337은 50인의 가상 인플루언서를 동시에 활동시키고 있으며, 이미지 생성형 AI와 챗GPT 등을 조합하여 그들의 인스타그램에 새 게시물을 올리고 있습니다. 1337의 시도가 성공할지는 아무도 모르지만, 생성형 AI를 전면적으로 활용한 가상 인플루언서는 향후 급증할 것으로 전망됩니다. 그리고 점차 일상에서 이러한 가상 존재를 목격해도 특별히 위화감이나 진기함을 느끼지 않게 될 것입니다.

2.4 언론/매체

■ 독자 맞춤형 기사를 최적의 문장으로 자동 생성한다

가까운 미래에는 언론/매체 산업군에서 독자 맞춤형 기사를 최적의 문장으로 자동 생성하여 전달하는 서비스가 보급될 것입니다. 그 시작으로, 이미 배포된 기사의 내용을 OpenAI 등 대규모 언어 모델을 활용하여 읽은 후에 사용자마다 맞춤형 기사를 전달하는 것은 물론, AI가 생성한 기사 요약문을 이용자에게 전달하는 서비스가 여럿 등장했습니다. 현재는 요약이라는 형태지만, 향후 생성형 AI 성능 향상이나 비용 절감에 의해 동일한 기사라도 사용자의 문해력이나 흥미에 맞춰 최적의 형태로 생성해 전달하는 것도 가능해질 것입니다.

■ 'AI 필터 버블'이 과해지고, 그 결과 미디어에 '우발성'이 요구된다

앞서 설명한 것처럼 AI가 당신을 위해 정보를 큐레이션하고 콘텐츠의 문장이나 이미지, 영상까지 개개인에게 최적화해 생성하게 되면, '필터 버블'이 새로운 차원에서 더 심각한 문제로 대두될 것입니다.

'필터 버블filter bubble'이란, 알고리즘에 의해 전달되는 정보가 최적화되어서 자신과 가까운 의견의 정보밖에 눈에 들어오지 않게 되어 편향과 편견이 강화되는 현상을 말합니다. 그리고 AI에 의한 고도의 최적화는 이미 존재하는 필터 버블 문제를 더욱 새로운 형태로 가속할 것입니다. 즉, 인터넷 세계의 '우발성(우연)'이 한층 희소해진다는 이야기입니다.

그렇게 되면 반동으로서, 그런 편향을 최소화하고 '우발성'을 새로이 제공해 주는 서비스가 요구되게 됩니다. 예를 들어, 어떤 뉴스에 대해 대규모 언어모델이 정치적으로 우파, 좌파 등 서로 다른 복수의 입장에서 코멘트를 보내고, 그것을 세트로 열람하는 뉴스 서비스 같은 것을 생각할 수 있습니다. 아니면 AI가 사용자의 열람 정보의 '편향을 가시화'하여 적절히 균형을 맞추기 위한 정보를 발신하는 뉴스 서비스 등도 등장할지 모릅니다.

■ 정보의 출처와 팩트 체크 서비스가 중요해진다

생성형 AI의 진화와 보급에 따라, 세간에는 콘텐츠가 그야말로 대량으로 뿌려집니다. 저질의 정보도 범람하여 가짜뉴스와 가짜 콘텐츠도 지금과 비교할 수도 없을 정도로 증가하게 될 것입니다. 그런 시대에 '정보가 어디에서 나온 것인지'를 말하는 정보의 출처는 더욱 중요해집니다. "이 기업 혹은 미디어가 알리는 정보와 콘텐츠는 신뢰할 수 있습니다. 그러니 여러분의 귀한 자원인, '의식'을 투자하여 확인해 봅시다."라는 선별 행동이 지금보다도 강화될 것입니다.

또한 가짜 콘텐츠의 팩트 체크 서비스 역시 지금부터 상당히 많아질 것입니다. 그러나 팩트 체크, 오류 검출 등의 서비스와 가짜 콘텐츠 생성 능력은 항상 술래잡기 관계입니다. 근본적으로 가짜를 근절하는 것은 어렵습니다.

OpenAI의 CEO 샘 올트먼Sam Altman은 생체 인증으로 AI와 인간을 구별하고, 인간에게 ID를 발행하는 구조를 구축하는 프로젝트인 '월드코인Worldcoin'을 진행하고 있습니다. 다만 이러한 프로젝트가 사회 전체를 커버하는 시스템이 되려면 난관이 상당히 많습니다. 또, 만약 실현된다고 해도 악의를 갖고 가짜 콘텐츠를 인터넷에 뿌리는 사람을 아예 없애기란 쉽지 않습니다.

2.5 엔터테인먼트

■ 1인 엔터테인먼트 스튜디오가 난립한다

엔터테인먼트 분야에서 예상되는 변화 중 하나로, '1인 엔터테인먼트 스튜디오'의 난립을 들 수 있습니다.

영상 생성형 AI인 '피카Pika(미국 Pika사)'를 사용하면 보통 애니메이터 여러 명이 수개월을 투자해 만들어내는 애니메이션 영상을 단 몇 시간 만에, 그것도 혼자서 만들 수 있습니다. 물론 전문 애니메이터의 작품과 비교하면 품질 면에서 꽤 큰 차이가 있지만, 앞으로 그 격차는 상당히 좁혀질 것입니다.

● 피카Pika

게다가 텍스트에서 음악을 생성할 수 있는 '수노 AISuno AI(미국 Suno사)'부터, 음원을 업로드하면 뮤직비디오를 생성할 수 있는 '카이버Kaiber(미국 Kaiber사)', 텍스트를 비롯해 입력한 내용을 바탕으로 만화를 생성하는 '대시툰Dashtoon(미국 Dashtoon사)'까지 현재 스튜디오 단위로 제작하는 규모의 콘텐츠를 혼자 제작할 수 있게끔 하는 서비스들이 다양한 장르에서 속속 등장하고 있습니다.

■ 보컬로이드를 만들듯이 오리지널 IP를 만들 수 있게 된다

'캐릭터.aicharacter.ai(미국 Character.AI사)'는 사용자가 오리지널 AI 캐릭터를 만들어 웹상에 공개하면 그 AI 캐릭터와 타 사용자가 교류할 수 있는 플랫폼입니다. 프로그래밍을 잘하지 못해도 간편히 오리지널 AI 캐릭터를 만들 수 있습니다. 기본 언어 형식이 영어라서 한국 사용자는 아직 적지만, Z세대를 중심으로 점점 인기를 얻고 있습니다. 많은 캐릭터가 활동하고 있으며, 그중에는 수억 번의 채팅이 오가는 모델도 있습니다.

지금은 텍스트 채팅 형식에 머물러 있지만, 이런 AI를 통한 캐릭터 CGM

(소비자가 콘텐츠를 만들어내는 미디어)은 향후 더욱더 발전해 나갈 것으로 생각되고 그 가운데 인기를 끄는 캐릭터 IP도 출현할 것입니다. 말하자면 개인이 보컬로이드* 소프트웨어로 인기곡을 배출하는 것과 비슷한 느낌으로, 개인이 인기 IP를 만들어낼 수 있게 된다는 이야기입니다.

● 캐릭터.ai_{character.ai}

■ 인터랙티브 시청 콘텐츠가 증가한다

생성형 AI가 발전하면서 시청자의 행동에 따라 콘텐츠 내용이 변화하는 상호 작용 시청 콘텐츠도 증가할 것입니다. 시청자의 선택에 따라 멀티 엔딩을 맞이하는 넷플릭스 콘텐츠 〈블랙 미러: 밴더스내치_{Black Mirror: Bandersnatch}〉나 12명의 AI 캐릭터가 대자연 속에서 서바이벌을 진행하는 모습을 페이스북으로 생중계하고 시청자의 반응이 진행에 영향을 주는 〈라이벌 피크_{Rival Peak}〉(미국 젠비드 테크놀로지스_{Genvid Technologies}사)가 선도주자입니다. AI에 의해 각본, 캐릭

---

* 보컬로이드(Vocaloid)는 따로 성우나 가수와 같은 가창자가 없어도 프로그램으로 음성을 합성하여 노래를 부르게 만드는 일본의 야마하(Yamaha)가 제작한 음성 합성 프로그램입니다. 지금은 이러한 음성 합성 프로그램과 이를 통한 음원 등을 총칭하여 '보컬로이드'라고 부르고 있습니다.

터 대사, 영상까지 사용자의 행동에 맞춰 동적으로 생성할 수 있게 되면, 지금까지와는 차원이 다른 인터랙티브 콘텐츠 제작이 가능해질 것입니다.

● 라이벌 피크Rival Peak

출처: Rival Peak (https://www.facebook.com/RivalPeak/)

2.6 게임

■ 블로그 글을 쓰는 정도로 간편하게 게임을 만들어 공개한다

로블록스Roblox(미국 Roblox사)나 포트나이트Fornite(미국 에픽 게임스Epic Games사) 같은 게임 플랫폼에서는 사용자가 자신만의 게임을 만들어 전 세계 사용자에게 공유할 수 있습니다. 그러나 이를 위해서는 일정한 기술과 지식이 필요합니다.

그러나 생성형 AI의 진화는 이 상황 또한 크게 바꿀 것입니다. 실제로 로블록스는 텍스트 프롬프트를 입력하기만 하면, 3D 모델의 텍스처나 조명, 애니메이션을 편집할 수 있는 기능을 발표했습니다. 이를 시작으로, 점차 블로그를 쓰는 것처럼 간편하게 누구나 독자적인 게임을 만들고 공개하는 일이 가능해질 것입니다.

● 로블록스 Roblox

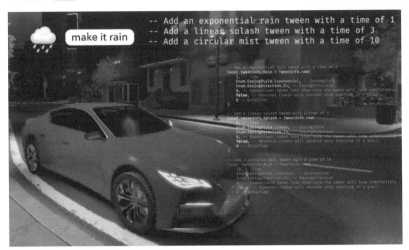

출처: Roblox (https://www.roblox.com/)

■ 오픈 월드의 다음 차원, 오픈 스토리가 열린다

게임의 한 장르로, 게임 플레이어가 광대한 필드를 자유롭게 끊임없이 이동할 수 있는 '오픈 월드 게임'이 있습니다. 생성형 AI의 발전은 이 오픈 월드 게임을 다른 차원으로 진화시킬 수 있습니다. 무한한 월드 공간과 스토리를 가진 게임이 등장하게 될 것입니다.

[칼럼 7]에서 자세히 소개하겠지만, 3D 월드와 3D 에셋을 프롬프트로 생성할 수 있는 '프로메테안 AI Promethean AI(미국 Promethean AI사)'나 '캐디움 Kaedium(영국 Kaedium사)' 등의 도구도 등장했습니다. 이러한 진화의 끝에는, 사용자의 행동에 따라 동적으로 게임 공간을 창조해 무한 확장되는 월드를 제공하는 일도 가능해질 것입니다. 또한 그 안에서 등장하는 게임 시나리오나 NPC와의 교류도, 대규모 언어 모델에 힘입어 무한 패턴으로 즐길 수 있게

될 것입니다.

■ 인디 개발자도 지금의 AAA 수준 게임을 만들 수 있게 된다

'AAA 게임'이란 막대한 예산을 들인, 퀄리티가 매우 높은 게임을 말합니다. 그런데 생성형 AI의 진화로 이런 AAA 게임조차도 개인 수준에서 제작할 수 있게 됩니다.

이러한 변화는 게임 스튜디오가 제작하는 AAA 게임이 없어진다는 의미는 아닙니다. AAA의 기준이 지금보다 월등히 올라간다는 것을 의미합니다. 정확히 30년 전의 게임 회사가 제작한 게임을 지금은 개인 개발자가 만들 수 있는 것처럼, 기술이 진화함에 따라 콘텐츠의 수준 자체가 향상되어 가는 것입니다.

2.7 교육·학습

■ 모든 학생에게 무한한 인내력과 지식을 가진 가정교사&개인 트레이너가 붙는다

생성형 AI 시대의 교육 격차가 어떤 모습일지는 2가지 측면에서 생각할 수 있습니다. 하나는 디지털 리터러시(디지털 문해력)나 경제 형편에 따라 야기되는 최신 AI 기술에의 접근성인데, 유감스럽게도 이런 교육 격차는 발생할 것으로 보입니다. 한편, AI 덕분에 기존에 충분히 교육받을 수 없었던 학생에게도 고급 교육이 제공되는 긍정적인 변화도 일어날 것입니다. 이 변화는 AI라는 최고의 인내심과 지식을 겸비한 가정교사가 학생 한 명 한 명에게 붙는 형태로 이루어집니다.

구글 최신 AI 제미나이Gemini의 데모에서는 손으로 쓴 물리 시험지를 업로드하자 답이 맞는지 알려주고, 틀린 문제를 푸는 방법을 알려주는 장면이 나

옵니다. AI는 이렇게 폭넓은 지식과 무한한 인내력을 갖고 학생에게 다가갈 것입니다.

또 학습 주제마다 그 분야의 전문가인, 역사적 인물에게 교육받는 것도 가능합니다. 실제로 대규모 언어 모델을 이용해 역사적 위인과 채팅할 수 있는 '헬로 히스토리Hello History(스웨덴 페이싱 IT 인터내셔널 AB FACING IT International AB사)' 같은 서비스도 이미 존재하고 있습니다. 이런 서비스가 더욱더 진화한다면, 소크라테스에게는 철학을, 아인슈타인에게는 물리를 배우는 학습 체험도 할 수 있게 될 것입니다.

● 헬로 히스토리Hello History

출처: Hello History (https://www.hellohistory.ai/)

■ 자동으로 교재가 생성된다

창조의 한계 비용을 제로로 만드는 생성형 AI의 본질적 가치 중 하나가 발전해 나간 곳에서는, 학생의 개성이나 학습 진척에 최적화된 교재가 실시간으로 개별 생성되는 시대도 만나게 될 것입니다. 실제로 미국 카이런 러닝 Kyron Learning은 학습자의 답변에 따라 사전 녹화된 강사 비디오에서 AI가 최적

의 장면을 골라 재생하거나, 아예 강사의 답변을 자동 생성하여 마치 실시간
으로 가정교사에게서 배우고 있는 것 같은 체험을 제공하고 있습니다. 가까
운 미래에는 학생의 대답에 따라 AI가 최적의 교육 동영상을 실시간으로 생
성해 학습을 지원하는 일도 가능해질 것입니다.

● 카이런 러닝 Kyron Learning

출처: Kyron Learning (https://www.kyronlearning.com/)

■ 생성형 AI 사용을 전제로 사고력을 기르는 시대가 된다

교육 분야에서는 학생이 제출한 과제가 챗GPT 등의 생성형 AI로 작성된
것인지를 검사하는 도구가 여럿 등장하고 있습니다. 그러나 반대로 검사 도
구에 걸리지 않을 답변을 생성하는 AI 서비스도 나오고 있어, 그야말로 술래
잡기 상태입니다.

물론 초등교육에서는 생성형 AI에 의존하지 않고 스스로 계산하고 글 쓰
는 시험이 중요합니다. 다만, 개인적으로는 고등교육 이상 수준에서는 생성형
AI 사용을 전제로 한 사고력 함양 교육을 실천해야 한다고 생각합니다. 앞으

로의 시대에서 생성형 AI는 현시대의 계산기나 전자사전, 검색 포털처럼 당연한 도구 중 하나입니다. 당연히 사용한다는 전제로 어떤 사고를 하느냐가 중요하며, 그걸 완전히 금지한 채 교육하는 것은 제대로 학생의 역량을 갈고닦는 것이 아닙니다.

이 장을 마치며:
미래에 대한 상상력

이번 장에서는 생성형 AI의 진화가 가져올 미래 사회나 인간 본연의 모습, 각 산업에 일어날 변화의 비전을 제시해 보았습니다. 일련의 미래 예상을 보면서, 적어도 AI가 발전하며 세계가 크게 변화할 것이란 사실만큼은 알게 되었으리라 생각합니다.

회사를 경영하는 사람, 사업을 개발하는 사람에게 있어 미래를 내다보는 힘은 오래전부터 중요하다고 여겨져 왔습니다. 그러나 생성형 AI를 비롯한 기술의 진화가 가속화되면서 사회 변화의 정도와 속도도 심화되는 요즘에는, 조직이나 사업을 이끄는 자가 '미래에 대한 상상력'을 지니고 있는지가 그 어느 때보다도 중요해졌다고 생각합니다. 이번 장을 읽은 것을 계기로 꼭, 자기 나름의 미래 사회를 상상해 보고 그것을 형상화해 나갔으면 합니다.

대규모 언어 모델은 뇌과학, 기호학, 언어학의 관점에서 경이롭게 개선되고 있다

이 칼럼에서는 살짝 쉬어가는 차원에서 생성형 AI 기술 중에서도 중점이 되는 대규모 언어 모델LLM의 구조에 관해, 뇌과학과 기호학˙, 언어학이라는 다른 시점에서 고찰해 보겠습니다.

챗GPT로 대표되는 대화형 AI 서비스가 기존 AI에 비해 압도적으로 자연스러운 대화를 할 수 있게 된 것은 대규모 언어 모델의 등장에 힘입은 바가 큽니다. 왜 대규모 언어 모델 덕분에 자연스러운 대화가 가능해진 것일까요? 대규모 언어 모델은 대량의 텍스트를 학습할 때, 문장 내의 단어를 벡터(방향과 길이를 가진 수학적 양)로 변환하여 처리하고 있기 때문입니다.

쉬운 이해를 위해 간단하게 설명하겠습니다. '임금님'이라는 단어에서 '부'나 '권위' 등의 벡터는 강하고, '가난'이라는 벡터는 약합니다. GPT 같은 대규모 언어 모델에는 실제로 단어나 텍스트들이 수만 개 차원으로 벡터화되어 있으며, 단어나 텍스트의 의미가 서로 가까울수록 각각의 벡터 간 거리가 가까워집니다. 그리고 이 벡터 변환에 의해, 문장이라는 비정형 데이터를 높은 정밀도로 유연하게 다루는 일이 가능해졌습니다.

| 달이 예쁘네. | ← 임베딩 모델 → | 0.000 | 0.003 | 0.001 | ··· |

텍스트   텍스트를 벡터화

˙ 기호학(Semiotics, 記號學)이란, 넓은 의미에서 기호의 기능과 본성, 의미 작용과 표현, 의사 소통과 관련된 다양한 체계를 연구하는 학문 분야입니다.

이것이야말로 대규모 언어 모델이 높은 언어 능력을 획득한 포인트입니다. 이는 뇌과학, 기호학, 언어학적 관점에서 보더라도 매우 이치에 맞는 것이 아닌가 생각합니다. 한마디로 말해, 인간이 의미나 개념을 취급하는 방식과 상당히 가까운 처리가, 이 언어의 벡터화인 것입니다.

(엄밀히는 단어의 벡터화 자체는 Word2Vec 등과 같이 이전부터 존재하고 있던 개념입니다. 대규모 언어 모델이 돌파구가 될 수 있었던 것은, 트랜스포머 모델에 의해 문장이 길어지더라도 문맥을 파악한 듯한 처리가 가능해졌기 때문입니다. 그러나 단어의 벡터화가 대규모 언어 모델의 주요 특징임은 틀림없으며, 여기서는 이해의 용이함을 중시하여 이같이 설명했습니다.)

1. 뇌과학: 뇌는 지식의 보존과 사고를 '좌표계'에서 행한다

우선은 뇌과학적인 견지에서 대규모 언어 모델의 작동을 생각해 봅시다. 2022년 출간된 제프 호킨스Jeff Hawkins의 『천 개의 뇌A Thousand Brains: A New Theory of Intelligence』라는 책을 소개하고 싶습니다.

호킨스는 이 책에서 "모든 지식은 뇌 안에서 좌표계로 보존되며, 뇌가 무엇인가를 사고할 때는 뇌의 신피질 전체가 좌표계를 만든다. 그리고 수천 개의 뉴런이 동시에 활성화되어 일종의 '투표'를 행함으로써 하나의 지각을 형성한다."라는 놀라운 새 이론을 제창하고 있습니다.

예를 들어 뇌가 컵을 인식할 때는 컵의 형상이나 자신과의 상대적인 위치를 뇌내에서 좌표계로 인식한다는 것입니다. 심지어 물체가 아니라, 사랑이나 정의 같은 추상적인 개념에 대해서도 좌표계로 변환해 사고하고 있다고 합니다. 이 책에서는 그 이론을 뒷받침하는 여러 연구도 소개하고 있는데, 이 내용은 바로 벡터라는 좌표계에서 지식을 축적하고 확률론적으로 답을 생성한다는 대규모 언어 모델의 프로세스와 정확히 부합하는 것으로 보입니다.

2. 기호학: 다른 언어의 문자 구성요소의 빈도는 같고, 자연 속 형상의 출현 빈도도 같다

대규모 언어 모델을 기호학의 입장에서 생각할 때, 이론 신경과학자 마크 챈기지Mark A. Changizi의 연구는 매우 흥미롭습니다. 그에 의하면, 무려 "사람은 모두 같은 문자를 쓰고 있다."고 합니다. 어떤 말인지 자세히 봅시다. 우선 챈기지와 동료들은 다음 그림과 같이, 물체를 구성하는 기초적인 요소(T자/L자/*자 등)를 정리하고 한자나 알파벳을 비롯해 다양한 문자 체계에서 그런 기초 형태 요소가 출현하는 빈도를 분석했습니다.

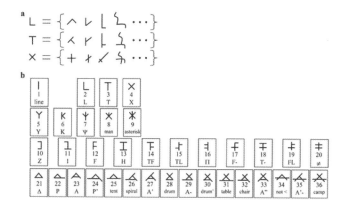

출처: Mark A. Changizi, et al. (2006), 「The Structures of Letters and Symbols throughout Human History Are Selected to Match ThoseFound in Objects in Natural Scenes」 (https://www.journals.uchicago.edu/doi/10.1086/502806), The American Naturalist Volume 167, Issue 5, 619-775.

그러자 놀랍게도 (1) 표의문자(한자), (2) 비표의문자(알파벳, 한글), (3) 기호군(화살표, 픽토그램)이라는 전혀 다른 외형을 가진 문자 체계에서의 기초 형태도 분포가, 다음 그래프와 같이 거의 일치하는 것으로 나타났습니다.

● 3가지 문자 체계의 기초 형태 요소의 출현 빈도

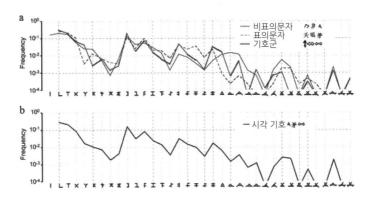

출처: Mark A. Changizi, et al. (2006), 「The Structures of Letters and Symbols throughout Human History Are Selected to Match ThoseFound in Objects in Natural Scenes」(https://www.journals.uchicago.edu/doi/10.1086/502806), The American Naturalist Volume 167, Issue 5, 619-775.

더욱 놀라운 연구 결과가 계속 이어집니다. 챈기지와 동료들은 우리 인간이 보는 경치를 대상으로도 동일한 연구를 수행했습니다. 그들은 (1) 인류 조상들이 보던 자연 풍경에 가까운 부족 사진, (2)《내셔널 지오그래픽》잡지의 풍경 사진, (3) CG로 그린 근대 도시 공간의 건물이나 거리 데이터, 이 3종류의 이미지들을 대량으로 준비하고, 기초적인 형태의 출현 빈도를 분석했습니다. 그랬더니 3가지 종류의 이미지 속에 나타난 기초 형태 요소의 분포는 앞서 본 문자, 기호에서의 출현 빈도와 매우 유사하게 관련되어 있음을 알 수 있었습니다.

즉, 인간은 자연 속의 사물을 구분하고 있는 패턴과 동일한 빈도로 형태 요소를 조합하여 문자를 만들어 온 것입니다.

정리하자면 인간이 만든 문자들은 구성요소의 출현 빈도로 보면 모두 동일 분포이며, 그 출현 빈도는 자연계에서의 구성요소 출현 빈도와 같은 분포를

● 3가지 종류 이미지에 나타난 기초 형태 요소의 분포

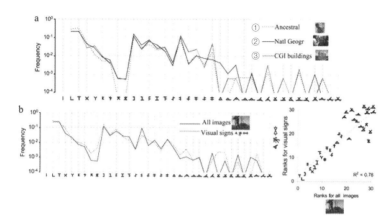

출처: Mark A. Changizi, et al. (2006), i,The Structures of Letters and Symbols throughout Human History Are Selected to Match ThoseFound in Objects in Natural Scenes」(https://www.journals.uchicago.edu/doi/10.1086/502806), The American Naturalist Volume 167, Issue 5, 619-775.

보인다는 것입니다. 따라서 인간은 자연 속 형태의 출현 빈도를 모방하여 문자를 만들어 온 것으로 생각할 수 있습니다.

이 연구는 대규모 언어 모델의 구조나 AI의 다른 연구들과 직접 연결되지는 않지만, 필자 개인적으로는 챈기지가 밝힌 사실과 대규모 언어 모델의 공통점에 대해 생각하지 않을 수 없습니다.

GPT 같은 대규모 언어 모델은 문자 데이터 학습 시, 다양한 언어로 된 데이터를 일단 AI만 알 수 있는 공통 언어인 벡터로 모두 번역합니다. 그렇게 언어의 장벽을 완전히 없앤 상태로 AI에 데이터로서 보존합니다.

레이어도 스케일도 다르지만 자연계를 일종의 벡터 구성요소로 인식하고 문자라는 체계를 만들어서 그로 인해 번영해 온 인간이라고 하는 종족이, 대상을 '벡터'적으로 인식함으로써 압도적인 지능을 획득한 AI를 만들어낸 셈입니다.

3. 언어학: 언어학으로 본 LLM과 인간의 공통점과 차이점

마지막으로 언어학적인 관점에서도 대규모 언어 모델의 구조에 대해 생각해 봅시다.

이마이 무쓰미와 아키타 요시미가 2023년 출간한 저서 『언어의 본질』(국내 미출간)에서는, '우리의 말이 어떻게 탄생했고, 진화해 왔는가?'라는 의문에 대해, 의성어·의태어나 추론을 열쇠로 삼아 흥미로운 가설을 제시하고 있습니다. 이 책의 가설을 단적으로 정리하면 다음과 같습니다.

처음에 우리 조상은 의성어·의태어('하하하'나 '깜빡' 같은 단어들)부터 사용하기 시작했습니다. 그것들이 문법화되고 체계화되어 현재의 기호 체계로서의 언어가 되었습니다. 그리고 그 과정에서 '추론'에 의해 지식이나 개념을 확장함으로써 오늘날의 복잡한 기호 체계를 만들어낼 수 있었습니다.

아이가 언어를 배울 때도 기본적으로는 이 과정을 따라갑니다. 아이는 자신의 모국어에서 단어의 처음에 올 확률이 높은 소리(예: '나')와 확률이 낮은 소리(예: '입니다'), 그리고 단어의 끝에 나오기 쉬운 소리(예: 입니다)와 끝에 나오기 어려운 소리(예: 나) 등을 분석해 문장을 형성하게 됩니다. 이는 매우 통계적인 작업입니다. 이 확률적인 문법과 학습과 문장 생성이 무엇보다도 '대규모 언어 모델'스럽게 보이지 않나요?

다만 GPT 등 대규모 언어 모델이 우리 인간과 결정적으로 다른 점이 있는데, 바로 '기호 접지 여부'입니다. 우리는 신체적 감각과 의성어·의태어를 통해 최초의 지식을 형성하고, 그것을 부트스트랩* 사이클에 의한 추론을 거치게 하

---

* 부트스트랩(bootstrap)은 "현재 상황에서 어떻게든 한다"는 뜻입니다. 원래 부트스트랩은 긴 부츠 뒷부분에 달린 고리를 뜻했는데, 'pull oneself up by one's bootstraps'라는 '불가능한 일을 해낸다'는 관용어구가 생겼고 여기서 나아가, 도움받지 않고 스스로의 상황을 개선시킨다는 의미로 쓰이게 되었습니다.

여 언어를 학습해 나갑니다. 그러나 대규모 언어 모델에는 '신체에 동반되는 최초의 지식'이라는 것이 존재하지 않습니다.

이는 즉, 대규모 언어 모델이 아무리 지성적으로 말할지언정, 그 AI는 이야기하고 있는 내용을 사실 전혀 이해하지 못하고 있다고도 볼 수 있다는 의미입니다.

AI 개발에 있어 기호 접지 결여 문제가 지적된 지는 사실 오래되었습니다. 인간의 언어 형성이나 학습 과정으로 미루어 보더라도, 매우 우수한 대규모 언어 모델조차 기호 접지가 되어 있지 않은 것은 역시 큰 결함입니다.

4. 생성형 AI를 다룰 때는 추상적인 다층 사고도 중요하다

이번 칼럼에서는 뇌과학, 기호학, 언어학의 관점에서 각각 참고할 만한 서적과 문헌을 하나씩 소개하며 기술이나 비즈니스와는 다른 시점에서 대규모 언어 모델의 기능에 대해 생각해 보았습니다. 소개한 문헌들에서 주장하는 바는 모두 과학적으로 검증 완료된 사실이 아니라 '가설'이며, 그 가설을 기반해 전개한 필자의 생각 역시 단지 고찰에 지나지 않습니다.

그럼에도 고도의 능력을 가진 대규모 언어 모델을 중심으로 한 생성형 AI를 대함에 있어, 단순히 사업적인 활용에 머물지 말고 설령 틀리더라도 좋으니 AI의 본질이나 인간의 지성, 향후 인간 본연의 모습이 어떻게 될지 등을 고려하는 자세는 중요하다고 생각합니다. 이 책은 어디까지나 실용서이므로 대부분 분량은 실무적 내용에 집중했지만, 이러한 추상적인 질문을 던져보는 것도 소홀히 하지 말아주었으면 하는 마음에서 칼럼 하나를 이 주제에 할애해 보았습니다.

PART 2

서비스 개발

CHAPTER 3

생성형 AI 서비스의
UX 디자인 포인트

여기서 다시 시간을 현재로 되돌려 이번에는 생성형 AI 서비스를 만들 때 중요한 사용자 경험UX, User Experience 설계를 설명하고자 합니다.

생성형 AI 서비스를 하나의 비즈니스로 만들 때는 사용자 경험UX이 매우 중요합니다. 생성형 AI 서비스 대부분이 그 핵심 기능을 GPT 등 외부 서비스 API에 의존하므로 장기적으로 볼 때, 서비스 기능 그 자체는 차별화 요소가 되기 어렵기 때문입니다. 상대적으로 사용자 경험의 좋고 나쁨이 기업이나 소비자가 서비스를 선택하는 중요한 판단 요소가 됩니다.

또한, 생성형 AI 서비스는 아직 유스케이스Use Case나 UX 등의 모범 사례가 충분히 확립되지 않았고 지속률이나 참여율 등의 지표가 일반적인 서비스와 비교할 때 여전히 낮은 수준에 머무른다는 사실도 기업이나 제작하는 쪽에서는 신경 쓰이는 부분입니다.

미국의 벤처 캐피털인 세쿼이아 캐피털Sequoia Capital이 공개한 데이터를 보면 챗GPT나 런웨이Runway와 같은 대표적인 생성형 AI 서비스와 유튜브YouTube나 인스타그램Instagram 등의 기존 서비스를 비교했더니 생성형 AI 서비스의 사용자 정착 비율과 참여율 모두 기존 서비스에 이르지 못했다고 합니다.

구체적으로 보면, 이용을 시작하고 1개월 후에도 지속하는 비율은 기존 서비스에서는 중앙값이 63%지만 생성형 AI 서비스에서는 42%에 머무르며, DAU(일일 활성 사용자)/MAU(월간 활성 사용자)와 같은 참여 지표에서도 기존 서비스는 중앙값이 51%인 반면 생성형 AI 서비스는 겨우 14%로, 상당한 차이가 있습니다.

요컨대, 생성형 AI 서비스 전반에서 우수한 UX를 만들어 자주, 그리고 오랫동안 서비스를 이용하도록 해야 하는 것이 중요한 과제의 하나입니다.

그러므로 생성형 AI 특성을 살린 생성형 AI만의 새로운 사용자 경험, 이른바 '생성형 AI 고유의 UX'를 만들어야 합니다.

그러나 생성형 AI를 사용하여 서비스를 제작하는 기업은 늘었지만, 생성형 AI 서비스의 UX 모범 사례에 관해서는 체계화 작업이 거의 이루어지지 않은 것이 현실입니다.

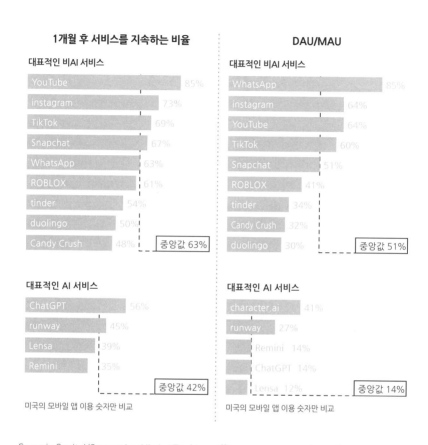

1개월 후 서비스를 지속하는 비율

대표적인 비AI 서비스

YouTube	85%
instagram	73%
TikTok	69%
Snapchat	67%
WhatsApp	63%
ROBLOX	61%
tinder	54%
duolingo	50%
Candy Crush	48%

중앙값 63%

대표적인 AI 서비스

ChatGPT	56%
runway	45%
Lensa	39%
Remini	35%

중앙값 42%

미국의 모바일 앱 이용 숫자만 비교

DAU/MAU

대표적인 비AI 서비스

WhatsApp	85%
instagram	64%
YouTube	64%
TikTok	60%
Snapchat	51%
ROBLOX	41%
tinder	34%
Candy Crush	32%
duolingo	30%

중앙값 51%

대표적인 AI 서비스

character.ai	41%
runway	27%
Remini	14%
ChatGPT	14%
Lensa	12%

중앙값 14%

미국의 모바일 앱 이용 숫자만 비교

Sequoia Capital 'Generative AI's Act Two' (https://www.sequoiacap.com/article/generative-ai-act-two)에서 공개한 데이터를 참고해 필자 직접 작성

이후 이 주제를 다룬 전문적인 서적도 나오겠지만, 이 장에서는 현재 상황에서 생성형 AI 서비스의 UX 디자인에 관하여 어느 정도의 이론과 통찰을 제공하고자 합니다. 잘 설계한 생성형 AI 서비스를 예로 들어, '생성형 AI 서비스의 UX 디자인 포인트'를 살펴 보겠습니다.

UX 기본 방정식

포인트를 구체적으로 설명하기 전에 UX(사용자 경험)의 질이라는 추상적인 개념을 쉽게 이해하고자 하나의 방정식을 소개합니다. UX의 질을 측정하는 방법이나 지표는 다양하지만, 필자는 벽에 부닥칠 때마다 다음 방정식을 이용하곤 합니다.

● UX 방정식

$$UX \ = \ u \,(편익) \ + \ e \,(정서\ 가치) \ - \ f \,(저항)$$

편익(u)이란 사용자가 제품이나 서비스를 사용하여 얻을 수 있는 구체적인 이익을 뜻합니다. 예를 들어, 글쓰기 AI 도구라면 '생성된 문장 덕분에 사용자가 업무의 효율화를 꾀할 수 있었다' 등이 이에 해당합니다.

정서 가치(e)란 제품이나 서비스가 사용자의 감정에 미치는 긍정적인 영향을 뜻합니다. 예를 들어, 서비스가 친근하고 익숙하다든가 시각적인 매력, 디자인 세련도, 서비스의 브랜드 이미지 등이 뛰어나다면 이 가치는 올라갑니다.

저항(f)이란 사용자가 서비스를 사용할 때 느끼는 방해나 어려움을 뜻합니다. 구체적으로는, 특정 업무를 완료하는 데 너무 오랜 시간이 걸린다든가 필요한 단계가 너무 많다든가 하는 것을 포함하여 잦은 오류 발생이나 깊은 생각을 요구하는 인지적 부하에 이르기까지, 이 모든 것이 사용자에게는 저항이 됩니다.

서비스의 UX를 개선할 때는 먼저 편익(u)을 최대화하고 저항(f)을 최소화해야 하며 이후 정서 가치(e)를 최대화하는 순서대로 진행하는 방법이 바람직합니다. 지금부터는 이 사고방식을 바탕에 두고 생성형 AI 서비스의 UX 디자인 포인트를 살펴봅니다.

포인트 1 입력 예시를 제시하여 서비스의 핵심을 단번에 보여준다

UX를 설계할 때 가장 먼저 고려해야 할 점은 저항(f)을 최소화하고 사용자가 확실하게 서비스 편익(u)을 느끼도록 하는 것입니다.

생성형 AI 서비스를 처음 사용하는 사람은 이 서비스로 무엇을, 어디까지 할 수 있을지 상상하기 쉽지 않습니다. 그리고 어떤 이익을 얻을 수 있는 서비스인지를 모르는 상태에서 이것저것 만져보며 서비스의 진정한 가치를 시험하려는 사용자도 많지 않습니다.

그러므로 생성형 AI 서비스에서는 주요 기능 화면에서, 이 서비스에서 무엇이 가능한지를 제시하는 구체적인 예시를 제공해야 합니다. 예를 들어 텍스트 입력 서비스라면 입력 프롬프트 예를 몇 가지를 제시하여 사용자가 서비스의 핵심을 바로 경험할 수 있도록 하는 것이 중요합니다.

구글이 제공하는 챗GPT와 비슷한 서비스인 제미나이Gemini나, 질문을 하면 온라인으로 검색한 내용을 바탕으로 답변을 생성하는 퍼플렉시티 AIPerplexity AI(미국 Perplexity사)처럼 입력 예시를 클릭하면 실제 그 입력 예시에 따른 답변을 생성하여 표시하는 것이 이를 잘 활용한 예입니다. 이렇게 하면 사용 방법을 숙지하기 전부터, AI가 생성한 수준 높은 답변에 놀라움을 느끼는 'WOW 체험'을 경험할 수 있으므로 적극적으로 서비스를 이용하게 됩니다.

● 구글 제미나이_{Gemini}

● 퍼플렉시티 AI_{Perplexity AI}

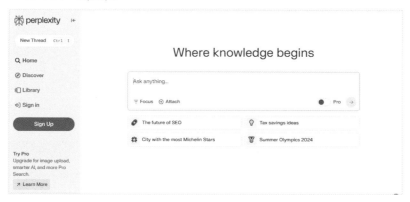

그렇지만 입력 필드가 여러 개인 서비스에서는 앞의 예처럼 입력 예시를 제시하는 형태를 구현하기가 어렵습니다.

이럴 때는 위자드_{Uizard}처럼 [Try example]과 같은 버튼을 준비하여, 한 번의 클릭으로 생성에 필요한 모든 요소를 자동으로 채우도록 하여 어떻게 생성되는지를 체험하도록 하는 것도 하나의 방법입니다.

● 위자드Uizard

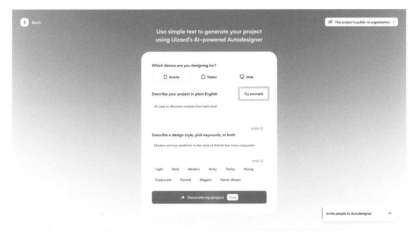

출처: Uizard(https://uizard.io/)

포인트2   모든 것을 채팅 UI로 만들 필요는 없다

생성형 AI 서비스에서 흔히 보는 것이 채팅 형식 UI입니다. 채팅 형식 UI는 얼핏 범용성이 높고 편리한 듯하지만, 실은 함정이 있습니다.

이스라엘의 윅스Wix는 드래그 앤 드롭 등의 조작만으로 부품을 조립하여 노코드no code로 웹 사이트를 만들 수 있는 서비스입니다. 편집하고 싶은 곳을 클릭하면 생성형 AI 기능 버튼이 나타나며, 이를 이용하여 광고 홍보 문구나 상품 설명 등의 문장을 AI로 생성할 수 있습니다.

● 편집할 곳을 클릭하자 표시된 윅스의 생성형 AI 기능

출처: Wix (https://wix.com)

채팅 UI는 자유도나 유연성이 높기는 하지만, 대화 형식이므로 입력해야 하는 정보가 많거나 다루기가 번거롭다는 단점이 있습니다. 그러므로 윅스처럼 무언가를 만드는 서비스에서 생성형 AI 기능을 제공할 때는 무조건 채팅 UI를 적용하지 않고 편집할 대상과 연결하여 AI 도움말로 호출하는 방법을 사용하면 생성 결과의 질이 높아져 편익(u)을 최대화하고 저항(f)을 최소화할 수 있습니다.

사용자가 특정 작업을 진행하는 서비스에 생성형 AI 기능을 적용할 때는, 무조건 채팅 형식 도움말을 넣기보다는 사용자의 작업 대상과 장소에 맞도록 AI 기능을 호출하는 설계 방법이 작업의 효율화로 이어질 가능성이 큽니다.

포인트 3 사용자에게 프롬프트 엔지니어링 능력을 요구하지 말아야 한다

생성형 AI 서비스에서는 입력하는 텍스트 같은 정보 입력 방법에 따라 생성되는 출력 결과물의 질이 달라집니다. 그러므로 AI로부터 고품질의 출력 결과를 얻는 입력 기법인 '프롬프트 엔지니어링'이 주목을 받습니다.

생성형 AI 서비스를 활용할 때는 프롬프트를 구사하는 기술을 키우는 것이 중요합니다. 그러나 대부분은 될 수 있으면 프롬프트 엔지니어링이라는 번거로운 절차를 피하고 싶을 겁니다. 그러므로 서비스를 만드는 쪽에서는 이런 기술 없이도 많은 사람이 간단하게 사용할 수 있도록 서비스를 설계하는 것이 중요합니다.

앞서 살펴본 윅스의 생성형 AI 기능은 이 점에서도 뛰어납니다. 웹 사이트 안에 사용할 문장 등을 생성할 때 자사의 업종이나 브랜드 이름, 글 주제, 중요시하는 점 등을 각 양식에 입력하기만 하면 원하는 결과를 만듭니다. 즉, 사용자 스스로 어떻게 프롬프트를 입력해야 할지 고민할 필요가 전혀 없습니다.

● 윅스의 생성형 AI 기능으로 제시한 입력 양식

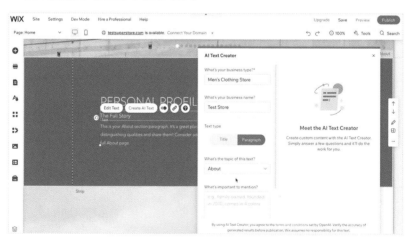

출처: Wix (https://wix.com)

실제로 이는 눈에 보이지 않는 곳에서 윅스가 설정한 고도의 프롬프트에 입력 요소를 자동으로 삽입하는 원리입니다. 이처럼 사용자가 입력하기를 바라는 항목을 양식 형태로 제시하고, 복잡하고 어려운 프롬프트는 뒤에서 알아서 움직이도록 하여 가능한 한 사용자에게는 프롬프트 엔지니어링 능력을 요구하지 않도록 하는 설계가 바람직합니다.

물론 자세한 설정을 직접 하고 싶은 사람도 있겠지요. 그러나 대부분의 사용자는 프롬프트 엔지니어링을 배우거나 직접 활용하도록 강제하는 것이 서비스 이용의 방해 요소, 즉 저항(f)이 됩니다. 이용 대상을 넓히고 누구라도 쉽게 사용할 수 있도록 하려면 [포인트 3]을 숙지하여 설계하길 바랍니다.

포인트 4 품질이 중요한 실무에서는 단일 결과가 아닌 여러 선택지를 제시한다

윅스의 생성형 AI 기능은 아주 잘 만들어진 예이므로 참고할 UI 하나를 더 소개하고자 합니다.

일반 사용자 대상 서비스와는 달리, 실무에서 이용하는 생성형 AI 서비스는 생성한 결과의 품질이 사용자의 요구 수준을 만족하지 못하면 사용할 수 없습니다. 그러나 아직은 사용자가 바라는 결과를 한 번에 생성하기가 어렵습니다.

이때 효과적인 것이 1개의 생성 결과가 아니라 여러 가지 결과를 선택지로 제시하고 사용자의 요구 조건과 가장 가까운 것을 선택하도록 하는 방법입니다. 서비스를 제공하는 쪽은 서로 다른 여러 가지 방향에서 결과를 생성하도록 하는 로직으로 프롬프트를 구현하면 사용자가 바라는 방향성과 일치할 가능성이 커집니다. 이렇게 하기만 해도 사용자가 누리는 편익(u)은 늘어납니다.

● 윅스는 생성 결과를 여러 가지 패턴으로 제시합니다

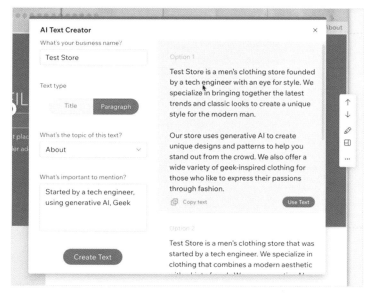

출처: Wix (https://wix.com)

포인트 5 **UI마저도 자동으로 생성한다**

AI 글쓰기 서비스인 미국의 재스퍼_{Jasper}에 탑재한 다이내믹 템플릿_{Dynamic} Template 기능은 앞으로 생성형 AI 서비스에 사용할 UX를 구상할 때 꼭 참고해야 할 좋은 기능입니다.

다이내믹 템플릿 기능은 계약서나 제품 로드맵 작성 등 AI가 만들어주었으면 하는 문서를 입력하기만 하면 자동으로 필요한 요소를 입력할 수 있는 양식을 생성합니다. 이후 양식대로 정보를 채우기만 하면 상당히 수준 높은 문서를 생성합니다.

물론 챗GPT 등에 계약서나 제품 로드맵과 같은 문서를 작성하는 데 필요한 정보를 질문해도 됩니다. 다이내믹 템플릿 기능에서는 OpenAI의 GPT API를 활용하여 필요한 항목을 생성합니다. 그리고 인터페이스에 이 항목을 텍스트 입력 영역으로 반영하여 사용자에게 제시합니다.

겉으로는 대단한 일을 하는 듯 보이지만, 실은 외부의 대규모 언어 모델 API를 활용하여 어떻게 보일지만 잘 만들어 사용하기 쉬운 UI를 구현했습니다. 이렇게 하여 저항(f)을 줄이면서도 생성 결과의 품질이라는 편익(u)의 최대화를 실현합니다.

● 재스퍼Jasper의 다이내믹 템플릿 기능

출처: Jasper (https://www.jasper.ai)

포인트 6) 디스코드로 빠르게 인터페이스를 준비한다

끊임없이 변하는 생성형 AI 분야에서는 빠르게 서비스를 제공하는 것이 중요합니다. 이렇게 하고 싶을 때는 디스코드Discord(슬랙Slack과 비슷한 채팅 서비스)를 인터페이스로 하여 인터페이스 개발 비용을 큰 폭으로 줄이는 것도 하나의 방법입니다.

예를 들어, 이미지 생성형 AI로 유명한 미드저니Midjourney의 인터페이스는 디스코드입니다. 디스코드에 있는 미드저니 채팅방에 참여하여 메시지 상자에 입력한 글을 입력하면 이를 프롬프트로 삼아 이미지를 생성합니다. 사용자는 생성한 이미지 아래에 미드저니봇이 제시한 여러 가지 버튼이나 특정 그림 문자를 클릭하여 다양한 변형이나 고해상도 이미지를 생성할 수 있습니다. 이처럼 미드저니는 꼭 필요한 기능만을 구현하여 제공합니다.

실제로 2023년 11월 시점에 미드저니 사용자 수(=디스코드 서버에 등록한 수)는 1,600만 명을 넘으나 링크드인의 기업 페이지나 보도에 따르면 미드저니의 직원 수는 약 50명 정도입니다. 그러나 디스코드 인터페이스를 통해 사용자 규모보다 훨씬 적은 인원으로도 잦은 AI 모델 버전 업데이트를 수행하여 사용자 편익(u) 최대화에 집중할 수 있는 것입니다.

● 디스코드_{Discord}에서 사용하는 미드저니_{Midjourney}

출처: Midjourney (https://discord.com/invite/midjourney)

기업을 대상으로 한다면, 데이터 보안을 철저하게 보증한다

기업을 대상으로 생성형 AI 서비스를 만들 때는 특히 중요한 부분이 있습니다. 바로 데이터 보안입니다.

기업이 생성형 AI 서비스를 도입할 때 중요하게 여기는 것이 "자사 데이터가 외부로 유출되지는 않을까?"라는 문제입니다. 필자의 강연에서도 기업 경영자나 IT 부문 담당자에게서 자주 듣는 질문입니다.

지금은 챗GPT 서비스에서 데이터를 학습하지 않도록 설정하는 옵트아웃 Opt-out* 기능을 사용한다면, 기업을 대상으로 하는 GPT 서비스의 데이터 보안 문제가 발생할 가능성이 적습니다. 그러나 특히 대기업은 이러한 데이터 보안 문제에 민감하므로 입력한 내용을 제대로 보호한다는 점을 철저하게 보증하는 것도 도입 저항을 줄이거나 사용자가 안심하고 이용하는 데 중요합니다.

마이크로소프트Microsoft가 2023년 7월에 발표한 기업 대상 AI 채팅 서비스 빙챗 엔터프라이즈Bing Chat Enterprise(마이크로소프트 코파일럿Microsoft Copilot에 통합)에서는 다음 UI에서 보듯이 답변마다 데이터를 보호한다는 대화 상자를 표시합니다.

이렇게 하면 생성형 AI가 당연하지 않은 현시점에서 일어날 수 있는 불안한 보안이라는 사용자의 저항(f)을 줄이고 안심감이라는 형태로 정서 가치(e)를 높일 수 있으므로 사용자는 안심하고 자사 데이터를 올려 서비스를 사용할 수 있습니다.

---

* 옵트아웃(Opt-out)은 당사자가 자신의 데이터 수집을 허용하지 않는다고 명시할 때 정보수집이 금지되는 제도입니다.

● 마이크로소프트 코파일럿 Microsoft Copilot

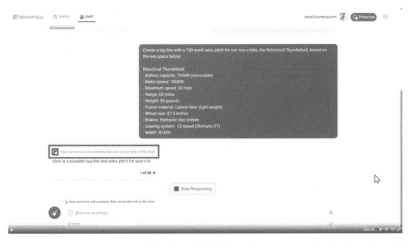

출처: Microsoft Copilot (https://www.microsoft.com/en-us/bing/chat/enterprise)

포인트 8 한 번에 결과물을 출력하기보단, 사용자가 바라는 바를 확인하
며 출력한다

결과가 복잡할수록 프롬프트 한 번으로 사용자가 원하는 결과를 생성할
가능성은 작습니다.

예를 들어, 블로그 게시글 전문 같이 고품질의 결과물을 챗GPT로 만들고
자 할 때는 과정을 여러 단계로 나누어 그때마다 세부 사항을 조정하며 진행
해야만 이상에 가까운 결과를 얻을 수 있습니다(이 프롬프트는 5장에서 살펴봅니다).

이와 마찬가지로 AI가 결과를 생성하는 중간 단계에서 사용자가 바라는
방향을 확인하고, 이러한 단계를 거쳐 최종 결과를 만드는 UX도 이상과 결
과의 차이를 줄이는 데 효과적입니다.

자료 검색 AI 도구인 퍼플렉시티 AI Perplexity AI (미국 Perplexity사)에서는 텍스트
상자에 알고자 하는 내용을 입력하면 순식간에 관련 글 30개 정도를 불러와
사용자가 궁금한 정보가 무엇인지를 묻는 체크 상자를 제시합니다. 사용자는

이 체크 상자를 이용하여 알고 싶은 내용과 가까운 답변을 얻을 수 있습니다.

● 퍼플렉시티 AI Perplexity AI

출처: Perplexity AI (https://www.perplexity.ai)

이와 함께, 프레젠테이션 생성형 AI 서비스 톰Tome(미국 Magical Tome사)에서는 "○○에 관한 프레젠테이션을 만들어 줘."라는 형태로 지시하면 다음 그림과 같이 제목과 장 나누기 수준을 먼저 생성합니다. 이 단계에서 편집하거나 순서를 바꾸는 등의 조치를 사전에 취함으로써 사용자가 바라는 형태에 가까운 결과를 만들기가 쉽습니다.

● 톰 Tome

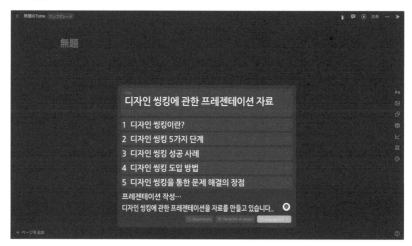

출처: Tome (https://tome.app)

톰Tome처럼 사용자를 배려한 인터페이스를 개발할 여유가 없을 때는 마찬 가지 미국 프레젠테이션 생성형 AI 서비스인 감마Gamma의 UI를 참고해도 좋습니다. 사용자가 원하는 프레젠테이션 자료의 주제를 입력하면 사용자의 입력 영역에 구성 항목을 자동으로 넣고 사용자는 이를 편집하여 보내는 방식으로 원하는 구성을 지시할 수 있습니다. 이런 방법이라면 비교적 적은 비용으로도 서비스를 구현할 수 있습니다.

● 감마

이때 작업 단계를 여러 개로 나누는 형태로 저항(f)은 다소 커지더라도 그 이상으로 생성 결과의 품질이라는 사용자 편익(u)을 늘려 결과적으로는 높은 수준의 UX를 구현한다는 점이 중요합니다.

이처럼 UX 수준을 정하는 3가지 요소가 서로 상충관계(trade-off)이기는 하나 중요한 점은 그 사이의 균형으로, 편익(u)과 정서 가치(e)의 전체 합이 크다면 사용자는 어느 정도의 저항(f)이 있더라도 그 서비스에 만족하며 이를 이용하게 됩니다.

u (편익) + e (정서 가치)

뛰어난 UX

그저 그런 UX

나쁜 UX

f (저항)

포인트 9 **무엇이든 입력하는 방법과 함께 템플릿을 제공한다**

생성형 AI 서비스에서는 용도별로 입력을 지원하거나, 생성 결과물의 품질을 향상시킬 수 있는 템플릿 기능이 효과적입니다.

그러나 사용자 입장에서는 템플릿을 찾는 번거로움 때문에 이용을 꺼리거나, 애당초 원하는 용도의 템플릿이 없기도 합니다. 즉, 특정 시나리오의 사용자 편익(u)을 너무 강조한 나머지 그 외 시나리오의 편익(u)은 줄거나 저항(f)이 커지기도 하므로 조심해야 합니다.

그 대책으로는 미국 언아카데미Unacademy사가 서비스 중인 AI 글쓰기 도구 '코헤시브Cohesive' 페이지의 윗부분처럼 어떤 텍스트든 입력하여 생성할 수 있는 자유도 높은 기능도 함께 준비하면 효과적입니다.

예를 들어, 코헤시브 사용자는 인스타그램 캡션이나 페이스북 광고 등의 템플릿을 선택하고 양식에 필요한 정보를 입력하여 결과를 생성할 수도 있고, 사이트 윗부분의 텍스트 입력 상자에 "●●를 주제로 블로그 글을 써 줘."처럼 자유롭게 지시하여 생성할 수도 있습니다.

이렇게 하면 사용자는 원하는 용도에 맞는 템플릿을 찾아 편리하고 높은 품질의 결과를 얻는 방법과 자유도 높고 빠르게 생성하는 방법 중에서 용도에 따라 하나를 선택할 수 있습니다.

● 코헤시브Cohesive

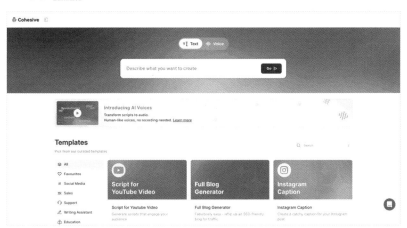

출처: Cohesive (https://cohesive.so)

포인트 10   사용자가 AI 봇의 답변을 평가할 수 있도록 한다

이 포인트는 서비스에 AI 챗봇을 도입할 때 중요한 기능입니다. 사용자 경험을 직접적으로 좋게 만드는 방법은 아니지만, 장기적인 관점에서 볼 때 사용자 편익(u)을 높여 사용자 경험을 향상하고자 한다면 무척 중요합니다.

대규모 언어 모델을 사용하는 챗봇을 구현한 서비스는 많지만, 안타깝게도 생성한 결과가 사용자가 원하는 답변일 확률은 완전한 100%가 아닙니다. 그러므로 생성한 답변에 사용자가 얼마나 만족하는지를 KPI로 측정하고 이 비율을 높이도록 프롬프트나 참조 데이터를 조정해야 합니다.

사용자마다 다르게 반응하는 챗봇을 GPT 등의 대규모 언어 모델로 자동화하는 에이다Ada(캐나다 Ada사)나 커맨드바CommandBar(미국 CommandBar사)와 같은 서비스에서는 AI의 각 답변이 도움 되는지를 사용자가 평가할 수 있으며, 제공하는 쪽은 이를 활용하여 서비스를 개선합니다.

외부 API 등으로 생성형 AI 서비스를 구현할 때도 프롬프트 튜닝이나 특정 데이터베이스를 참조하는 로직 등을 최적화하여 답변의 품질을 올릴 수 있습니다. 결과의 품질은 서비스 만족도와 직결되므로 끊임없이 개선해야 합니다.

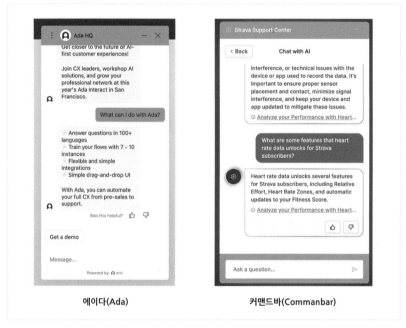

에이다(Ada)　　　　　　　　　커맨드바(Commanbar)

출처: Ada (https://www.ada.cx)　　　출처: CommandBar (https://www.commandbar.com)

포인트 11 친절한 말투를 사용하여, 사용자에게 즐거운 경험을 제공한다

뛰어난 사용자 경험을 위해서는 사용하기 쉬울 뿐만 아니라, 사용 자체가 즐거워지는 감성적인 디자인도 중요합니다. 마이크로소프트Microsoft의 코파일

럿_Copilot은 이런 디자인을 제품에 잘 적용했습니다. 코파일럿에 질문하면 기계적인 말투가 아니라 느낌표와 같은 특수문자나 그림 문자 등을 사용하여 친근한 말투로 답변합니다. 이렇게 하면 사용자는 대화형 AI와의 채팅을 더 긍정적인 경험으로 느낄 수 있습니다.

이렇게 정서 가치(e)를 높이는 디자인까지, 균형을 이룰 수 있게 고민하여 구현합시다.

● 코파일럿_Copilot

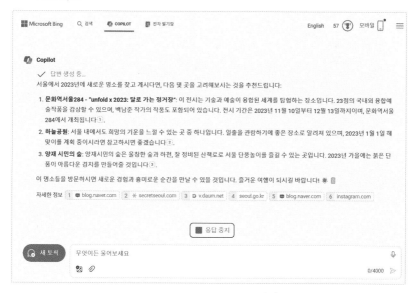

출처: Bing AI (https://copilot.microsoft.com/)

지금까지 살펴본 것처럼 사용자 경험 방정식을 바탕으로 사용자 편익(u)과 정서 가치(e)를 최대화하고 저항(f)을 최소화하는 것은, 비단 생성형 AI 서비스에만 국한되지 않는 중요한 사고방식입니다. 이와 더불어 생성형 AI 서비스를 만들 때는 생성형 AI 덕분에 가능해진 새로운 사용자 상호작용을 적극적으로 이용하여 사용자 경험의 전체 합이 커지도록 해야 합니다.

COLUMN

04

생성형 AI 사업화를 방해하는
MOAT 절대 신앙

개인적으로 영미권과 비교하여 우리나라를 비롯한 아시아에서 생성형 AI 서비스나 사업이 발전하기 어려운 이유의 하나로, 'MOAT 절대 신앙'을 꼽습니다.

MOAT(해자)란 1장에서 설명한 것처럼 '중장기적으로 경쟁 기업에 지지 않는 이유'를 의미합니다. 즉 '한 번 경쟁에서 이긴 시장을 계속 유지할 수 있는지, 그렇지 못한지에 대한 질문의 답'이 바로 MOAT입니다. 앞서 살펴본 것처럼 핵심 기능을 GPT 등의 외부 API나 서비스에 의존하는 경향이 강한 생성형 AI 분야에서는 이러한 MOAT를 설계하기 어렵습니다.

그러나 MOAT가 완벽하지 않으면 사업화를 진행하지 않는, 보수적인 태도로는 시간이 아무리 많아도 새로운 생성형 AI 사업을 일으킬 수 없습니다. 극단적으로 말하자면 그 누구도 MOAT를 만들 수 없기 때문입니다.

끊임없이 새로운 AI가 등장하는 생성형 AI 분야에서 사업을 수행한다는 것은 항상 변화하는 분야에서 그 변화에 맞게 유연한 자세를 취하면서 높은 곳을 목표로 달리는 게임과 닮았습니다.

그리고 이 게임은 앞서 살펴본 것처럼 엄청난 시장 규모로 이미 시작되었습니다. 불확실성이라는 거친 파도에 휩쓸리지 않고 높은 곳을 목표로 살아남은 참여자는 그에 따른 막대한 이익을 얻습니다.

이러한 게임에서는 애당초 완벽한 MOAT를 이해한 필승 전략을 세울 수는

170

없습니다. 이 거대한 시장 기회를 잡으려 한다면 먼저 이 게임의 거친 파도를 타고 넘을 수밖에 없습니다. 이러한 감각을 가진 경영자가 그리 흔하지는 않습니다. 그리고 바로 이것이, 기업이 좀처럼 생성형 AI 분야의 사업에 투자하지 못하는 이유의 하나인 듯합니다.

이처럼 변동성이 큰 게임에서 살아남은 승자의 특징으로 들 수 있는 것은, 변화에 강한 팀이라는 점입니다. 운 좋게 전략이 맞아떨어진 경우를 제외하고는 참여자 대부분이 격변하는 기술 환경이나 시장 환경에서 창의적인 전략을 수립하고 이를 빠르게 실행할 수 있어야 합니다. 그리고 이러한 격변과 충격에 견딜 수 있는 팀인지가 초기 단계에서도 중요합니다.

MOAT 관점에서 어느 정도 가설을 세우는 것도 중요합니다. 그러나 기업의 신규 사업 투자나 벤처 캐피털 투자 등의 판단에서는 완벽한 MOAT를 추구하기보다는 오히려 즉흥성과 유연성이 높은 팀에 자금을 투자한다는 관점이 더 중요하지 않을까요?

CHAPTER 4

생성형 AI 기술이
바꿔 놓을 사용자 경험

생성형 AI가 발전함에 따라 인터페이스나 사용자와 서비스 사이의 상호작용은 크게 달라지리라 예상합니다. 그 결과, 사용자 경험$_{UX}$의 본질도 많이 달라질 겁니다. 4장에서는 생성형 AI 시대에서 변화할 UX의 본질을 5가지 축으로 설명합니다.

● 생성형 AI 시대에 따른 사용자 경험의 변화

① 디자인 단위가 'User'에서 'You'로	② 인터페이스는 사라져 지각할 수 없게 된다
③ OS 차원의 경험으로 주 무대가 넓어진다	④ 방치형 UX가 나타나고 AI 친화적인 것이 중요 주제가 된다
⑤ 멀티모달 입력을 전제로 한 디자인	

변화 1

디자인 단위가 'User'에서 'You'로

사용자 경험, 사용자 중심 디자인, 사용자 인터페이스 등의 용어에서 알 수 있듯이 기본적으로 서비스 디자인의 대상을 이해하는 단위는 '사용자'입니다. 그러나 앞으로 생성형 AI 기술이 발전하고 서비스 인터페이스에 폭넓게 적용되면, 디자인 대상을 선정하는 정밀함이 기존 '사용자'에서 '개인'으로 세분될 것이라고 예상합니다.

그 전조가 되는 사례 중 하나가 1장에서 살펴본 고객별로 개인화한 동영상 콘텐츠를 생성할 수 있는 타부스tavus입니다. 1장에서 자세히 설명했듯이 타부스에서는 동영상을 보는 사람의 이름이나 소속 업계 등의 정보에 따라 내용을 자동으로 교체한 동영상을 생성합니다. 이전처럼 획일화된 콘텐츠를 여러 명의 사용자에게 제공하거나 속성 정보 등에 따라 콘텐츠를 구분하는 것이 아니라 사용자별로 콘텐츠를 생성하여 제공하는 서비스는 이후에도 늘어나리라 생각합니다.

그리고 이러한 최적화 서비스는 콘텐츠뿐만 아니라 인터페이스에서도 실현되는 중입니다. 대표적인 예가 3장에서 소개한 AI 글쓰기 서비스 재스퍼Jasper입니다.

재스퍼의 인터페이스를 이용하여 '프로젝트 개요서'나 '○○을 설명한 블로그' 등 얻고자 하는 결과를 입력하면 그 결과물 생성에 최적화한 입력 양식 인터페이스가 그때마다 생성됩니다. 생성형 AI 기술의 등장에 따라 사용자가 이용할 때마다, 상황에 맞는 일회용 인스턴트 인터페이스를 만들어 사용자에게 제공하는 것이 가능해졌습니다.

● 문서 생성에 필요한 입력 양식을 자동으로 생성하는 재스퍼

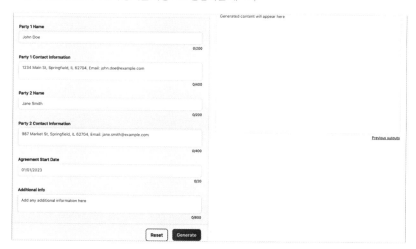

이처럼 AI의 문해력이 높아지고 결과물의 생성 비용이 저렴해짐에 따라 사용자에 따른 콘텐츠나 인터페이스를 그때마다 최적화하여 제공한다는, 그야말로 궁극적인 개인화가 가능해지는 중입니다.

그러므로 지금의 '사용자'라는 타깃 정밀도로 서비스를 제공하는 구조로는 한계가 있습니다. 가까운 미래에는 이를 '대량 생산·대량 소비' 행위로 회고할지도 모릅니다.

이러한 변화의 흐름에서 '사용자User'라는 낮은 타깃 정밀도가 아니라, 어느 정도로 '여러분 개인You' 차원에서 서비스 디자인을 제공할 것인지가 중요해질 겁니다.

이러한 디자인의 어려운 점은 "전부를 디자인할 수는 없다."라는 부분입니다. 이전에는 모든 화면 경험과 외관을 디자인했으므로 사용자 경험을 제어

할 수 있었습니다. 그야말로 "신은 디테일에 있다."라는 말처럼 얼마나 각 화면이나 기능을 잘 만들고 보여줄지가 중요했습니다. 그러나 개인마다 서로 다른 경험을 제공하는 생성형 AI 시대에서는 신경 써야 할 '디테일'이 뜻하는 바가 달라질 겁니다.

예를 들어, 이전에는 사용자에게 획일적인 셀프서비스와 제품을 제공했던 상태였다면 이제는 제품과 사용자 사이에 AI라는 '담당자'가 개입하여 사용자의 취향이나 요구에 맞는 서비스를 제공하도록 변화한다고 이해할 수 있습니다. 이때 중간 담당자를 100% 제어할 수는 없지만, 그 담당자가 올바르게만 일한다면 사용자 경험은 비교할 수 없을 정도로 좋아질 겁니다.

그리고 최종적으로 사용자 경험을 좋게 하는 열쇠는 '담당자'의 지시 사항이나 매뉴얼로, 이는 AI가 참조하고 학습하는 데이터와 프롬프트 로직의 최적화와 정밀 튜닝에 해당합니다. 매장을 운영할 때도 매장 담당자의 수준을 하루아침에 올리기는 어려운 것처럼 '담당자'인 AI의 수준을 올리는 일 역시 즉시 이루어질 수는 없습니다. 기업은 제품 일부라도 이른 시기부터 AI '담당자'를 이용하여 사용자 경험을 제공하고 관련 지식을 축적해야 합니다.

● AI가 제품과 사용자 사이를 '담당자'로서 중개함

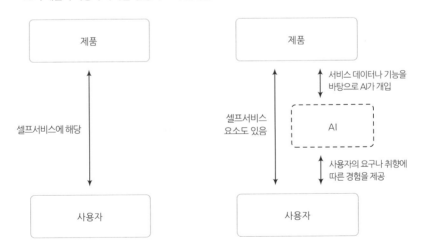

변화 2

인터페이스는 사라져 지각할 수 없게 된다

OpenAI사의 최고경영자인 샘 올트먼이 출자하기도 한 웨어러블 AR 기기 스타트업 휴메인Humane의 공동 창업자인 임란 초드리Imran Chaudhri는 2023년 4월 테드 강연TED Talks에서 발표한 데모에서 AI 시대와 잘 어울리는 인터페이스를 제시했습니다. 그는 가슴에 부착한 장치를 누르며, 눈앞에 있는 식품이 알레르기를 일으키지는 않는지 물었습니다. 그러자 휴메인Humane의 AI는 장치에 있는 카메라로 찍은 이미지를 바탕으로 재료와 사용자의 알레르기 정보를 비교, 판단하여 "이 음식은 코코아 버터가 들었으므로 피하는 편이 좋습니다."와 같은 정보를 이용자에게 알렸습니다.

여기서는 장치를 누른다는 상호작용이 아직 남기는 했으나, 인터페이스에 행하는 행위를 최소화했습니다.

● 휴메인Humane Ai Pin

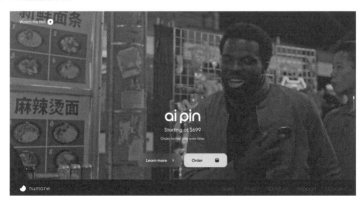

출처: Humane (https://hu.ma.ne)

이뿐만 아니라, 시각 장애가 있는 사람을 위한 안내 앱인 '비 마이 아이즈 Be My Eyes'는 시각적인 입력에 대응하는 GPT-4V를 적용하여 스마트폰 카메라를 대기만 해도 눈앞에 있는 환경이나 물체를 인식하고 이를 글로 생성하여 음성으로 설명합니다.

● 비 마이 아이즈 Be My Eyes

출처: Be My Eyes (https://www.bemyeyes.com)

이처럼 AI의 진화와 웨어러블 장치의 진화로 말미암아, 기기에서 시청각 정보 등을 처리하여 능동적으로 사용자에게 정보를 알리는 상호작용은 앞으로도 계속 늘 것입니다. 그리고 인터페이스 대부분은 점차 사라져 지각할 수 없게 되리라 생각합니다.

인터페이스가 사라지는 것은 단순히 조작의 번거로움이 줄어드는 효과만을 뜻하지 않습니다. 비 마이 아이즈처럼 보다 접근성이 향상되거나 알레르기 요소나 위험물 등 사용자가 놓칠 수 있는 정보를 알아채거나, 나아가 복잡한 조작을 없앰으로써 고령자를 비롯해 더 많은 사람이 진화하는 기술과 서비스를 누릴 수 있게 된다는 것입니다.

OS 차원의 경험으로 주 무대가 넓어진다

생성형 AI 시대에는 개발이나 UX 디자인의 주 무대가 지금처럼 웹이나 앱 차원에서 'OS 차원'으로 넓어지리라 생각합니다. 이런 생각을 뒷받침하는 구체적인 사례를 살펴봅시다.

이미 한 개인 개발자가 텍스트로 지시하기만 하면 Mac 네이티브 앱을 생성하는, 즉 'Text-to-macOS App'이라고도 할 수 있는 데모를 개발했습니다. 게다가 미국 브레인 테크놀로지스_{Brain Technologies}사는 프롬프트를 입력하기만 하면 스마트폰 앱을 만드는 서비스인 '이매지카 AI_{Imagica AI}'를 발표했습니다. 이처럼 지금까지는 어느 정도의 노력과 비용이 필요했던 네이티브 앱 개발 역시, 이미지 생성처럼 프롬프트를 입력하기만 하면 누구든지 간단히 만들 수 있는 시대를 맞는 중입니다.

● 이매지카 AI_{Imagica AI}

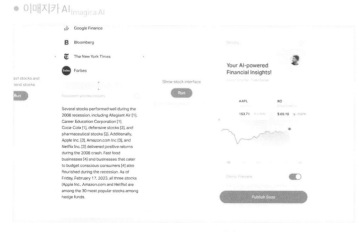

출처: Imagica AI (https://www.imagica.ai)

이뿐만 아니라, 마이크로소프트는 윈도우 운영체제 자체에 대화형 AI 를 탑재한 마이크로소프트 코파일럿Microsoft Copilot, 코파일럿 인 윈도우즈Copilot in Windows를 제공합니다. AI 어시스턴트Copilot에 "편안한 음악을 듣고 싶어." 라고 전달하면 음악 스트리밍 앱을 제안하는 등, 운영체제에서 실행하는 다양한 앱과 함께 움직입니다. 개인 개발자가 GPT-4 등의 대규모 언어 모델을 활용하여 개발한 '오픈 인터프리터Open Interpreter'는 로컬 환경에서 자연스러운 말로 지시하기만 해도 여러 앱에 걸친 처리를 실행합니다. 이처럼 빅테크 기업뿐 아니라 개인 개발자 수준에서도 다양한 앱을 제어하는 시스템을 만들 수 있는 시대입니다.

● 코파일럿 인 윈도우즈Copilot in Windows

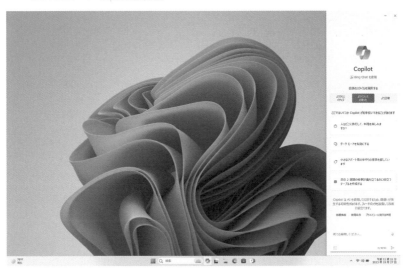

출처: Microsoft Copilot (https://www.microsoft.com/ko-kr/windows/copilot-ai-features)

지금까지의 이야기를 정리하면 다음 그림과 같은 흐름이 드러납니다. 인터넷 초기에는 웹 사이트 개발조차 쉽지 않았고 앱 자체를 개발할 수 있는 기술자도 적었으며 개발 환경도 좋지 않았습니다. 그러다 보니 기본 앱 차원에서는 운영체제가 제공하는 브라우저 앱이 압도적인 시장 점유율을 차지했고, 그 결과 인터넷 도입 초기에는 많은 사업자의 주 무대가 웹 사이트 차원이었습니다.

이후 거의 노코드no code로 웹 사이트를 만들 수 있는 수준에 이르고, 애플이나 구글의 앱 스토어 등장 등과 더불어 개발의 주 무대는 앱 차원으로 넓어집니다. 그리고 지금부터 앱 자체도 프롬프트를 입력하기만 하면 노코드로 생성할 수 있게 되어 앱 차원도 지금의 웹 사이트와 마찬가지 수준으로 무수히 늘어나리라 예상합니다.

이런 상황에서 수많은 앱을 오가며 업무를 제어하는 운영체제 차원의 서비스(엄밀히는 단일 운영체제에서 실행하는 애플리케이션 횡단 제어 시스템)가 새로운 개척자로서 서비스 개발의 주요 무대 중 하나가 될 것입니다.

● 디지털 제품의 '전선' 확대

이때 서비스 개발자에게 요구되는 것은 다음 2가지입니다. 첫 번째는 웹 또는 앱이라는 지금까지의 2가지 선택지에서 시야를 확장해, 운영체제 차원의 서비스도 선택지의 하나로 생각해야 한다는 점입니다. 두 번째는 웹이나 앱 서비스를 제공하고자 한다면 앞으로의 발전을 염두에 두고 자신이 만들 서비스와 사용자 사이에 새로운 접점이 될 운영체제 차원의 서비스 움직임에도

많은 관심을 두어야 한다는 점입니다.

방치형 UX가 나타나고
AI 친화적인 것이 중요 주제가 된다

생성형 AI 시대에는 AI에 지시하고 기다리기만 하면 되는, 이른바 '방치형 UX'가 나타나리라 생각합니다. 그러므로 AI가 처리하는 대상인 웹이나 앱 서비스는 사용자 친화적이기보다는 AI 친화적인지가 더 중요할 겁니다.

'시그니피컨트 그래비타스Significant Gravitas'라는 개발사가 개발 중인 오픈 소스 도구 오토GPTAutoGPT는 GPT-4 언어 모델의 사고를 연쇄로 일으켜, 연속적으로 조합한 업무를 실행합니다. 예를 들어, "대기업을 대상으로 하는 생성형 AI 서비스의 마케팅을 기획해 줘."라고 지시하기만 하면 주어진 목표에 따라 사람의 손을 빌리지 않고 여러 단계의 업무 계획을 세우고 적절하게 온라인 검색을 수행하여 직접 정보를 조사하면서 업무를 완수합니다.

● 오토GPTAutoGPT

출처: AutoGPT (https://github.com/Significant-Gravitas/AutoGPT)

또한, 1장에서 소개한 어뎁트_{Adept}처럼 사용자가 자연스러운 언어로 지시하기만 하면 판매 조직이나 부동산 계약 사이트 등 복잡한 사이트 조작을 사용자를 대신하여 자동으로 수행하는 서비스도 실제로 등장하는 중입니다.

이처럼 이른바 '방치형 UX'의 상호작용이 늘면, AI가 정보를 읽기 어려운 사이트나 앱은 사용자가 이용하지 않는 상황이 생길 수도 있습니다. AI가 자사의 정보에 접근하거나 데이터를 쉽게 처리할 수 있도록 하는 것도 이후 UX 디자인에서 중요한 주제가 될 겁니다. 즉, 자사 서비스와 통합 AI 시스템이 쉽게 협업할 수 있도록 하는 'AI 친화적'인 사고방식이 중요합니다.

지금은 기업이나 개인 창작자가 서비스를 제공할 상대로 AI를 가정할 일은 없을 겁니다. 그러나 이후 AI가 발전하여 사회의 중요 이해 당사자가 된다면 종래의 사용자 중심 사고방식을 확장하여 사용자와 AI 쌍방 모두에 얼마만큼 최적의 경험을 제공하는지가 중요합니다.

● 어뎁트_{Adept}

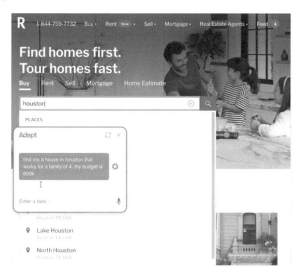

출처: Adept (https://www.adept.ai)

멀티모달 입력을 전제로 한 디자인

AI와 사용자 인터페이스를 생각할 때, 앞으로는 텍스트 이외의 입력 방법이 필요한 순간이 늘어날 겁니다.

음성이나 이미지를 통해 AI에 지시하는 서비스도 이미 등장했습니다. 개인 개발자인 로니스 켄달이 공개한 아이리스Iris라는 데모에서는 AI에 음성뿐만 아니라 화면의 특정 영역을 캡처하고 이를 지정하면 AI가 이미지를 읽을 수 있습니다. 예를 들어, "화면의 이 오류 메시지를 읽고 이 코드를 어떻게 고치면 좋을지 알려 줘."처럼 '이것저것 가리키는 말'로도 지시할 수 있습니다. 이는 마치 옆에 있는 작업자에게 자신의 작업을 보이면서 정보를 공유하는 것과 비슷합니다. 사람과 기계가 더 자연스럽게 상호작용하는 모습이라고 할까요?

● 아이리스Iris

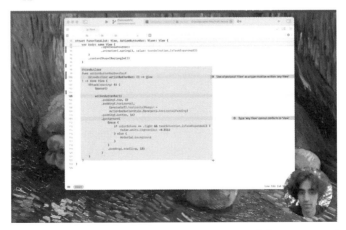

출처: Iris (https://iris.fun/)

이미지 입력을 지원하는 GPT-4V가 2022년 11월에 API 제공을 시작했으므로 앞으로 이런 서비스는 더욱 늘어날 겁니다. 입력의 다양성은 결과물의 품질을 높일 뿐 아니라 종래에는 복잡한 입력이 필요했던 상호작용을 더 자연스러운 상호작용으로 바꾸게 됩니다.

이처럼 지금까지는 기본적으로 하나의 업무에 하나의 상호작용이었지만, 앞으로는 하나의 업무를 수행하는 데 멀티모달을 이용한 상호작용 방법이 있다는 것을 전제로 디자인해야 합니다.

01

생성형 AI 시대의 사용자 경험 디자인에서 중요한 점

지금까지 살펴본 것처럼 AI는 사용자와 서비스 사이의 관계를 재정의하고 사용자 경험 그 자체를 크게 바꿀 것입니다. 기업이나 서비스 디자이너는 주로 다음 2가지를 주의하여, 서비스 경험을 디자인해야 합니다.

첫 번째는 만드는 쪽이 AI를 얼마나 잘 이해하는지가 사용자 경험을 크게 좌우하는 시대가 된다는 점입니다. AI에 대해 너무 많은 것을 기대하면 홍보 문구와 실제 UX 사이의 차이를 경험하게 되며, AI 최신 능력을 올바르게 인식하지 못하면 쾌적한 사용자 경험을 제공할 기회를 놓치는 결과로 이어지기 쉽습니다.

두 번째 중요한 점은 '윤리적인 디자인'입니다. AI 기술을 활용할 때 만드는 쪽이 윤리관을 결여한 채, 매출이나 KPI 지상주의를 추구하면 편견을 조장하거나 사용자를 속이는 결과가 될 수 있습니다.

대규모 언어 모델 등의 AI 모델은 학습이나 튜닝의 기울기에 따라 어쩔 수 없이 일정한 편향을 가집니다. 실제로 샹빈 펑Shangbin Feng과 동료들이 2023년 발표한 논문 「Tracking the Trails of Political Biases Leading to Unfair NLP Models(불공정한 NLP 모델로 이어지는 정치적 편향의 흔적 추적)」의 연구 결과를 보면 GPT-4는 좌파적이고 자유주의적이며 메타Meta의 라마LLaMA는 우파적이고 권위주의적인 편향을 보인다고 합니다(상세 출처는 다음 그림 하단 표기). 대규모 언어 모델을 사용하는 사업자는 이러한 편향을 이해하고 있어야 하며, 제공할 생성형 AI 서비스가 이러한 편향을 강조하지는 않는지 살펴야 합니다.

● 주요 대규모 언어 모델에 있는 편향

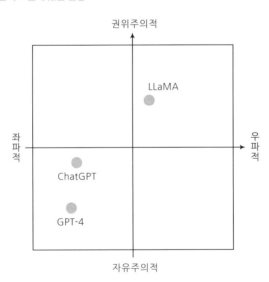

Shangbin Feng et al. (2023), 'From Pretraining Data to Language Models to Downstream Tasks: Tracking the Trails of Political BiasesLeading to Unfair NLP Models', arXiv:2305.08283v3. (https://arxiv.org/abs/2305.08283)을 바탕으로 일부 모델을 발췌한 그림

또한, 1장에서 소개했듯이 텍스트 원고로 사실적인 AI 아바타 이미지를 생성하는 신테시아_{Synthesia}나 텍스트로 실제와 같은 음성을 생성하는 미국 일레브랩스_{Eleven Labs}사의 'AI 보이스 제너레이터_{AI Voice Generator}' 등 사람을 흉내 내는 콘텐츠를 만드는 기술은 점점 발전할 것입니다. 그러다 보면 AI가 만든 콘텐츠를 사람이 직접 만든 것처럼 속일 수도 있고, 사용자가 상대가 AI임을 모른 채 대화할 수도 있습니다.

그러나 이러한 경험은 단기적으로는 효과가 있을지 몰라도 사회적으로 나쁜 영향을 끼칠 뿐만 아니라, 기업 브랜드나 신뢰도 역시 크게 해칠 수 있습니다. AI 서비스를 제공하는 기업은 이러한 일이 일어나지 않도록 '투명성' 디자인을 의식하여 작업해야 합니다.

빠르게 발전하는 생성형 AI 트렌드를
효율적으로 따라잡는 방법

강의 후 이루어지는 질문과 응답 시간에 "빠르게 발전하는 생성형 AI 분야에서는 어떻게 새로운 정보를 따라잡아야 하나요?"라는 질문을 자주 듣습니다. 저 역시 다양한 방법을 시도해 보았으며, 현재 AI 관련 뉴스를 따라잡고자 이용하는 방법은 다음 2가지입니다.

> **1. X**(구 트위터)에서 '세계 AI 선두 주자가 팔로우하는 사람' 팔로우하기
>
> **2. 서브스택**Substack에서 관련 소식지 여러 개 구독하기

1. X에서 '세계 AI 선두 주자가 팔로우하는 사람'을 팔로우하기

X(구 트위터)에서 OpenAI CEO인 샘 올트먼Sam Altman이나 미드저니Midjourney CEO인 데이비드 홀츠David Holz 등의 개인 계정과 함께 구글 검색팀(google AI: @GoogleAI)이나 메타Meta의 AI팀(AI at Meta: @AIatMeta) 등의 R&D 조직 계정 등 세계 AI 선두 주자를 팔로우하는 사람은 많을 겁니다.

필자는 이에서 한 걸음 더 나가 '이 계정이 팔로우하는 계정'을 조사하여 이를 팔로우하는데, 이렇게 하면 최신 AI 뉴스를 따라잡는 데 매우 효과적입니다.

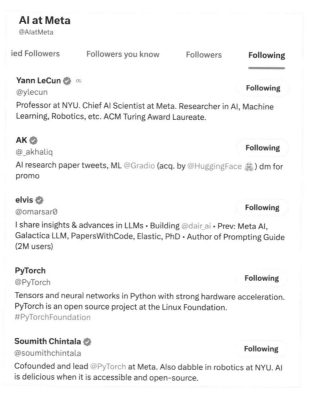

출처: X의 AI at Meta 계정 팔로우 현황(https://twitter.com/AIatMeta/following)

이러한 AI 분야에서 세계의 선두 주자가 팔로우한다는 것은 AI 분야에서 양질의 정보를 올리는 계정이거나 업계 핵심 인물의 계정일 가능성이 큽니다. 이런 계정 중에는 팔로워가 적어 큰 관심을 두지 않는 계정도 많으므로 많은 사람이 쫓는 정보와는 다른 정보 소스로도 가치가 큽니다.

게다가 AI 관련 계정을 팔로우하다 보면 X(구 트위터)의 알고리즘이 자신의 타임라인에서 팔로우하지 않는 계정의 AI 관련 정보도 표시합니다. 그 결과, 양질의 AI 정보가 저절로 내 피드(타임라인)에 흘러들어오곤 합니다. 이런 방법을 이용하여 자신의 X 타임라인을 점점 키워가면 빠르게 발전하는 AI 분야의 정보를 쫓는 데 매우 효과적입니다.

2. 서브스택에서 관련 소식지 구독하기

소식지 배포 플랫폼인 서브스택Substack에는 개인 창작자가 운영하는 양질의 소식지를 발견할 수 있으며 AI와 관련하여 뛰어난 소식지도 많습니다. 이러한 AI 관련 소식지를 구독하면 AI 최신 정보를 효율적으로 따라잡을 수 있습니다.

● 서브스택Substack

출처: Substack (https://substack.com)

예를 들어, AI 관련 소식지의 대명사라 할 수 있는 〈벤스 바이츠Ben's Bites〉는 주목하는 AI 뉴스, 추천 AI 도구, 주목할 만한 AI 관련 블로그 글 등을 거의 매일 올립니다.

서브스택 소식지의 장점은 번역 서비스인 딥엘DeepL과 잘 어울린다는 점입니다. 메일 안의 [Read Online] 링크를 클릭하면 브라우저에서 같은 내용을 웹 페이지로 표시하며 브라우저의 딥엘 확장 프로그램을 클릭하기만 하면 번역한 전체 글을 읽을 수 있습니다. 필자처럼 대량의 소식지를 외국어로 읽을 여유가 없는 사람이라면 추천할 만한 방법입니다.

양질의 정보를 저절로 입수하는 장치를 만들고 계속 다듬기

AI 분야의 발전은 매우 빠르고 그 정보량도 많습니다. 그러므로 주목할 만한 최신 정보를 저절로 입수하는 장치를 마련하면 큰 도움이 됩니다. 여기서 소개한 방법에서는 딥엘DeepL 이외의 AI 도구는 사용하지 않습니다. 지금은 이 방법이 최선이라고 생각하지만, 이후 등장할 AI 서비스 중에 더 효과적인 방법이 등장할지도 모릅니다.

사업하는 사람에게 정보 수집 장치를 마련하고 이를 계속 다듬는 것은 야구 선수가 자신의 배트나 글러브를 유지 보수하는 것과 마찬가지로 업무 효율과 직결되는 중요한 과정입니다. 여기서 소개한 방법을 참고하여 여러분 나름의 정보 수집 방법을 찾기 바랍니다.

PART 3

✦

조직 개발

CHAPTER 5

조직의 생산성을 높이는
생성형 AI 활용 기술

[들어가며]와 [칼럼 2]에서 살펴본 것처럼 생성형 AI를 활용하면 일상의 업무뿐 아니라 전략 컨설팅 등 고도의 지적 업무에서도 생산성이나 결과물의 품질을 크게 향상할 수 있습니다. 일부 분야에서는 이미 생성형 AI가 사람보다 더 뛰어난 창조성을 발휘하기 시작했습니다.

생성형 AI 기술이 발전하면서 이 기술을 자유자재로 사용하여 생산성이나 업무의 질을 높이는 개인과 그렇지 못한 개인의 차이는 앞으로도 더 커질 것이 분명합니다. 기업의 관점에서는 조직 구성원이 생성형 AI로 능력을 확장한 인력인지 아닌지가 기업의 경쟁력에 큰 차이를 만듭니다.

이 장에서는 개인과 회사 조직 모두에 중요한 주제인 "생성형 AI를 활용하여 생산성이나 업무의 질을 얼마나 끌어올렸는가?"라는 관점에서 이용해야 할 생성형 AI 도구나 AI에 어떤 텍스트를 입력해야 할지 구체적인 프롬프트 기법을 소개합니다.

당신의 프롬프트 vs.
좋은 프롬프트

이 장에서는 실무에서 사용할 수 있는 생성형 AI 활용 기법을 소개합니다. 먼저 여러분의 '현재 프롬프트 입력'을 확인하고자 하니 다음 질문에 답하길 바랍니다.

> **Q** 여러분이 '생성형 AI를 활용하여 생산성 향상하기'라는 주제의 강의를 담당하게 되었다고 합시다. 이때, 강의 내용의 차례를 챗GPT로 생성하고자 하는데, 어떤 프롬프트를 입력해야 할까요?

아마도 많은 사람이 다음과 같은 프롬프트를 입력할 겁니다.

> 생성형 AI를 활용한 생산성 향상을 주제로 강의하려 하는데, 어떤 내용으로 구성하면 좋을지 알려주세요.

다음 그림은 실제로 챗GPT에 이를 의뢰했을 때의 답변입니다. 대략적인 지시를 입력했으므로 그 답변도 대략적입니다. 그러다 보니 결과적으로 '챗GPT도 별것 아닌걸?'이라는 인상에서 머물러 더는 사용하지 않는 사람도 많을 겁니다.

생성형 AI를 활용한 생산성 향상을 주제로 한 강의 구성은 다음과 같습니다:

1. 도입부: 생성형 AI 개요
- **정의 및 원리**: 생성형 AI란 무엇인지 설명
- **역사**: 발전 과정 소개

2. 활용 사례
- **문서 작성**: 보고서, 이메일 작성
- **창의적 작업**: 디자인, 마케팅 콘텐츠
- **데이터 분석**: 자동 보고서 작성

3. 생산성 향상 방법
- **작업 자동화**: 반복 업무 자동화
- **의사결정 지원**: 데이터 기반 의사결정
- **협업 도구**: 팀 협업 지원

4. 도구 및 플랫폼 소개
- **문서 작성 도구**: ChatGPT, Jasper
- **디자인 도구**: Canva, Adobe Firefly
- **데이터 분석 도구**: Tableau, Power BI

5. 한계와 윤리적 고려사항
- **한계와 문제점**: AI의 한계와 극복 방안
- **윤리적 고려**: 프라이버시, 저작권, AI 편향성

6. 실습 세션
- **AI 활용 실습**: 생성형 AI 도구 사용
- **문서 작성 실습**: AI로 문서 작성

7. Q&A 세션
- **참여자 질문**: 질문과 답변 시간

8. 결론 및 요약
- **핵심 요약**: 주요 내용 요약 및 강조   ↓

이와 달리 같은 업무를 수행할 때 실제로 필자가 입력하는 프롬프트는 다음과 같습니다. 프롬프트의 길이에 놀랄지도 모르지만, 미리 이러한 프롬프트 형태를 만들고 브라우저의 즐겨찾기에서 불러와 입력하기만 하면 돼서, 실제 작업에서는 일부 변수를 바꾸는 수준에서 끝납니다. 그러므로 실제 입력

시간은 앞서 본 간단한 프롬프트와 큰 차이가 없습니다.

이 안에는 여러 가지 프롬프트 기법이 있으므로 간단하게 몇 가지 핵심만 살펴봅니다.

(1) 당신은 경험이 많은 프레젠테이션 크리에이터입니다.

(2) 다음 #제목과 #개요를 바탕으로 이벤트 프레젠테이션 장 구성과 내용을 생각해 주세요.

(3) 그리고 생성한 장 구성을 이용하여 #대상 청중이 생성한 결과에 더 많은 흥미를 느낄 수 있도록 개선 작업을 5번 반복하면서 스스로 내용을 업그레이드해 주세요.

(4) 또한, 개선할 때마다 다음 #채점 기준에 따라 스스로 평가하고 점수를 매겨 주세요(100점 만점).

#채점 기준:"""

긍정 평가

- 가정한 대상이 흥미를 느낄 만한 내용이다.
- 발표자가 잘하는 분야를 추가한 내용이다.
- 이벤트 취지에 맞다.

부정 평가

- 표면적인 내용에 머물렀다.
- 너무 추상적이다.

"""

(2) #제목: """

생성형 AI 시대에 10배의 능력을 발휘하는 인재가 되는 길잡이

"""

#개요: """

챗GPT나 스테이블 디퓨전 등의 생성형 AI가 빠르게 발전하고 사회 전체가 크게 변화하는 중입니다. 우리의 업무 처리 방법에도 당연히 혁신이 필요합니다. 이번에는 어떻게 하면 생성형 AI를 이용하여 자신의 창조성이나 생산성을 10배로 늘리는 10x 인재가 될 수 있을지, 구체적인 방법을 서비스 소개와 함께 설명하겠습니다.

"""

#발표자 프로필: """

주식회사 VASILY에서 그로스 해킹과 광고 사업을 담당하며 『가장 쉬운 그로스 해킹 교본』을 출간했습니다. 그 후 일본, 인도, 미국의 대기업 브랜드와 스타트업의 신규 사업 수립과 서비스 성장을 지원했습니다. 2017년에 XR/메타버스 분야의 스타트업 MESON을 창업했으며, 대기업 통신회사와 의류 브랜드 등의 공동 서비스 개발이나 독자 XR 프레임워크 개발 등의 사업을 진행했습니다. 지금은 생성형 AI 등의 첨단 기술과 제품 전략을 중심으로 여러 기업의 경영 고문을 담당하고 있습니다. WIRED, Forbes, 닛케이 크로스 트렌드 연재, 이미지 생성형 AI를 사업에서 활용하기 위한 워크숍 등 생성형 AI를 중심으로 다양하게 활동하는 중입니다.
"""

#대상 청중: """
스타트업 경영자
스타트업 프로젝트 관리자, 제품 관리자
스타트업 마케터
스타트업 영업직
대기업 신규 사업 담당
대기업 프로젝트 관리자
대기업 마케터
대기업 영업직
"""

(5) #Desired Format: """
1. 장 제목
  └ 하위 항목 제목
  └ 하위 항목 제목
  └ 하위 항목 제목
2. 장 제목
  └ 하위 항목 제목
  └ 하위 항목 제목
  └ 하위 항목 제목
3. 장 제목
  └ 하위 항목 제목
  └ 하위 항목 제목
  └ 하위 항목 제목
"""

챗GPT에 지시하는 요령 중 하나는, 챗GPT를 '아는 것은 많지만, 융통성은 전혀 없는 사회생활 1년 차 후배'라고 생각하는 것입니다. 이 이미지를 머릿속에 떠올리며 프롬프트 내용 설명을 이어 갑니다.

신입 사원에게 업무를 맡길 때, 우선 기대하는 역할이나 업무 성과를 전달할 겁니다. 이번 프롬프트에서도 **(1)**의 시작 부분에서 챗GPT에 기대하는 역할을 먼저 정의했습니다. "당신은 경험이 많은 프레젠테이션 크리에이터입니다."라는 문장으로 챗GPT에 기대하는 역할을 부여합니다. 부하 직원에게 지시할 때와 다른 점은 챗GPT일 때는 '경험이 풍부'나 '전문' 등의 높은 기술 수준을 나타내는 말을 포함하면 출력의 질이 높아진다는 점입니다.

그리고 부하 직원에게도 필요한 참고 정보를 제공해야 하듯이 챗GPT에도 필요한 정보를 **(2)**처럼 변수로 전달합니다. 제목이나 발표자 프로필, 개요, 대상 청중 등이 이에 해당합니다. 이러한 정보는 이벤트 페이지에 있는 정보나 평소 사용하는 프로필 문장이면 충분합니다.

그리고 신입 사원에게는 한 번에 완벽한 결과를 요구하기보다는, 지속적인 피드백을 통해 결과물을 개선하기를 원하듯이 챗GPT에도 생성한 결과를 더욱 개선하도록 지시하면 좋은 결과를 얻을 수 있습니다. **(3)** 부분에 쓴 "대상 청중이 생성한 결과에 더 많은 흥미를 느낄 수 있도록 개선 작업을 5번 반복하면서 스스로 내용을 업그레이드해 주세요."라는 지시가 이에 해당합니다.

또한, 신입 사원에게 업무를 맡길 때 "이번에는 이 관점을 중요하게 생각했으면 해요."라든가 "반대로 이런 방향은 피했으면 해요."처럼 방향성을 제시하는 것과 마찬가지로 앞서 스스로 개선할 때의 지표로 삼았던 특정 '채점 기준'을 바탕으로 자신이 생성한 결과를 자기 채점하면서 업그레이드하도록 챗GPT에 지시합니다. 이것이 **(4)** 부분으로, 여기서는 발표자의 전문 분야를 반영하거나 이벤트 취지에 맞는다면 긍정 평가, 표면적이거나 추상적이라면 부정 평가를 하도록 지시했습니다. 이렇게 하면 챗GPT에 바라는 방향이나 피했으면 하는 방향을 분명히 밝힐 수 있습니다.

마지막으로, 신입 사원에게 프레젠테이션 자료 등 특정 결과를 만들라고 할 때 대강의 구성도를 그리고 "이런 형식으로 작성해 주세요."라고 지시하는 것처럼 챗GPT에도 **(5)**처럼 '#Desired Format: (바라는 형식)'으로 챗GPT가 생성할 답변 형식을 지정합니다. 이 프롬프트에서는 장마다 번호를 붙이고 장마다 장 제목과 3개의 하위 항목을 만들도록 지시했습니다.

이 프롬프트를 입력했더니 챗GPT는 먼저 다음과 같은 답변을 생성했습니다. 보충 정보나 중요시했으면 하는 관점을 알리고 출력 형식을 지정한 만큼 처음에 본 대충 만든 프롬프트로 생성한 결과보다 훨씬 나은 결과를 얻었습니다.

게다가 이 프롬프트의 포인트는 챗GPT가 스스로 자신의 답변을 채점 기준에 따라 채점하면서 업그레이드하도록 지시했다는 점입니다. 챗GPT는 의외로 겸손한 태도를 보일 때가 흔하므로 처음 생성한 결과의 자기 채점은 100점 만점에 70점으로, 어디를 개선해야 할지도 직접 지적합니다. 그리고 지시한 횟수만큼 결과를 채점 기준에 따라 업그레이드합니다.

마지막으로 업그레이드를 거쳐 만들어진 답변은 상당히 유용한 내용입니다. 그러므로 필자는 강의 일정이 생긴다면 직접 내용을 고민하면서 동시에 이 프롬프트를 입력하고 출력한 챗GPT의 최종안과 스스로 낸 아이디어를 종합하여 강의 내용을 완성할 때가 흔합니다.

첫 번째 차례 구성

1. **도입부: 생성형 AI 시대의 도래**

   - 생성형 AI란 무엇인가?
   - 생성형 AI의 발전 역사
   - 현재 AI 기술의 동향과 미래 전망

2. **생성형 AI의 업무 활용 사례**

   - 문서 작성 및 자동화
   - 창의적 작업 지원
   - 데이터 분석 및 보고서 작성

3. **생성형 AI를 활용한 생산성 향상 전략**

   - 작업 자동화로 시간 절약
   - 데이터 기반 의사결정 지원
   - 팀 협업 도구로서의 AI 활용

4. **실제 도구와 플랫폼 소개**

   - 문서 작성 도구 (예: ChatGPT, Jasper)
   - 디자인 및 마케팅 도구 (예: Canva, Adobe Firefly)
   - 데이터 분석 도구 (예: Tableau, Power BI)

5. **실습 세션: 생성형 AI 활용하기**

   - 문서 작성 및 자동화 실습
   - 창의적 작업 실습
   - 데이터 분석 및 보고서 작성 실습

6. **한계와 윤리적 고려사항**

   - AI의 한계와 문제점
   - 데이터 프라이버시와 윤리적 고려사항

7. **Q&A 세션**

   - 청중 질문 시간
   - 주요 질문과 답변 정리

8. **결론 및 요약**

   - 강의 내용 요약
   - 생성형 AI의 중요성 강조
   - 미래 전망과 추가 학습 자료 제공

첫 번째 개선 작업

개선 방향:

- 청중이 흥미를 느낄 수 있도록 사례를 중심으로 구성 강화
- 발표자의 경험을 바탕으로 한 구체적 사례 추가

점수: 85점

평가:

- 대상 청중의 흥미를 끌 만한 내용이 많지만 발표자의 경험이 좀 더 구체적으로 반영되면 좋을 것 같다.

(중략)

---

6. **한계와 윤리적 고려사항**

   - AI의 한계와 문제점
   - 데이터 프라이버시와 윤리적 고려사항

7. **Q&A 세션**

   - 청중 질문 시간
   - 주요 질문과 답변 정리

8. **결론 및 요약**

   - 강의 내용 요약
   - 생성형 AI의 중요성 강조
   - 미래 전망과 추가 학습 자료 제공

개선 방향:

- 사례 중심의 구체적 사례 추가
- 발표자의 경험과 관련된 구체적 사례 추가

점수: 100점
평가:

- 대상 청중의 흥미를 끌 만한 구체적 사례가 추가되었고, 발표자의 경험과 관련된 사례도 충분히 반영되었다. 더 이상의 개선 필요 없음.

앞서 본 것처럼 많은 사람이 사용하는 대충 만든 프롬프트의 결과와, 필자가 평소 사용하는 프롬프트로 생성한 결과의 2가지 답변을 봐도 차이를 쉽게 알 수 있습니다. 생성형 AI의 대표격이며 입문 도구이기도 한 챗GPT 하나만 보더라도 생성형 AI를 어떻게 활용하는지에 따라 그 결과도 무척 다양하며 수준도 높습니다. 제대로 지시를 내리기만 한다면 그 결과는 우리가 예상하는 것보다 훨씬 우수합니다.

이에 지금부터는 생성형 AI의 능력을 최대한으로 이끌어 내면서 업무 효율을 눈에 띄게 높이는 AI 서비스나 기법 등을 알아봅니다.

생성형 AI 활용의 기초: 프롬프트

현재 단계에서 생성형 AI와 특히 잘 어울리는 업무 분야로는 **(1)** 자료 조사, **(2)** 글쓰기, **(3)** 의사소통, **(4)** 아이디어 기획, **(5)** 서비스 설계, **(6)** 코딩 등 6가지를 들 수 있습니다. **(6)** 코딩과 관련해서는 현재 챗GPT와 코딩 지원 서비스인 깃허브 코파일럿_{GitHub Copilot}을 활용하면 생산성을 크게 높일 수 있습니다. 따라서 여기서는 코딩을 제외한 5가지 분야에서 다양한 도구를 활용하는 기법과 함께 살펴봅니다.

① 자료 조사	② 글쓰기
③ 의사소통	④ 아이디어 기획
⑤ 서비스 설계	⑥ 코딩

지금부터 다양한 분야에 활용할 수 있는 범용성이 높은 챗GPT 활용 방법을 중심으로 소개합니다. 먼저 그 기초가 되는 챗GPT 프롬프트 기법 6가지를 알아볼까요?

2.1 챗GPT 프롬프트 6가지 기술

다양한 챗GPT 프롬프트 기법이 등장했지만, 결국 프롬프트 기법은 다음과 같은 6가지로 요약할 수 있으므로 생각보다 간단합니다. 게다가 이 중 대부분은 앞서 [1. 당신의 프롬프트 vs. 좋은 프롬프트]에서 이미 소개한 것으로, 독자 여러분은 프롬프트 기법 대부분을 이미 배운 상태입니다.

직접 독창적인 프롬프트를 만들 때도 이러한 기법을 즉시 활용할 수 있도록 다음과 같이 표로 프롬프트 기법의 기초를 정리했습니다. 이 내용만 올바르게 이해하더라도 복잡한 처리를 포함한 대부분의 프롬프트를 작성할 수 있을 겁니다.

기법	예
시작 부분에 역할을 정의한다.	(보도자료 문장을 생성하고 싶을 때) 당신은 경험이 많은 홍보 담당자입니다.
#변수를 이용하여 자세한 정보와 조건을 지정할 때는 """ 등의 기호나 마크다운 표 기법을 이용한다.	다음 #이벤트 상세를 반영하여 이벤트를 설계해 주세요. #이벤트 상세: """{이곳에 상세 내용을 입력}"""
입력에 필요한 정보는 챗GPT에 먼저 확인한다.	사업 계획서를 만들어 주세요. 먼저 이에 필요한 정보를 알려주세요.
출력 양식을 지정한다.	#Desired Format: """ {이곳에 원하는 형식을 지정} """
스스로 결과를 반복 개선하라고 시킨다.	#대상 청중이 더 많은 흥미를 느낄 수 있도록 생성한 이벤트 차례를 5번 반복 개선하면서 스스로 업그레이드해 주세요.
좋은 결과의 기준을 제시한다.	다음 #채점 기준에 따라 점수가 높아지도록 생성해 주세요. #채점 기준: """ {중요하다고 생각하는 긍정 평가와 부정 평가 항목을 정리} """

첫 번째, 시작 부분에서 역할을 정의합니다. 챗GPT의 역할을 명확히 할수록 정돈된 고품질의 결과물이 출력됩니다. 챗GPT에 보도자료를 요청할 때라면 시작 부분에 "당신은 경험이 많은 홍보 담당자입니다."라는 문장을 추가

합니다. 그러면 챗GPT가 경험이 많은 홍보 담당자가 되어 사용 확률이 높은 말을 생성하므로 답변의 정밀도가 높아지리라 기대할 수 있습니다.

두 번째, 업무를 실행할 때 필요한 상세 정보를 변수로 챗GPT에 전달합니다. 앞서 본 예처럼 변수 이름 앞에 # 등의 기호를 붙이거나 변수 내용을 " " "(큰따옴표 세 개)로 감싸 챗GPT가 쉽게 인식할 수 있도록 지시하는 것이 중요합니다. 이용할 기호는 뭐든 상관없으나 일반적으로는 앞서 본 예처럼 작성할 때가 흔합니다. 또한, 특정 조건에 따라 생성했으면 할 때는 이 조건을 변수 안에 항목 형식으로 전달하면 좋습니다.

세 번째, 입력에 필요한 정보 역시 챗GPT에 묻는 기법입니다. 필요한 정보를 변수로 전달하는 방법에 익숙하지 않다면 어떤 정보를 전달해야 할지 망설여지기도 할 겁니다. 이럴 때는 필요한 정보가 무엇인지 챗GPT에 직업 물어보면 됩니다.

사업 계획서를 생성할 때를 예로 들어 볼까요? "사업 계획서를 작성해 주세요. 먼저 이에 필요한 정보를 알려주세요."라고 입력합니다. 그러면 챗GPT가 사업 계획서에 필요한 항목을 알려주므로 이 항목을 변수로 설정하고 이를 바탕으로 사업 계획서를 생성하도록 챗GPT에 지시합니다. 이 일련의 동작을 추가하는 것만으로도 원하는 답변에 가까워질 겁니다.

네 번째, 출력 형식을 지정합니다. 챗GPT에 지시할 때 항목이나 표 형식으로 지정하면 처음부터 형식에 맞는 결과를 출력합니다. 실제 프롬프트에서는 #Desired Format이나 #출력 형식 등을 " " " 기호 안에 입력하고 원하는 형식을 적으면 됩니다.

다섯 번째, 챗GPT에 결과를 반복하도록 하여 그 내용을 스스로 개선하도록 하는 기법입니다. "대상 청중이 더 많은 흥미를 느낄 수 있도록 생성한 내용을 5번 반복하여 개선하면서 스스로 업그레이드해 주세요."라고 지시하면 챗GPT가 스스로 내용을 개선합니다.

여섯 번째, 어떤 것이 좋은 결과인지 그 기준을 제시하는 것입니다. 챗GPT에 생성 결과를 스스로 개선하도록 할 때도 "다음 채점 기준에 따라 점수가 높아지도록 개선을 반복해 주세요."라며 중요한 점과 피해야 할 점을 항목으로 제시합니다. 이렇게 하면 생성이나 개선 방향성을 제어할 수 있습니다.

지금까지 살펴본 기법을 바탕으로 업무별 기법을 자세히 알아봅니다.

업무별 기법 1

자료 조사

기법 1.1 검색의 효율화: 퍼플렉시티 AI

자료를 조사할 때는 먼저 어떤 생성형 AI 도구를 사용할지가 중요합니다. 사용할 수 있는 주요 생성형 AI 서비스로는 다음 그림처럼 여러 개가 있으나, 자료 조사라면 퍼플렉시티 AI_{Perplexity AI}를 추천합니다.

웹에서 정보를 검색하는 챗GPT의 웹 브라우징 기능이나 GPT를 활용한 검색 엔진 Bing AI, 구글이 제공하는 제미나이_{Gemini} 등과 비교해도 자료 조사가 전문인 퍼플렉시티 AI가 정보 수집 능력이나 답변 정확도 등의 면에서 훨씬 유용합니다.

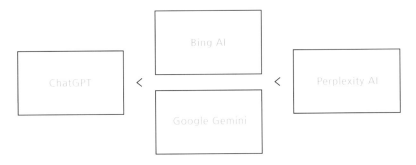

퍼플렉시티 AI는 화면에 표시된 텍스트 상자에 "게임 업계에서 사용할 수 있는 생성형 AI 서비스에는 어떤 것이 있나요?" 등의 질문을 입력하면 우선 그 입력 내용을 바탕으로 검색 키워드를 3개 정도 제안합니다. 그리고 이 키워드로 검색하여 일치하는 30개 정도의 관련 글을 순식간에 읽고 사용자가 어떤 정보에 관심이 있는지를 묻는 체크박스를 자동으로 생성하여 제시합니다. 사용자가 이 체크박스에 답하면 확인한 사용자의 관심 분야와 관련한 글을 읽고, 이를 통해 얻은 정보를 바탕으로 검색 결과를 반환합니다.

● 퍼플렉시티 AI Perplexity AI

출처: Perplexity AI (https://www.perplexity.ai)

퍼플렉시티 AI는 기본적으로 원출처의 글 내용을 인용하는 형태로 답변을 생성하므로 할루시네이션Hallucination*이라 부르는 'AI의 거짓말' 현상이 일어날 확률이 다른 AI 서비스보다 낮다는 것이 특징입니다.

또한, 답변한 각 문장에는 근거가 되는 정보원(출처 링크)을 표시합니다. 그러므로 링크한 글 등을 통해 사실을 확인하기 쉽고 더 자세한 내용을 조사할 수도 있으므로 자료를 검색할 때 상당히 편리합니다. 더불어 퍼플렉시티 AI는 모국어로 사용할 수도 있으나, 이때는 모국어 기사만을 참조하여 답변을 생성합니다. 이에 필자는 외국의 정보까지 폭넓게 수집하고자 AI 번역 도구인 딥엘DeepL을 이용하여 주로 영어로 검색합니다.

기법 1.2 **모국어로 검색한다면: 구글 제미나이**

모국어로 간단한 내용을 검색할 때는 구글 제미나이Gemini도 편리합니다. 다음 그림은 제미나이에 "tvN과 Netflix의 주요 KPI(핵심성과지표)를 비교해 주세요."라고 입력한 결과입니다.

구글 제미나이가 인터넷에 공개된 결산 정보 등을 읽어 주요 지표를 직접 설정하고 이를 바탕으로 2가지 서비스를 분석합니다. 이처럼 구글 제미나이는 특정 주제를 간단하게 분석하여 표로 정리하는 등의 용도로 활용할 수 있습니다.

---

* 할루시네이션은 AI가 정보를 출력해내는 과정에서 발생하는 오류로, 의도적으로 생성되는 허위 정보를 마치 '사실'처럼 말하는 현상입니다.

출처: 구글 Gemini (https://gemini.google.com)

기법 1.3 긴 PDF 요약: GPT-4의 PDF 읽기 기능 활용

자료를 검색할 때 논문이나 관공서, 컨설팅 회사가 발행한 보고서 등의 PDF 자료를 찾을 때가 흔합니다. 이러한 PDF 자료를 전부 읽기에는 시간이 걸립니다. 이럴 때는 챗GPT의 PDF 읽기 기능을 활용하는 것이 좋습니다. 챗 GPT에서 GPT-4 모델을 선택하고 텍스트 입력 영역 옆의 파일 올리기 버튼을 이용하여 PDF 자료를 업로드하면 파일 내용 요약이나 분석 등을 지시할 수 있습니다.

개요뿐 아니라 더 자세한 내용을 알고 싶다면, 자세한 내용을 챗GPT에 질문하면 됩니다. 챗GPT는 읽은 PDF 내용을 바탕으로 답변을 생성합니다.

● 입력 프롬프트

당신은 우수한 논문 해설자입니다.

첨부한 논문을 요약해 주세요.
이때 다음 #Desired Format처럼 5가지 정도의 주요 항목을 제목으로 하여 그 아래에 주요 내용을 3개 항목 정도로 출력해 주세요.

또한, 출력은 한글로 해주세요.

#Desired Format: """
제목
- 주요 정보
- 주요 정보
- 주요 정보
"""

● 챗GPT 생성 결과

논문을 요약한 내용은 다음과 같습니다:

생성형 AI의 의의 및 연혁
- 생성형 AI는 기존 데이터 학습을 통해 새로운 콘텐츠를 생성하는 기술입니다.
- 1950년 앨런 튜링의 논문에서 시작하여, 1960년대의 엘리자, 1980년대의 순환 신경망 등 여러 발전 과정을 거쳤습니다.
- 최근에는 텍스트, 오디오, 이미지, 영상 등 다양한 분야에서 생성형 AI가 사용되고 있습니다.

생성형 AI 저작권 침해 이슈
- Getty Images v. Stability AI: 게티 이미지가 스태빌리티 AI를 상대로 저작권 침해 소송을 제기하였습니다.
- Sarah Silverman et v. Open AI et: 사라 실버먼 등 예술가들이 오픈 AI와 메타를 상대로 저작권 침해 소송을 제기하였습니다.
- Universal Music et. v. Anthropic AI: 음악 출판업계가 앤트로픽을 상대로 저작권 침해 소송을 제기하였습니다.

생성형 AI 관련 규율 방안
- 저작자에 관한 사항: 생성형 AI 콘텐츠의 저작자를 누구로 볼 것인지에 대한 논의가 필요합니다.
- 학습데이터 이용에 관한 사항: 생성형 AI의 학습용 데이터 이용 범위를 규정해야 합니다.
- 퍼블리시티권 침해에 관한 사항: 예술가들의 이름과 스타일을 사용한 생성형 AI 콘텐츠의 퍼블리시티권 침해 여부를 다룹니다.

한계와 윤리적 고려사항
- 생성형 AI의 법적 규제가 명확하지 않아 저작권 분쟁이 증가하고 있습니다.
- 저작권 침해 및 공정 이용 문제, 예술가들의 창작 의욕 위축 등이 주요 이슈입니다.
- 데이터 프라이버시와 윤리적 문제도 중요한 고려 사항입니다.

결론
- 생성형 AI는 창작물 제작 방식에 혁신을 가져왔으나 법적 규율이 필요합니다.
- 생성형 AI 콘텐츠의 저작자 및 저작권자 개념 정립이 시급합니다.
- 학습데이터 이용 및 퍼블리시티권 침해 등에 대한 명확한 규정이 필요합니다.

(사용한 논문은 정윤경, 「생성형 AI 확산과 저작권 규율 방안」, 인하대학교 법학연구소, 2023)

기법 1.4 여러 개의 글을 다룬다면: 챗GPT의 웹파일럿 플러그인

웹에서 자료를 검색할 때 확인해야 할 글이 많다면 이 모두를 읽기에는 너무 오래 걸립니다. 이럴 때는 웹상의 글을 읽는 챗GPT 플러그인 웹파일럿 WebPilot을 사용하면 편리합니다. 웹파일럿 플러그인을 활성화하고 다음과 같이 여러 개의 글 URL을 첨부한 다음, 이를 요약하고 통합한 결과를 출력하도록 지시합니다.

그러면 각 글의 중요 사항을 항목으로 출력하고 모든 내용을 참고하여 나름의 관점에서 결과도 생성합니다. 이 내용을 읽으면 빠르게 자료를 검색할 수 있을 뿐 아니라 시간을 들여 따로 읽을 글을 구분하고 스스로의 의견을 정리하기 위한 통찰을 얻는 등, 다양하고 복잡한 작업을 짧은 시간 내에 할 수 있습니다.

● 입력 프롬프트

 다음 3개 URL의 글을 읽고 중요 사항을 항목으로 한글로 정리해 주세요.
또한, 이 모든 글을 읽고 내린 결론을 정리해 주세요.
https://a16z.com/the-neverending-game-how-ai-will-create-a-new-category-of-games/
https://a16z.com/the-generative-ai-revolution-in-games/
https://a16z.com/the-generative-ai-revolution/

챗GPT 생성 결과

사이트 1개 검색함

주요 사항 정리:

The NeverEnding Game: How AI Will Create a New Category of Games
- **Generative Agents**: AI를 통해 더 생동감 있는 에이전트를 만들어 시뮬레이션 게임의 몰입감을 높임.
- **Personalization**: AI를 활용해 캐릭터, 아이템, 대화 등을 개인 맞춤형으로 생성하여 게임 경험 향상.
- **AI Narrative Storytelling**: AI를 사용해 더 개인화된 스토리를 제공하여 플레이어의 참여를 증대.
- **Dynamic World Building**: AI를 통해 실시간으로 변화하는 게임 세상을 만들어 더 몰입감 있는 환경 제공.
- **AI Copilot**: 게임 플레이어를 도와주는 AI 동반자 도입으로 더 풍부한 게임 경험 제공.

The Generative AI Revolution in Games
- **AI for Content Creation**: AI를 통해 게임 개발의 속도와 효율성을 높임.
- **Procedural Generation**: AI를 이용해 게임 내 레벨과 콘텐츠를 자동으로 생성하여 다양성 증대.
- **Player Agency**: AI를 통해 플레이어가 게임 내에서 더 큰 영향력을 행사할 수 있도록 지원.
- **Enhanced Immersion**: AI가 생성한 콘텐츠로 게임의 몰입감을 극대화.
- **New Game Genres**: AI를 활용한 새로운 게임 장르의 등장 가능성.

The Generative AI Revolution
- **Efficiency in Creation**: AI가 콘텐츠 제작 과정의 효율성을 높여 더 빠르게 개발 가능.
- **Personalization and Customization**: 개인 맞춤형 콘텐츠 생성으로 사용자 경험 향상.
- **Scalable Creativity**: AI를 통해 대규모 창의적 작업이 가능해짐.
- **Interdisciplinary Applications**: 다양한 분야에서 AI가 창의적 솔루션 제공.
- **Ethical and Legal Considerations**: AI 사용에 따른 윤리적, 법적 문제 해결 필요성.

결론

생성형 AI는 게임 개발과 사용자 경험을 혁신적으로 변화시킬 잠재력을 가지고 있습니다. AI는 더 몰입감 있는 게임 세계를 만들고, 개인 맞춤형 경험을 제공하며, 새로운 게임 장르를 창출할 수 있습니다. 그러나 AI 사용에는 윤리적, 법적 문제도 고려해야 합니다. 앞으로의 게임 산업에서 AI의 역할은 점점 더 중요해질 것입니다.

기법 1.5 학술 자료 검색: 사이트

학술 논문을 자료로 조사해야 할 때도 있습니다. 이처럼 학술 자료를 검색할 때 유용한 것이 사이트scite(미국 Scite사)라는 서비스입니다.

사용자의 질문에 학술 논문만을 정보원으로 참조하여 답변을 생성한다는 것이 사이트scite의 특징입니다. 퍼플렉시티 AI와 마찬가지로 사이트scite에서도 답변 문장별로 참조한 논문을 표기하므로 사실을 확인하기 쉽고 학술 자료를 검색하기에도 쉽습니다.

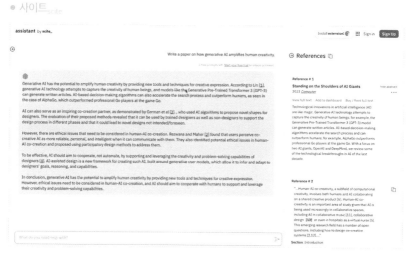

업무별 기법 2

글쓰기

챗GPT 등 생성형 AI는 특히 글쓰기 업무에 적합합니다. 그러나 서툰 프롬프트로 지시하여 생성된 문장은 얼핏 보면 좋아 보이지만, 실제 업무에는 사용할 수 없을 때가 흔합니다.

이에 소개하고 싶은 것이 챗GPT가 높은 품질과 원하는 방향의 문장을 출력하도록 하는 이른바 '황금 흐름'입니다.

챗GPT에 글쓰기를 지시할 때는 앞서 설명한 스스로 개선하는 프롬프트를 이용하여 구성하는 것부터 시작하는 것이 좋습니다. 그리고 구성 단계에서 바라는 출력과 챗GPT 출력의 차이를 최소화하면 실무에 사용하기에 부족하지 않은 결과를 얻을 수 있습니다.

그러면 단계별 기법을 구체적으로 살펴봅시다.

1단계 챗GPT 자가 개선 프롬프트로 내용 구성하기

먼저 [2.1 챗GPT 프롬프트 6가지 기술]에서도 설명했던 '챗GPT가 스스로 내용을 반복하여 개선하도록 하는 프롬프트'를 활용하여, 챗GPT에 글의 구성안을 생성하도록 합니다.

다음 프롬프트는 자기 개선 프롬프트를 이용하여 내용을 구성하도록 한 예입니다. 이번 예에서는 '대기업이 생성형 AI를 도입해야 하는 이유와 구체적인 도입 순서'라는 주제로 구성을 생성합니다.

먼저 챗GPT의 역할을 '경험이 많은 비즈니스 라이터business writer'라고 설정하고 주제나 대상 독자 등의 변수를 지정합니다. 자기 개선 지시와 함께 채점 기준을 명시하여 챗GPT가 구성안을 업그레이드하는 방향성도 함께 제시합니다.

214

당신은 경험이 많은 비즈니스 라이터입니다.

다음을 #주제로 웹 미디어에 실을 글 구성을 만들어 주세요.
글 구성 양식은 다음 #Desired Format을 따라 주세요.

그리고 생성한 글을 #대상 독자가 더 많은 흥미를 느낄 수 있는 내용이 되도록 **5번 개선을 반복하면서 스스로 업그레이드**해 주세요.

또한, 개선할 때마다 다음 #채점 기준으로 직접 평가하고 점수를 알려주세요 (100점 만점).

#주제: """
대기업이 생성형 AI를 도입해야 하는 이유와 구체적인 도입 순서
"""

#Desired Format: """
0. 시작하며
  └ {본 장의 개요를 1~2개 문장으로}
1. 장 제목
  └ {본 장의 개요를 1~2개 문장으로}
2. 장 제목
  └ {본 장의 개요를 1~2개 문장으로}
3. 장 제목
  └ {본 장의 개요를 1~2개 문장으로}
4. 끝내며
  └ {본 장의 개요를 1~2개 문장으로}
"""

#대상 독자: """
- 대기업 신규 사업 담당자
- 대기업 디지털 전환(DX) 담당자

다음은 실제 생성 결과입니다. 강의 기획 예에서도 살펴보았듯이 첫 번째 생성 결과를 대상으로 챗GPT가 스스로 자기검열하며 업그레이드를 반복합니다.

이때 구성까지만 생성하고 일단 멈춘다는 점이 중요합니다. 처음부터 최종 결과물을 완성하도록 하면 사소한 방향성 차이가, 바라는 결과물과는 전혀 달라지는 아주 큰 차이를 만듭니다. 결과적으로는 실무에 사용할 수 없는 결과물이 됩니다. 구성 생성 단계에서 중지하고 큰 차이는 없는지 지시문을 검토하거나 세세한 구성을 수정하고 나서 다음 단계에서 전체 글을 생성하도록 하면 결과적으로 바라는 바와 크게 다르지 않은 결과를 얻을 수 있습니다.

● 챗GPT 생성 결과

 첫 번째 구성

0. 시작하며
- 대기업이 생성형 AI를 도입해야 하는 이유와 도입 순서를 소개합니다.

1. 생성형 AI의 필요성
- 대기업이 생성형 AI를 도입해야 하는 이유와 그 필요성에 대해 설명합니다.
- 비용 절감, 효율성 증대, 혁신 기회 등 구체적인 이유를 제시합니다.

2. 생성형 AI 도입의 장점
- 생성형 AI 도입으로 얻을 수 있는 주요 장점들을 설명합니다.
- 생산성 향상, 데이터 분석 능력 강화, 개인 맞춤형 서비스 제공 등 구체적인 사례를 제시합니다.

3. 생성형 AI 도입의 단계
- 대기업이 생성형 AI를 도입할 때 따라야 할 구체적인 단계를 소개합니다.
- 단계별로 필요한 준비 작업과 주의사항을 설명합니다.

4. 끝내며
- 생성형 AI 도입의 중요성과 그로 인한 변화를 강조하며 마무리합니다.
- 대기업이 미래에 대비하기 위해 생성형 AI 도입을 적극 검토해야 함을 제안합니다.

평가: 80점
긍정 평가:

- 필요성과 장점을 명확히 제시
- 도입 단계 설명 포함
  부정 평가:
- 구체적인 사례 부족
- 독창성 부족

(중략)

다섯 번째 구성

0. 시작하며
- 생성형 AI의 중요성과 대기업 도입의 필요성을 간단히 소개합니다.

1. 생성형 AI의 필요성
- 대기업이 생성형 AI를 도입해야 하는 이유를 구체적으로 설명합니다.
- 시장 경쟁력 강화, 운영 효율성 증대, 고객 맞춤형 서비스 제공 등 사례를 제시합니다.

2. 생성형 AI 도입의 장점
- 생성형 AI 도입 시 기대할 수 있는 주요 장점을 설명합니다.
- 비용 절감, 데이터 활용 극대화, 혁신적 비즈니스 모델 창출 등 구체적 예시를 포함합니다.

3. 생성형 AI 도입의 단계
- 생성형 AI 도입 시 단계별로 필요한 절차를 설명합니다.
- 준비 작업, 파일럿 프로젝트 실행, 전사적 도입 등 각 단계를 세부적으로 다룹니다.

4. 끝내며
- 생성형 AI 도입의 중요성을 재강조하며, 미래 비즈니스 환경에서의 필수성을 강조합니다.
- 대기업이 변화에 선제적으로 대응하기 위한 전략으로 생성형 AI 도입을 권장합니다.

평가: 100점
긍정 평가:

- 구체적인 사례와 예시 추가
- 단계별 절차 구체화
  부정 평가:
- 독창성 부분 보강 필요

　다음으로, 챗GPT가 생성한 구성을 바탕으로 전체 글을 쓰도록 하는 프롬
프트를 살펴봅시다.

　구성안을 생성할 때와 마찬가지로 시작 부분에 역할을 정의하고 글 주제
를 변수로 지정한 다음, 이번에는 앞서 생성한 글 구성과 글쓰기 규칙 2가지
를 변수로 전달합니다. 글 구성은 앞서 설명한 대로 세세한 조정을 거친 후 전
달합니다. 그리고 실무에서는 기업 고유의 글쓰기 규칙이 있을 때가 흔하므
로 이 지시도 함께 전달합니다. 예를 들어, 문체는 문어체인지, 구어체인지, 경
어체인지, 평어체인지 등의 규칙입니다. 미리 이러한 규칙을 지정하면 회사에
서 사용하는 문서 양식 및 규칙이나 사내 문서 규정에 따른 문장을 챗GPT
가 생성하도록 할 수 있습니다.

● 입력 프롬프트

당신은 경험이 많은 비즈니스 라이터입니다.

다음을 #주제로 웹 미디어에 실을 글 구성을 만들어 주세요.
이때는 다음 #규칙을 따라 글을 써 주세요.

#주제: """
대기업이 생성형 AI를 도입해야 하는 이유와 구체적인 도입 순서
"""

#글 구성: """
0. 시작하며
　└ 현대 대기업은 변화하는 시장에서 경쟁력을 유지하고 성장하기 위해 생성형
AI를 도입해야 합니다.

1. 생성형 AI의 개념과 중요성

└ 생성형 AI는 대량의 데이터를 기반으로 자동으로 콘텐츠를 생성하고 예측 분석을 수행하는 인공지능 기술입니다. 이는 비즈니스 프로세스 혁신과 효율성 향상에 중요한 역할을 합니다.

2. 생성형 AI의 장점과 이점

└ 생성형 AI의 도입은 비즈니스 프로세스 자동화, 개인화된 고객 경험 제공, 빠른 의사 결정 등 다양한 이점을 제공합니다. 이를 통해 대기업은 시장 변화에 빠르게 대응할 수 있습니다.

3. 생성형 AI 도입 순서

└ 1) 비즈니스 목표 설정: 도입 목적과 비즈니스 목표를 명확히 정의합니다. 2) 리소스 평가와 팀 구성: 내부 리소스와 외부 전문가를 평가하고 효율적인 팀을 구성합니다. 3) 플랫폼 선택과 구현: 생성형 AI 플랫폼을 신중히 선택하고 구현합니다. 4) 테스트와 최적화: 시스템을 테스트하고 성능을 최적화하여 안정성을 확보합니다. 5) 교육과 훈련: 조직 내에서 생성형 AI 기술을 활용할 수 있는 능력을 향상시키기 위한 교육과 훈련을 시행합니다.

4. 끝내며

└ 생성형 AI의 도입은 대기업이 혁신과 성장을 이루는 데 필수적입니다. 효과적인 도입 전략을 통해 비즈니스 프로세스를 최적화하고 경쟁력을 강화할 수 있습니다.
"""

#규칙: """
- 기업에서 사용하는 문장이므로 문어체로 써 주세요.
- 경어체가 아닌 평어체로 써 주세요.
- 적당한 곳에서 줄 바꿈 하고 행 사이에 공간을 넣어 시각적으로 읽기 쉽게 써 주세요.
- """!"""는 사용하지 마세요.
"""

대기업이 생성형 AI를 도입해야 하는 이유와 구체적인 도입 순서

0. 시작하며

현대 대기업은 변화하는 시장에서 경쟁력을 유지하고 성장하기 위해 생성형 AI를 도입해야 한다.

1. 생성형 AI의 개념과 중요성

생성형 AI는 대량의 데이터를 기반으로 자동으로 콘텐츠를 생성하고 예측 분석을 수행하는 인공지능 기술이다. 이는 비즈니스 프로세스 혁신과 효율성 향상에 중요한 역할을 한다.

2. 생성형 AI의 장점과 이점

생성형 AI의 도입은 비즈니스 프로세스 자동화, 개인화된 고객 경험 제공, 빠른 의사 결정 등 다양한 이점을 제공한다. 이를 통해 대기업은 시장 변화에 빠르게 대응할 수 있다.

3. 생성형 AI 도입 순서

1. **비즈니스 목표 설정**: 도입 목적과 비즈니스 목표를 명확히 정의한다.
2. **리소스 평가와 팀 구성**: 내부 리소스와 외부 전문가를 평가하고 효율적인 팀을 구성한다.
3. **플랫폼 선택과 구현**: 생성형 AI 플랫폼을 신중히 선택하고 구현한다.
4. **테스트와 최적화**: 시스템을 테스트하고 성능을 최적화하여 안정성을 확보한다.
5. **교육과 훈련**: 조직 내에서 생성형 AI 기술을 활용할 수 있는 능력을 향상시키기 위한 교육과 훈련을 시행한다.

4. 끝내며

생성형 AI의 도입은 대기업이 혁신과 성장을 이루는 데 필수적이다. 효과적인 도입 전략을 통해 비즈니스 프로세스를 최적화하고 경쟁력을 강화할 수 있다.

3단계 문체를 학습시킨 후 글쓰기 지시하기

챗GPT 플러그인 중에는 첨부한 URL 내용을 읽는 웹파일럿WebPilot이나 링크리더LinkReader 등이 있습니다. 이러한 플러그인을 사용하면 자사에서 사용하는 문체를 학습하여 글을 쓰도록 할 수 있습니다.

다음 프롬프트는 특정 언론사의 기사 링크 여러 개를 첨부하여 근거가 되는 문장과 함께 문체 특징을 항목으로 정리하도록 지시해 보았습니다.

당신은 우수한 문체 분석가입니다.

다음 참고 URL의 기사는 모두 같은 회사에서 집필한 것입니다.

이 기업의 문체를 분석하여 그 특징을 항목으로 정리해 주세요.
이때 문체 특징의 근거가 되는 실제 문장도 함께 인용해 주세요.

#참고 URL:
http://www.newspenguin.com/news/articleView.html?idxno=17196
http://www.newspenguin.com/news/articleView.html?idxno=17179

그 결과, 다음과 같이 필자의 문장 스타일을 글로 표현했습니다. 이번 예제에서는 필자 개인의 글을 대상으로 했지만, 실제 매체에 실린 여러 가지 글을 첨부하여 실행해 보면 글로 표현한 수준에 놀랄 겁니다. 이를 자사의 과거 글을 대상으로 실행하면 자사 매체에서 사용하는 문체와 말투 및 어조를 글로 생성하여 표현할 수 있습니다.

● 챗GPT 생성 결과

 사이트 2개 검색함

뉴스펭귄 문체 분석

1. **정보 전달의 명확성과 간결함**
   - 근거 문장: "인공지능 챗봇이 동식물이 멸종하는 원인이 무엇이냐는 질문에 기후변화가 그 이유 중 하나라고 답했다."
     - **특징**: 기사의 주요 정보를 간결하고 명확하게 전달하며, 복잡한 설명을 피하고 직관적인 문장을 사용합니다.
2. **전문가 의견과 데이터를 통한 신뢰성 확보**
   - 근거 문장: "챗GPT는 '우리나라가 기후변화 대응을 위해 노력하고 있지만 완벽하지는 않다'고 언급했다."
     - **특징**: 기사에서 인용된 전문가 의견이나 데이터를 사용하여 내용의 신뢰성을 높입니다.
3. **구체적 사례와 설명을 통한 이해도 증진**
   - 근거 문장: "서식지 파괴: 개발, 도시화, 농업 확장 등으로 인해 동식물의 자연 서식지가 줄어들고 파괴됩니다."
     - **특징**: 독자가 쉽게 이해할 수 있도록 구체적인 사례와 설명을 제공하여 정보를 전달합니다.
4. **독자의 관심을 끌기 위한 질문형 제목 사용**
   - 근거 문장: "왜 많은 동물과 식물이 자꾸 멸종할까?"
     - **특징**: 기사 제목이나 중간 제목에 질문 형식을 사용하여 독자의 관심을 끌고, 기사의 내용을 탐구하게 만듭니다.
5. **다각적인 접근을 통한 포괄적 정보 제공**
   - 근거 문장: "기후변화를 막기 위해서는 개인, 기업, 정부가 모두 협력하여 다양한 조치를 취해야 합니다."
     - **특징**: 다양한 관점에서 문제를 접근하고, 해결책을 제시함으로써 포괄적이고 균형 잡힌 정보를 제공합니다.

그리고 매체의 문체와 말투 및 어조를 표현할 수 있다는 것은 앞서 소개한 구성을 이용하여 전체 글을 쓸 때 자사의 매체에서 사용한 문체와 말투 및 어조를 따르는 형태로 글을 쓰도록 할 수 있다는 뜻입니다.

● 자사의 매체에서 사용한 문체를 반영하도록 한 프롬프트 문장

 {2단계에서 소개한 프롬프트를 이곳에 입력}

이때 다음 URL의 글 문체와 어조를 참고로 글을 써 주세요.

#참고 URL: """
{글 URL을 이곳에 넣기}
{글 URL을 이곳에 넣기}
{글 URL을 이곳에 넣기}
"""

챗GPT에 글쓰기를 부탁했더니 "내용은 올바르지만, 사내에서 사용하는 문체와 다른데?"라는 경우가 흔할 겁니다. 이럴 때는 문체를 학습하는 과정을 포함하면 더 현실적인 문장에 가까워집니다. 이뿐만 아니라, 글로 나타낸 문체의 특징은 사내 글쓰기 매뉴얼로 활용할 수도 있습니다.

여기서 소개한 황금 흐름 프롬프트의 내용을 조정한다면 같은 요령으로 웹 매체에 실을 글이나 사내 문서, 보도자료 문장 등 다양한 문장을 생성할 수 있습니다. 어떤 직종이나 직위든 회사 안팎을 대상으로 글을 쓸 기회가 많을 겁니다. 꼭 활용해 보세요.

업무별 기법 3

의사소통

비즈니스에서 의사소통이 필요한 순간은 다양합니다. 이번에는 회사 안팎 업무의 의사소통 효율화를 꾀하는 기법을 알아봅니다.

`기법 3.1` 회의 녹취: 위스퍼

의사소통 관련 기법으로 먼저 소개할 것은 OpenAI가 개발한 음성 인식 모델 위스퍼~Whisper~를 이용한 회의 녹취입니다.

위스퍼는 1시간 동안 진행된 회의를 녹음했을지라도 단 5분만 있으면, 녹취록을 완성합니다. 불러온 음성 데이터의 질이나 사용한 언어 등에 따라 다룰 수는 있지만, 깨끗하게 녹음된 음성이라면 텍스트 변환에 실수가 없을 정도로 정확합니다. 비용은 API 통신 요금을 포함하더라도 1시간 분량에 500원 정도입니다. 사람이 직접 녹취를 기록할 때의 비용(수만 원~몇십만 원)과 비교하면 몇백 분의 1에 불과합니다.

● 위스퍼~Whisper~

Introducing Whisper

We've trained and are open-sourcing a neural net called Whisper that approaches human level robustness and accuracy on English speech recognition.

🗋 READ PAPER

⟨⟩ VIEW CODE

🗐 VIEW MODEL CARD

Whisper examples: Speed talking ⌄

▶

REVEAL TRANSCRIPT

출처: Whisper (https://openai.com/research/whisper)

위스퍼Whisper는 기본적으로 API를 이용하므로 기술자가 아닌 사람이 볼 때는 얼핏 어려워 보일 수도 있습니다. 그러나 Mac 사용자라면 'Whisper Transcription'이라는 유료 앱을 구매하고 위스퍼 모델을 내려받으면 오프라인에서도 이용할 수 있습니다. 또한, 모델 공유 사이트인 허깅 페이스Hugging Face에 공개된 위스퍼 웹Whisper Web이라는 페이지에서는 음성 데이터를 직접 업로드하거나, 데이터 URL을 입력해도 녹취록을 만들 수 있습니다.

회사의 기밀 정보라면 Whisper Transcription을 이용하여 오프라인으로 처리하거나 데이터 학습을 옵트아웃으로 설정한 API를 이용하는 등의 주의가 필요합니다. 그러나 위스퍼를 활용한 회의 녹취는 다음 설명할 회의록 작성을 자동화하는 데 매우 효과적인 기법입니다.

기법 3.2 회의록 자동 생성: 챗GPT

위스퍼를 통해 회의를 녹취하여 글로 옮기고, 이를 챗GPT에 전달하고 지시하면 용도에 맞는 다양한 글을 생성할 수 있습니다. 여기서는 회의를 녹취한 글을 이용하여 챗GPT로 회의록을 자동 생성하는 기법을 살펴봅니다.

구체적인 프롬프트 예는 다음과 같습니다. 기본 프롬프트 기법처럼 역할을 정의하고 회의를 녹취한 글을 바탕으로 회의록 작성을 요청합니다. 위스퍼 등으로 녹취한 글을 사용할 때는 이를 그대로 붙여 넣으면 됩니다.

또한, 회사나 부서마다 회의록 양식이 정해졌을 때가 흔할 텐데, 이 양식을 지정하여 회의록을 만들 수도 있습니다. 예를 들어, '회의 주제', '주요 화제', '화제별 논의 내용 발췌', '이어지는 행동' 등의 형태를 지정합니다. 이렇게 지정한 후 녹취로 옮긴 글을 전달하면 챗GPT가 이 형식에 맞게 회의 내용을 정리합니다.

당신은 회의록 작성 담당자입니다.

다음 #MTG 녹취 글을 이용하여 회의록을 만들어 주세요.
이때는 다음 #양식에 따라 만드세요.

#Desired Format: """
■ ○○○와 관련한 {회의 주제}

1. {주요 화제}
- 이 화제와 관련해 나눈 이야기를 발췌
- 이 화제와 관련해 나눈 이야기를 발췌
- 이 화제와 관련해 나눈 이야기를 발췌
※ 주요 화제를 3~5개 기록
※ 발췌는 3~6개 정도 기록

◆ 이어지는 행동
{이어질 행동을 항목별로 기록}
"""

#MGT 녹취 글: """
{이곳에 녹취한 글을 넣음}
"""

　다음은 일반에게 공개한 방송통신위원회 회의 화면을 녹취로 옮기고 이 글을 프롬프트 안에 넣어 챗GPT에 전달한 결과입니다.

(테스트에 사용한 동영상: https://www.youtube.com/watch?app=desktop&v=qEioe1Flfws)

⑨ **ChatGPT**
　의사록을 작성하겠습니다:

```markdown
■ 기술 대비태세에 관한 회의

1. 안전과 관련된 주요 화제
- "국민들의 생명과 안전을 고려한 기술 대비태세 강화에 대해 논의해야 합니다."
- "위원들이 생명과 안전을 보장하는 기술적 대비책을 강조했습니다."
- "안전에 대한 우려가 공유되며, 이에 따른 대책 마련이 필요하다는 의견이 제기되었습니다."

2. 법률 안에 대한 주요 화제
- "회부된 법률 안을 검토하고 개선할 방안을 모색해야 합니다."
- "법률 안의 논란이 제기되었고, 이에 대한 입장을 확정해야 한다는 의견이 제기되었습니다."

3. 과학기술정부와 통신부에 대한 현안질의
- "과학기술정부와 통신부의 정책에 대한 의문점을 제기하고 현안을 조사해야 합니다."
- "원자력 안전에 대한 우려가 공유되며, 정책의 투명성을 요구하는 의견이 있었습니다."

◆ 이어지는 활동
- 안전 대책 마련을 위한 관련 기관과의 협의
- 법률 안의 수정 사항에 대한 검토 및 토의
- 과학기술정부와 통신부에 대한 현안 조사와 정책 개선에 대한 회의
```

위의 의사록은 주어진 녹취 글을 바탕으로 작성되었습니다. 원하시는 내용이나 수정이 필요하신 경우 알려주세요!

　챗GPT가 회의 주제를 대상으로 주요 화제와 각각의 구체적인 내용을 발췌하고 이어질 행동 등을 기록하는 등 지정한 양식대로 회의록을 작성했음을 알 수 있습니다.

　스타트업 기업이라면 자동으로 줌이나 구글 미트의 음성을 회의록으로 만드는 AI 서비스를 이용하면 되겠지만, 보안을 중요시하는 대기업이라면 이런 서비스를 도입하기는 어렵습니다. 이럴 때는 여기서 소개한 기법으로 회사 안팎의 회의록 작성이라는 시간만 낭비하는 지겨운 업무를 효율화하세요.

기법 3.3 **스토리보드 제작: 미드저니**

다음 소개할 내용은 이미지 생성형 AI 미드저니_{Midjourney}로 스토리보드(그림 콘티)를 만드는 기법입니다. 스토리보드는 새로운 기획 발표나 프레젠테이션에서 자주 사용합니다. 또한, 서비스 개발이나 UX 디자인 분야에서도 사용자가 새로운 서비스나 기능을 어떻게 경험하는지 그 흐름을 일련의 그림 콘티로 만드는 방법이 효과적입니다. 사용자 경험의 흐름을 여러 개의 장면으로 나누어 각 상황을 나타내는 그림을 두고, 각 장면 아래에 이와 관련한 UX 디자인이나 기능을 설명합니다. 이렇게 하면 팀 내 정확한 인식 공유는 물론, 최적의 화면이나 기능을 만드는 데도 도움이 됩니다.

이전의 이미지 생성형 AI 대부분은 입력한 내용을 바탕으로 확률적인 이미지를 생성했으므로 같은 캐릭터를 주인공으로 한 스토리보드를 만들고 싶어도 이미지를 생성할 때마다 얼굴이 달라지거나 하는 등의 문제가 있었습니다.

이와 달리 미드저니_{Midjourney}에서는 생성한 이미지에 Seed ID(Seed 값)라는 고유 ID를 부여하므로 이 Seed ID를 지정하면 같은 캐릭터를 소재로 다양한 이미지를 만들 수 있습니다. 예를 들어, 레스토랑에서 식사하는 모습이나 흰색 원피스를 입고, 해 질 녘 공원을 산책하는 모습 등 장소나 시간대, 복장 등은 다르지만 얼굴은 동일한 캐릭터 이미지를 생성할 수 있습니다. 이 기법을 활용하면 그림이 서툰 사람이라도 간단하게 일관된 등장인물로 원하는 그림을 이용한 스토리보드를 만들 수 있습니다. 이미지 생성형 AI 서비스 스테이블 디퓨전_{Stable Diffusion}과 지정한 모습의 이미지를 어느 정도 일관되게 생성하는 LoRA라는 방법을 조합해도 됩니다. 단, 미드저니의 Seed 값을 이용하는 편이 더 간단하고 빠릅니다.

셔터스톡_{Shutterstock}이나 언플래시_{Unsplash} 등의 이미지 사이트에서 원하는 이미지를 찾는 것도 뜻밖에 시간이 걸리는 작업이므로 익숙해지면 이러한 이미지 생성 방법을 이용하여 훨씬 빠르게 원하는 일련의 이미지를 준비할 수 있습니다.

● 미드저니의 Seed 값을 활용한 다양한 이미지 생성

필자가 미드저니로 생성한 그림

기법 3.4 동영상 콘티 제작: 비슬라와 Gen-2

이번에는 동영상 만들기 기법을 소개합니다. 기획 이미지를 회사 안팎의 이해관계자에게 전달할 때 말이나 그림으로만 설명하기 어려운 정보라면 동영상 콘티를 만들어 전달했으면 할 때가 잦을 겁니다. 동영상 콘티란, 임시 이미지를 연결하여 경험 모습을 일련의 영상으로 만든 것으로, 동영상으로 만든 프로토타입이라 할 수 있습니다. 여기서는 동영상 콘티를 만드는 방법으로 챗GPT의 비슬라Visla 플러그인과 미국 런웨이Runway사가 제공하는 동영상 생성형 AI인 Gen-2를 살펴봅니다.

비슬라Visla는 챗GPT에 지시하기만 하면 자동으로 동영상을 만드는 플러그인입니다. 동영상 주제나 분위기 등의 항목을 지정하면 원하는 모습에 가까운 동영상을 생성합니다.

사용 방법은 이렇습니다. 우선 챗GPT에 만들고자 하는 동영상 내용을 입력합니다. 여기서는 'AI 서비스의 편리함에 놀라고 기뻐하는 사람들'이라는 주제의 동영상입니다. 이 주제를 챗GPT에 전달하면 자세한 동영상 내용을 글로 제시합니다. 이때 원하는 동영상과 다른 내용이라면 변경할 점을 전달할 수 있으며 이 과정을 거쳐 최종 동영상을 생성합니다.

 ● 비슬라 이용 예

🎬 **동영상 내용 제안: AI 서비스의 편리함에 놀라고 기뻐하는 사람들**

1. 도입부
- **배경**: AI 서비스의 발전과 일상에서의 활용 증가
- **목적**: AI 서비스가 사람들의 삶을 어떻게 변화시키고 있는지 보여주기

2. 사례 1: AI 비서
- **설명**: AI 비서가 일정을 관리하고 이메일을 정리해주는 장면
- **반응**: 사용자들이 AI 비서의 효율성과 편리함에 놀라는 모습

3. 사례 2: AI 번역기
- **설명**: 다양한 언어를 실시간으로 번역하는 AI 번역기 사용 장면
- **반응**: 외국어 회의에서 AI 번역기를 사용해 소통이 원활해지는 모습

4. 사례 3: AI 의료 진단
- **설명**: AI가 의료 진단을 도와주는 장면
- **반응**: 정확한 진단과 빠른 결과에 만족해하는 환자와 의사

5. 사례 4: AI 쇼핑 어시스턴트
- **설명**: AI가 사용자의 취향에 맞춘 제품을 추천하는 장면
- **반응**: 추천받은 제품에 기뻐하며 쇼핑을 즐기는 사람들

6. 결론
- **요약**: AI 서비스가 제공하는 편리함과 기쁨을 강조
- **미래 전망**: AI 기술이 더 발전하며 가져올 긍정적인 변화를 소개

이와 같은 구성으로 동영상을 제작하면, AI 서비스가 사람들의 삶에 미치는 긍정적인 영향을 효과적으로 전달할 수 있을 것입니다.

이 예에서는 이와 같은 내용으로 동영상 생성을 지시했습니다. 각 장면의 음성이나 동영상, 음악, 비율 등은 나중에 원하는 대로 편집할 수 있습니다.

비슬라를 사용한 동영상 생성은 간단하지만, 원하는 장면이 아니거나 무성의한 동영상을 생성할 때가 있으므로 사용하면서 아쉬움을 느낄지도 모릅니다. 이럴 때는 앞서 소개한 동영상 생성형 AI 서비스인 미드저니와 이미지 생성형 AI 서비스인 Gen-2를 조합하여 동영상을 만드는 방법을 추천합니다.

먼저 만들고자 하는 동영상의 뼈대를 이루는 장면의 키 비주얼을 미드저니로 만듭니다. 이때, 장면을 나타내는 단어를 미드저니에 입력합니다. 이렇게 생성한 이미지를 Gen-2에 업로드하면 약 5초가량의 동영상을 생성합니다. 이 짧은 동영상을 여러 개 이어 붙여, 동영상을 완성하는 방법입니다. 소리는 포함하지 않으므로 적절한 배경 음악이나 음성 해설 생성형 AI 서비스인 일레브랩스Eleven Labs로 생성한 음성을 더합니다.

여기서 소개한 2가지 방법으로 만든 동영상은 최종 결과물로 사용하기에는 다소 아쉬운 품질입니다. 그러나 회사 내에서나 고객과의 의사소통에 사용할 동영상 콘티를 만드는 용도로는 유용할 것입니다.

기법 3.5 **고객 지원 자동화: KT의 에이센**

소비자 대상 서비스나 제품을 판매하는 기업 중 많은 곳이 고객 지원cs에 상당한 자원을 투자합니다. 이러한 CS 업무의 효율화를 꾀할 때 생성형 AI가 큰 효과를 발휘할 수 있습니다. 이전 챗봇은 규칙 기반으로 정해진 질문에 대해 답변을 설정해야 했으므로 유연성이 떨어졌습니다. 그러나 대규모 언어 모델과 함께 자사나 제품 정보를 추가로 읽어 들일 수 있는 RAGRetrieval Augmented Generation라는 방법을 사용하면 고객 상담이나 질문에 자사 정보를 바탕으로 유연하게 답변하는 챗봇을 만들 수 있습니다.

전 세계적으로는 1장에서 소개한 캐나다의 에이다Ada가 이 분야에서 크게 성장하는 중입니다. 현재 한국에서도 LG와 SK, KT 등 다수의 기업이 기업 맞춤형 챗봇 AI 서비스 사업을 선보이고 있습니다.

대표 사례로, KT의 A'Cen(에이센)을 소개합니다. 에이센은 AI 기반 상담 어시스턴트, 보이스봇·챗봇 솔루션을 고객 발화에 맞춰 자동 생성된 추천 상담 스크립트와 적합한 상품 추천을 상담사에게 실시간으로 제공합니다. 뿐만 아니라 고객이 상담사와 AI상담봇을 번갈아 대화할 때 이질감을 느끼지 않도록 AI봇 어휘, 대화 말투와 어조 등을 상담사와 동일하게 맞춥니다.

● KT의 에이센

출처: KT AICC(https://enterprise.kt.com/pd/P_PD_AI_CC_SM.do)

업무별 기법 4

아이디어 기획

기법 4.1 챗GPT로 표 형식 아이디어 만들기

챗GPT로 아이디어를 얻어 본 사람도 많을 겁니다. 챗GPT는 순식간에 다양한 아이디어를 제시하므로 많은 아이디어를 얻기에 효과적입니다. '표 형식'

으로 아이디어를 생성하는 기법을 이용하면 더 효과적으로 아이디어를 얻을 수 있습니다.

표 형식을 사용하면 설정한 요소를 조합하여 더 폭넓은 아이디어를 생성하거나 특정 요소를 고정하여 다양한 형태의 아이디어를 만드는 등, 이 과정을 제어할 수 있습니다.

하나의 예로, 새로운 서비스를 기획했던 경험이 있는 독자라면 익숙한 린 캔버스Lean Canvas라는 프레임워크를 이용하여 챗GPT에 아이디어를 생성하도록 하는 방법을 알아봅니다.

린 캔버스란 미국 기업가 애시 모리아Ash Maurya가 개발한 것으로 고객 세분화, 고객이 해결하고자 하는 과제, 해결 방법, 고유의 가치 제안Value Proposition 등의 관점에서 자신의 비즈니스 모델을 정리하는 프레임워크입니다.

● 린 캔버스

『린 스타트업』(애시 모리아 저, 권혜정 역 | 2012, 한빛미디어)
애시 모리아의 블로그(https://blog.leanstack.com) 등을 참고로 필자가 만든 그림

이 프레임워크를 참고로 챗GPT에 새로운 서비스의 아이디어를 표 형식으로 생성하도록 하는 프롬프트는 다음과 같습니다. 이 예에서는 린 캔버스의

중요 요소를 표의 열로 지정하고 대상 고객을 '테크놀로지 업계에서 일하는 사람'으로 고정한 다음, 스타트업 비즈니스 아이디어를 10개 생성하도록 지시했습니다.

● 입력 프롬프트

 스타트업 비즈니스 아이디어를 다음처럼 중요 요소로 분해하고, 이 중요 요소 각 각을 세로 열로 하여 표를 만들어 주세요: **콘셉트, 대상 고객, 고객 과제, 해결 방법,** **Value Proposition, Key Success Factor**

10행의 데이터로 표를 채워 주세요.
대상 고객은 '테크놀로지 업계에서 일하는 사람'으로 고정하세요.

생성 결과를 보면 대상을 고정하고 콘셉트, 고객 과제, 해결 방법, 고유의 가치 제안Value Proposition, 핵심 성공 요인Key Success Factor을 항목으로 하여 방향성을 유지하면서 아이디어를 생성했음을 알 수 있습니다. 챗GPT로 아이디어를 생성할 때는 이처럼 표 형식으로 만들면 편리합니다.

● 챗GPT 생성 결과

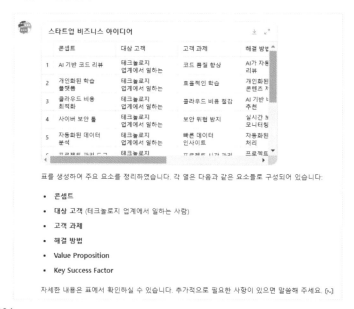

SF적 사고를 활용하여 미래 예측하기

필자는 새로운 무언가를 기획할 때 SF 소설처럼 자유로운 발상으로 미래를 상상하고 이 모습을 기획으로 구체화하는 방법을 자주 사용합니다. 최근에는 'SF 사고'나 'Sci-Fi 프로토타이핑'이라는 이름이 자주 화제가 되기도 하므로 이 말을 들어본 독자도 많을 겁니다.

이러한 SF 사고를 활용한 아이디어를 만들 때도 챗GPT가 좋은 파트너입니다. 다음 프롬프트처럼 챗GPT의 역할을 창의적인 SF 작가로 설정하고 특정 주제를 대상으로 고유한 미래 예측을 생성하도록 해봅시다.

이때 단순히 예측만으로는 흥미로운 결과를 만들지 못할 수도 있으므로 미래를 예측할 때 직접 설정한 전제 가설을 항목으로 정리하고 '#전제'라는 변수로 전달합니다. 이렇게 하면 챗GPT가 적절한 제약과 고유의 시점으로 미래를 예측합니다. 생성한 결과를 그대로 이용하지는 못하겠지만, 알 수 없는 미래를 상상할 때 영감을 얻을 수는 있을 겁니다.

● 입력 프롬프트

 당신은 창의적인 SF 작가입니다.

다음 3가지 전제를 조합하여 생성형 AI가 도시 생활을 어떻게 변화할 것인지 5가지 미래를 독창적으로 예측해 보세요.

#전제: """
- 전제 1: 생성형 AI를 이용하면 콘텐츠 창작 비용이 0에 가까워진다.
- 전제 2: 생성형 AI를 이용하면 시스템이 매우 자연스러운 대화를 실현한다.
- 전제 3: AI가 사람에 못지않은 지능과 능력을 갖춘다.
"""

미래 예측 1: 개인 맞춤형 엔터테인먼트

콘텐츠 창작 비용이 0에 가까워진다

- 각 개인이 자신의 취향과 요구에 맞춘 맞춤형 영화, 음악, 책을 생성형 AI를 통해 실시간으로 즐길 수 있다. AI는 사용자의 감정 상태와 취향을 분석하여 그에 맞는 콘텐츠를 제공하며, 이는 대중문화의 개념을 크게 변화시킨다.

미래 예측 2: 대화형 도시 인프라

시스템이 매우 자연스러운 대화를 실현한다

- 도시 곳곳에 배치된 AI 시스템과의 자연스러운 대화가 가능해지면서, 사람들은 정보를 더 쉽게 얻고 문제를 해결할 수 있다. 길 안내, 공공 서비스 접근, 심지어는 긴급 상황 대처까지 모든 것이 AI와의 대화를 통해 이루어진다.

미래 예측 3: AI 동반자와의 생활

AI가 사람에 못지않은 지능과 능력을 갖춘다

- 각 개인에게 AI 동반자가 제공되어 일상생활의 모든 측면에서 도움을 준다. 이 AI 동반자는 가사일, 건강 관리, 교육, 정서적 지원 등 다양한 역할을 수행하며, 사람들은 AI와 깊은 정서적 유대감을 형성하게 된다.

미래 예측 4: 초개인화된 학습 환경

콘텐츠 창작 비용이 0에 가까워지고 자연스러운 대화를 실현

- 교육 시스템이 완전히 변화하여 학생들은 생성형 AI와의 대화를 통해 자신에게 맞는 학습 계획과 자료를 제공받는다. AI는 학생의 학습 속도와 이해도를 실시간으로 분석하여 최적화된 학습 경험을 제공한다.

미래 예측 5: 스마트 도시 관리

AI가 사람에 못지않은 지능과 능력을 갖춘다

- 도시의 모든 관리 시스템이 AI에 의해 운영되면서, 교통 체증, 에너지 사용, 쓰레기 처리 등 도시의 복잡한 문제들이 AI에 의해 효율적으로 관리된다. 이는 도시 생활의 질을 크게 향상시키고, 환경 친화적인 도시를 구현하는 데 기여한다.

업무별 기법 5

서비스 설계

마지막으로 서비스 설계 용도를 중심으로 몇 가지 기법을 알아봅니다. 다른 업무 분야와 비교하면, 다소 전문적이라 할 수 있는 서비스 설계를 설명하는 이유는 다음 2가지입니다.

첫 번째는 디지털화가 진행될수록 제품 관리나 UX 디자인뿐만 아니라 다양한 직종에서 서비스 설계 사고방식이나 지식이 필요해질 것이기 때문입니다. 두 번째는 여기서 소개할 전문 기법은 서비스 설계뿐 아니라 다른 전문 분야에도 응용할 수 있기 때문입니다.

그러므로 서비스 설계에 직접 참여하지 않는 사람에게도 알아두면 도움이 되는 내용이니, 참고하길 바랍니다.

기법 5.1 챗GPT로 사용자 스토리 맵 만들기

서비스를 설계할 때 자주 사용하는 방법의 하나로 '사용자 스토리 맵'을 들 수 있습니다.

사용자 스토리 맵은 1장에서도 살펴본 것처럼 접착식 메모지(포스트잇)를 이용하여 모든 사용자의 행동을 파악하고 이를 정리하여 제품에 필요한 기능 요건이나 개발 로드맵을 명확히 표현한 것입니다. 이는 새로운 서비스나 기능을 만들고자 할 때도 효과적인 방법입니다. 그러나 만드는 데 익숙하지 않은 사람이라면 시간도 걸리고 사용자 행동이나 필요한 기능을 빼놓을 수도 있습니다. 이럴 때는 챗GPT에게 기본 토대를 만들도록 하면 효율적입니다.

● 사용자 스토리 맵

행동 흐름	행동 장면 1	행동 장면 2	행동 장면 3	행동 장면 4	행동 장면 5
사용자의 구체적인 행동	행동 1	행동 2	행동 3	행동 4	행동 5
	기능	기능	기능	기능	기능
초기 배포 (MVP)				기능	
기능	기능	기능		기능	기능
2차 배포		기능			기능
3차 배포	기능	기능	기능		

『사용자 스토리 맵 만들기』(제프 패튼 저, 백미진·허진영 역 | 2018, 인사이트)를 참고로 필자가 그린 그림

다음은 가상 음악 스트리밍 서비스의 사용자 스토리 맵 생성을 지시하는 프롬프트입니다. '경험이 많은 UX 디자이너'라는 역할을 지정하고 고객과 과제, 해결 방법 등의 서비스 구조 정보를 전달했습니다. 또한, 6행과 6열로 미리 형식을 지정하고 각 항목에 사용자 스토리 맵 항목을 넣었습니다.

● 입력 프롬프트

 당신은 경험이 많은 UX 디자이너입니다.

다음과 같은 #서비스 구조로 '포티파이'라는 서비스의 사용자 스토리 맵을 다음 #형식에 따라 표 형식으로 만들어 주세요.

#서비스 구조: """
고객:
음악을 좋아하거나 팟캐스트 청취자로, 새로운 음악을 원하고 마음에 드는 음악이나 팟캐스트를 쉽게 듣고 싶은 사람

과제:
- 음악이나 팟캐스트를 검색하고 개별로 구입하거나 내려받는 것이 번거로움
- 자신의 음악 취향에 따라 개별 곡을 조합하여 재생 목록을 만드는 데 시간이 걸림

해결 방법
- 음악 스트리밍 서비스
  └ 사용자는 포티파이를 통해 수백만 곡 이상의 음악과 팟캐스트를 들을 수 있으며 마음에 드는 음악이나 앨범을 간단하게 스트리밍할 수 있다. 더불어, 포티파이는 사용자의 음악 취향을 학습하여 사용자의 기호에 따른 재생 목록을 자동으로 생성한다. 이를 통해 새로운 음악이나 아티스트를 쉽게 발견할 수 있다.
"""

#형식: """
- 가로 항목 6행
- 세로 항목 6열
- 행=사용자 행동 그룹, 행동 그룹 안의 구체적인 사용자 행동, 각 행동의 사용자 심리, 기능(우선도: 높음), 기능(우선도: 중간), 기능(우선도: 낮음)
"""

이 프롬프트로 생성한 결과는 다음과 같습니다. 이 표를 바탕으로 담당자나 팀 내에서 추가해야 할 사용자 행동 흐름이나 기능을 논의한다면 효율적으로 사용자 스토리 맵을 만들 수 있을 겁니다.

● 챗GPT 생성 결과

포티파이 서비스의 사용자 스토리 맵을 표 형식으로 정리하였습니다. 각 항목은 다음과 같습니다:

- 사용자 행동 그룹
- 행동 그룹 안의 구체적인 사용자 행동
- 각 행동의 사용자 심리
- 기능(우선도: 높음)
- 기능(우선도: 중간)
- 기능(우선도: 낮음)

자세한 내용은 표에서 확인하실 수 있습니다. 추가적으로 필요한 사항이 있으면 말씀해 주세요. [5]

기법 5.2 챗GPT로 정보 아키텍처 그리기

사용자 스토리 맵과 마찬가지로 1장에서 살펴본 정보 구조 다이어그램Information Architecture Diagram(이하 IA 다이어그램)도 새로운 서비스나 기능을 설계할 때 만들어야 하는 것입니다. 장래에 추가할 기능을 포함하여 이를 서비스 설계 단계에서 만들어 두면 사용자 흐름이 복잡해져 경험의 질이 나빠지는 것을 피할 수 있고 기능이 늘더라도 안정된 설계를 초기에 만들 수 있습니다.

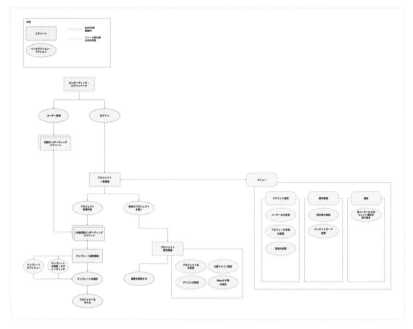

필자가 그림

이 IA 다이어그램 역시 사용자 스토리 맵 못지않게 경험이 없는 사람이 만들기란 쉽지 않습니다. 그러나 이 역시도 챗GPT로 만들 수 있습니다.

챗GPT로 이런 그림을 그리려면 자바스크립트로 그림을 그리는 머메이드 Mermaid 문법이 필요합니다. 다음 그림 왼쪽 위처럼 머메이드 문법에 따라 코드를 작성하면 오른쪽에 그림을 표시합니다.

여기서 한 가지 요령입니다. 앞서 챗GPT는 코드 생성 전문가라고 설명했는데, 챗GPT에 IA 다이어그램을 적절하게 표현하는 머메이드 문법을 생성하도록 하면 결과적으로는 챗GPT가 IA 다이어그램을 그리는 셈입니다.

프롬프트 개요는 다음과 같습니다. 경험이 많은 UX 디자이너라고 역할을 정의하고 머메이드 문법을 이용하여 IA 다이어그램을 그리도록 지시합니다.

프롬프트 안에 지시한 대상 서비스의 사용자 스토리 맵에는 앞서 챗GPT로 생성한 내용을 그대로 붙여 넣습니다.

IA 다이어그램을 그리는 순서도 함께 챗GPT에 지시합니다. 기재한 사용자 스토리 맵을 따르는 모바일 앱에서 사용자 행동을 먼저 추출하고, 각 사용자 행동 앞뒤에 필요한 앱 화면을 정리하는 순서로 진행합니다. 이 정보를 바탕으로 그림을 생성합니다.

마지막으로 머메이드 고유의 작성 규칙을 몇 가지 설정하여 프롬프트를 전달하면 챗GPT가 머메이드 코드를 생성합니다. 이 코드를 '머메이드 라이브 에디터Mermaid Live Editor'라는 온라인 도구에 입력하면 정보 구조 다이어그램을 만들어 줍니다. 그린 그림을 보면 알 수 있듯이, 사용자 행동은 원으로, 화면은 사각형으로 감싸며 사용자의 이동 관계, 기능, 화면 포함 관계도 올바르게 반영합니다.

● 머메이드 라이브 에디터Mermaid Live Editor

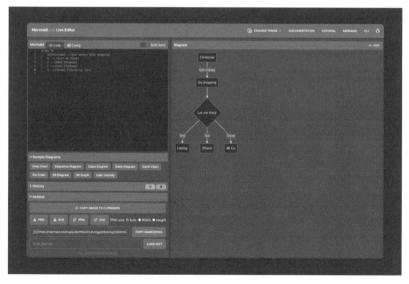

출처: Mermaid Live Editor (https://mermaid.live)

당신은 경험이 많은 UX 디자이너입니다.

다음 순서로 #사용자 스토리 맵을 따르는 모바일 앱의 IA 다이어그램을 머메이드 문법으로 그려 주세요.

#순서: """
1. 다음 #사용자 스토리 맵을 따르는 모바일 앱의 사용자 행동을 모두 정리해 주세요(예를 들어, '등록하기', '음악 재생하기' 등).
2. 다음으로, 정리한 사용자 행동 앞뒤에 필요한 앱 화면을 가능한 한 모두 정리해 주세요.
3. 정리한 화면 사이를 사용자 이동 관계나 앱 화면끼리 의존, 포함 관계를 따라 그림으로 나타낸 IA 다이어그램을 머메이드 문법으로 그려 주세요. 이때는 뒤에 설명할 작성 규칙을 따르세요.
"""

#사용자 스토리 맵: """
사용자 행동 그룹	행동 그룹 안의 구체적인 사용자 행동	각 행동의 사용자 심리	기능(우선도: 높음)	기능(우선도: 중간)	기능(우선도: 낮음)
음악 및 팟캐스트 검색 및 구입이 번거로움	음악이나 팟캐스트를 검색하고 개별로 구입하는 것이 번거로움	사용자는 새로운 음악을 찾고 구매하고자 함	포티파이를 통해 음악 및 팟캐스트를 간편하게 듣기	사용자의 음악 취향에 따라 자동으로 재생 목록을 생성	
	음악이나 팟캐스트를 내려받는 것이 번거로움	사용자는 음악을 듣고자 할 때마다 검색하고 구매하는 것이 번거로움	포티파이를 통해 수백만 곡 이상의 음악과 팟캐스트를 스트리밍할 수 있음	사용자의 음악 취향을 학습하여 맞춤형 추천을 제공	
음악 재생 목록 생성이 번거로움	자신의 음악 취향에 따라 재생 목록을 만드는 데 시간이 걸림	사용자는 자신의 취향에 맞는 음악을 듣기 위해 개별 곡을 조합하고자 함	포티파이를 통해 사용자의 음악 취향을 학습하여 자동으로 맞춤형 재생 목록을 생성함	사용자는 직접 음악을 선택하여 재생 목록을 만들고자 함	사용자는 음악 재생 목록을 편리하게 관리하고 수정하고자 함
"""

#작성 규칙: """
- 사용자 행동은 ([""])로 감쌈

- 앱 화면은 ("")로 감쌈
- 특수 문자(영문과 숫자 외)를 포함하는 노드를 정의할 때는 큰따옴표(")를 이
용하여 노드 이름을 감쌈
- 각 노드에는 정해진 형식의 ID를 붙임
"""

● 챗GPT 생성 결과를 머메이드 라이브 에디터에 입력한 결과

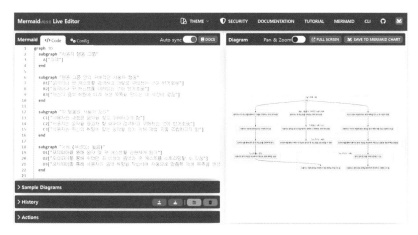

IA 다이어그램은 전문 UX 디자이너라면 간단하게 만들지만, 익숙하지 않다면 어렵고 시간도 많이 걸립니다. 여기서 소개한 방법처럼 처음에는 챗GPT가 기초를 만들도록 하고 이를 바탕으로 담당자나 팀이 개선하는 방법을 활용하면 매우 효율적으로 작성할 수 있을 겁니다.

지금까지 5가지 업무 분야로 나누어 기본 내용부터 전문 기법까지 생성형 AI를 활용하여 업무 효율화를 꾀하는 방법을 알아보았습니다. 우선은 자신의 업무와 가까운 것부터 하나씩 적용해 보세요. 특정 업무의 생산성을 몇 배, 심지어는 10배 이상 향상할 수도 있습니다. 두려워하지 말고, 꼭 시도해 보길 바랍니다!

생성형 AI는 경영이나 조직을 어떻게 바꾸는가? - 엑사위저즈 대표와의 대담

생성형 AI는 비즈니스를 어떻게 바꿀까요? AI를 이용하여 사회 과제, 비즈니스 과제 해결을 목표로 하는 엑사위저즈_{ExaWizards} *는 이른 시기부터 챗GPT를 활용하기 시작하여 사내 활용을 권장할 뿐만 아니라, 이를 통한 새로운 서비스 개발에도 힘을 기울이는 중입니다. 이에 이 회사의 대표인 하루타 마코토에게 생성형 AI를 통해 경영이나 조직이 어떻게 달라졌는지를 물었습니다.

엑사위저즈_{ExaWizards} 대표이사 하루타 마코토_{春田 真}

- 교토대학 법학부 졸업
- 스미토모 은행 입사
- 스미토모 은행 퇴사 후 DeNA 입사. DeNA의 상장을 이끌면서 동시에 대기업과의 합작 벤처 설립이나 요코하마 DeNA 베이스타즈 매수 등 M&A 추진. 2011년 12월 요코하마 DeNA 베이스타즈 구단주로 취임.
- 2016년 2월 엑사인텔리전스_{ExaIntelligence}(현 엑사위저즈) 설립. 2017년 10월 합병을 계기로 대표이사 취임. 2018년 11월 이사회 회장, 2023년 4월부터 현재 직책 근무 중.

필자 엑사위저즈는 법인을 대상으로 한 챗GPT 서비스인 exaBase 생성형 AI나 IR 업무에 특화한 exaBase IR 어시스턴트 등의 서비스를 제공

---

* 엑사위저즈는 AI 플랫폼 사업과 AI 제품 사업에 종사하는 일본 기반 회사입니다. 데이터 인프라를 활용한 컨설팅 및 알고리즘 소프트웨어 개발을 통해 고객사의 디지털 및 AI 전략 및 DX(Digital Transformation) 지원 서비스를 제공하고, 알고리즘을 기반으로 하는 범용 서비스로 AI 소프트웨어 제품을 제공하기도 합니다.

하는데, 그 과정 중에 생긴 사내 변화라든지 깨닫게 된 부분은 없었습니까?

하루타   회사 입장에서 보았을 때, 가장 큰 변화는 생성형 AI로 새로운 제품을 만드는 활동을 많은 사람이 자발적으로 하는 점이라고 생각합니다.

또한, 제품 제작이 빨라지고 범용적인 모델 활용이 구체적인 개별 과제 해결로 이어질 수 있었습니다. 그러다 보니 아이디어가 있거나 서비스를 개발하고자 하는 사원이 "(서비스를) 만들었더니 실제로 세상에 빛을 보게 되었어요."라거나, "정말로 고객이 사용했어요."라 보고하는 경험을 할 수 있었는데, 이는 전략적인 면에서 볼 때 큰 가치입니다.

필자   구성원의 관점에서도 체감할 수 있었고 흔히 겪는 과제와 쉽게 연결할 수 있었다는 점이 빠른 사업화와 관련이 있었다는 말씀이군요.

하루타   그렇죠. 이것을 사용하면 이렇게 할 수 있으리라 생각하는 것이 가장 중요하고, 이에 도전하면서 또 새로운 것을 발견하리라 생각합니다.

우리가 일상에서 접하는 서비스는 기본적으로 자신이 쓰고 싶기에 만든 것이라 생각합니다. 기업에는 경리나 재무를 시작으로 여러 가지 체계가 있습니다. 이를 담당하는 직원이 무언가 새로운 것을 하려면 체계를 바꾸어야 하는데, 그러려면 체계에 투자하고 개발을 담당할 사람도 있어야 합니다. 이런 상황에서는 아무 일도 일어나지 않습니다.

그러나 데이터를 저장한 상자가 있고 생성형 AI를 이용하여 이 데이터를 '좋은 방향'으로 이끌 수 있는 장치를 마련하기만 하면, 무언가를 개선하거나 업데이트할 때마다 대규모 개발을 진행하지 않아도 됩니다. 현장의 아이디어만으로도 새로운 것을 구현하기도 쉽고 비용 때문에 멈출 일이 없다는 것이 생성형 AI의 가치 중 하나가 아닌가 합니다. 챗GPT가 나왔을 무렵에는 생성형 AI를 출발점으로 한 포털 서비스가 발전하지 않을까 예상했습니다. 그러나 최근에는 한 발 더 나가 사령탑으로서 다양한 시스템을 잇고 필요한 데이터를 가공하는 존재가 되어 간다고 생각합니다.

1. '예산 부족'은 그저 핑계일 뿐이다

필자 생성형 AI와 관련하여 서구권과 비교할 때 동아시아는 대기업의 움직임이 느리다는 느낌입니다. 근본적인 과제는 경직된 예산 문제와 더불어 경영진 역시 직접 보고 느끼지 못해서일까요?

하루타 예산을 고려하는 것 자체는 나쁘지 않으나 유연성이 없다는 점이 과제라고 생각합니다.

은행에서 근무했던 경험에 비추어 봤을 때, 조직이 커질수록 부문별 예산이 있고 이를 지키려는 자세가 있습니다. 그러나 예산을 너무 신중하게 짜다 보니 돌발적인 사건에 취약합니다. 무슨 일이 일어나 이에 대처해야 할 때 "예산이 없어요."라는 말을 자주 하는 것도 이런 이유 때문이죠.

생성형 AI에서도 "예산이 없어 할 수 없어요."라고 말하는 것처럼

'예산 중심 사고' 안에서는 움직일 수 없을 때가 흔합니다. 이와 달리, 대기업은 사업을 확장하며 성장하므로 "지금 이 부문에서 이만큼 이익이 나므로 다른 부문에 투자할 여력이 있다."라는 자세로 경영할 수도 있습니다.

예를 들어, 엑사위저즈의 법인 대상 챗GPT는 사용자 1인당 월 10,000원 정도로, 해당 부문에 100명이 있다고 해도 100명×10,000원 =100만 원입니다. 어느 회사든 몇 개월 정도는 투자할 수 있을 겁니다. 물론 비용 이외에 확인이나 검증을 이유로 들 때도 있습니다. 그럼에도, 마음만 먹으면 언제든 사용할 수 있습니다.

필자 도입이나 활용에 시간이 걸리는 이유는 무엇일까요?

하루타 생성형 AI의 위협을 아직 실감하지 못해서라고 생각합니다. 자신의 비즈니스가 위협을 받는다든가 비즈니스 기회가 있다고 판단하면 즉시 도입하리라 생각합니다.

2. 단순한 업무 효율화가 아닌 과정 자체를 중심으로 생각하라

필자 전체적인 속도는 느리지만, 생성형 AI를 활용하기 시작한 기업도 있습니다. 다양한 기업과 협력하면서 느낀 바는 무엇인가요?

하루타 '생성형 AI 활용'이라는 주제가 되면 사내에서 업무 영역을 넘어 다양한 부문과 부서에서 아이디어가 나오거나 생성형 AI로 이런 프로젝트를 진행하고 싶다는 의견이 적극적으로 등장하기도 한다는 점이 흥미로웠습니다. 생성형 AI를 대의명분 삼아 적극적으로 움직이는 담당자도 많아진 듯합니다.

이와 더불어 과제도 적지 않습니다. 생성형 AI를 사용하면 개인 차원에서는 쉽게 메일을 작성하고 긴 글을 요약하거나, 외국어를 번역하는 것이 쉬워집니다. 그러나 이것만으로는 얼마 전 화제가 되었던 RPA(업무 자동화)와 별다른 차이가 없습니다. '습관처럼 작성하던 자료나 정기 보고 업무가 애당초 필요한 것인가?'라는 관점에서 근본적인 효율화를 실현하는 것이 중요합니다.

필자 그렇군요. 종래의 효율화는 A, B, C라는 과정이 있을 때 각각의 효율을 120%로 하는 것이었으나, 생성형 AI는 불필요한 A와 B 과정을 건너뛰어 바로 C를 이루는 기술입니다. 과정 자체를 다시 바라보는 기회가 될 수 있다는 뜻이네요.

하루타 그렇습니다. 문과적인 접근법에서는 A, B, C 각각을 어떻게 개선할 것인지만을 생각하기 쉬웠습니다. 과정 전체를 다시 검토하려 하지는 않았죠. 그러나 기술자의 사고방식은 필요 없는 A와 B 과정을 건너뛰고 바로 C로 넘어가려 합니다. 즉, 생성형 AI 덕분에 문과 출신도 엔지니어의 발상을 활용할 가능성이 생긴 겁니다.

3. 디지털 감수성이 높은 젊은 세대의 역할은?

필자 생성형 AI가 널리 퍼질수록 생산성뿐만 아니라, 개인의 능력치도 큰 폭으로 개선된다는 보고서가 발표되었습니다. 하루타 님은 생성형 AI가 진화하면 기업 조직은 어떻게 변하리라 예상하시나요?

하루타 당연히, 젊은 세대는 생성형 AI처럼 새로운 기술에 대한 감수성이 높습니다. 기술을 실제로 체감하는 정도도 크고, 기술을 통해 가능성을 느끼기도 하고요.

그러므로 회사로서는 젊은 직원의 감각을 살리면서 그들에게 업무를 맡길 수 있는 조직을 편성하면 새로운 무언가를 창조할 수 있지 않을까 기대합니다.

또한, 일반 업무 중에서는 생성형 AI가 보조자 역할을 담당하고 다양한 일을 대신하는 형태로 원활하게 운영되리라 생각합니다.

다만, 돌발적으로 문제가 생겼을 때 AI가 대안을 제시할 수는 있어도 그중 어떤 대안을 선택할 것인지까지 맡기기는 어려우므로 당분간은 사람이 이를 담당해야 할 것입니다. 물론, 이 역시도 사례나 데이터가 쌓이면 AI가 대응할 수 있을 겁니다.

필자 기업뿐만 아니라 우리 생활은 어떻게 바뀔까요?

하루타 사회가 갑자기 엄청난 변화를 겪지는 않을 겁니다. 그러나 자동차 내비게이션 보급에 따라 길을 외우지 않아도 되고 휴대전화가 보급됨에 따라 전화번호를 외우지 않아도 되듯이, 기술이 보급되면 언젠가 사람의 행동도 바뀌고 사회도 바뀔 겁니다.

현재 기업이 사용하는 생성형 AI는 개인 비서에 가깝지만, 머지않은 장래에 일상생활 안까지 들어오리라고 쉽게 상상할 수 있습니다. 생성형 AI는 저를 가장 잘 알고 제가 기뻐하는 일을 해주는 존재가 될 겁니다. 그 후도 점점 똑똑하게 진화하여 무엇이든 의논할 수 있는 '친한 친구'가 되리라 예상합니다.

물론, 이러한 기술에는 부정적인 측면 역시 따른다는 사실을 부정할 수는 없습니다. 즉, 부정적인 측면이 있다는 것을 전제로 슬기롭게 활용해야 합니다.

또한, 사람과 가장 가까운 기술이다 보니 정보 조작이나 악용도 일어날 수 있으므로 일정한 규칙도 정해야 합니다. 단, 그 전제로 "어떤 세계를 원하는가?"를 생각해야 합니다. 이런 전제 없이 규제만 한다면 규칙을 위한 규칙이 될 뿐입니다. 기술의 진화 속도가 엄청나게 빠르므로 쉽지는 않겠지만, 원하는 미래, 즉 '세계관'을 제시할 각오 정도는 해야 할 겁니다.

CHAPTER 6

생성형 AI 시대에
살아남는 조직 만들기

생성형 AI 활용이 당연한 조직만 살아남는 시대가 된다

지금까지 살펴본 대로 생성형 AI의 진화는 기업 경쟁력을 근본부터 변혁하는 물결입니다. 앞으로는 생성형 AI로 기존 업무 과정을 쇄신하고 새로운 사업 가치를 창출하는, 생성형 AI 활용이 당연한 조직만이 높은 경쟁력을 발휘할 겁니다. 이는 크게 생산성, 혁신력, 고객 경험 등의 3가지로 나누어 설명할 수 있습니다.

[들어가며]에서 소개한 맥킨지앤컴퍼니가 발간한 보고서 「The economic potential of generative AI(생성형 AI가 가져올 잠재적 경제 효과)」에서는 생성형 AI와 기타 기술 활용에 따라, 직원의 전체 업무 60~70%가 자동화될 것으로 예측합니다. 깃허브 코파일럿GitHub Copilot 등의 실제 사례를 들지 않더라도 특정 업무에서는 한 사람당 생산성이 몇 배, 궁극적으로는 10배 이상으로 증대할 것이라는 주장 역시 현실성 있는 이야기입니다. 이러한 압도적인 업무 효율화를 실현한 조직과, 그렇지 못한 조직이 똑같은 사업을 진행한다고 할 때 어느 기업이 이길지는 분명합니다.

그리고 생성형 AI를 이용하면 고객 인사이트 분석 수준과 아이디어 창출 성과가 높아지고 제품 전달* 속도도 훨씬 빨라지므로 기업의 혁신력도 향상될 터입니다.

---

* 제품 전달(Product Delivery)은 사업화할 수 있을 정도의 제품을 만들어 시장에 전달하는 과정을 의미합니다.

이와 함께 생성형 AI를 활용하여 일대일 마케팅이나 경험 설계, 고객 지원 제공 등을 수행하는 기업의 서비스 및 제품의 고객 경험은 이러한 기술을 활용하지 않는 기업보다 뛰어날 수밖에 없습니다.

이처럼 기업 경쟁력이라는 관점에서 볼 때도 생성형 AI 도입을 적극적으로 검토해야 합니다. 그러나 이는 단순히 사업이나 업무에 새로운 기술을 적용한다는 수준에 머물지 않습니다.

일의 가치나 사람과 기술의 관계를 근본부터 다시 생각하도록 할 정도로 강력한 생성형 AI가 등장했으므로 조직 구조나 기업 문화, 전략적 의사 결정 과정, 직원의 기술력을 재구축하고, 무엇보다 경영진의 생각을 변혁해야 합니다.

생성형 AI를 최대로 활용하려면 경영진이나 관리직 스스로 기술의 가능성을 이해하고 이를 기업 전략에 반영하려는 리더십이 필요합니다. 즉, 앞으로도 경쟁 우위를 유지하려면 생성형 AI 활용이 당연한 조직으로 변혁하는 것이 그저 하나의 선택지가 아니라, 생존을 결정하는 필수 조건임을 이해해야 합니다.

이 장에서는 어떻게 하면 생성형 AI 활용이 당연한 조직으로 거듭날 수 있을지를 구체적인 단계와 핵심 사항, 그리고 경영진이 명심해야 할 기업의 변혁을 중심으로 살펴봅니다.

생성형 AI를 잘 활용하는 조직으로 만드는 '3→3→1 과정'

생성형 AI를 잘 활용하는, 당연히 활용하는 조직으로 바꾸려 해도 어디서부터 시작해야 할지 모르는 독자도 많을 겁니다. 이에 그 과정을 3단계로 나누고 각 과정에 '3가지 행동→3가지 행동 →1가지 행동' 등 총 7가지 행동을 적용할 것을 추천합니다.

지금부터 각 과정과 그 행동을 알아봅시다.

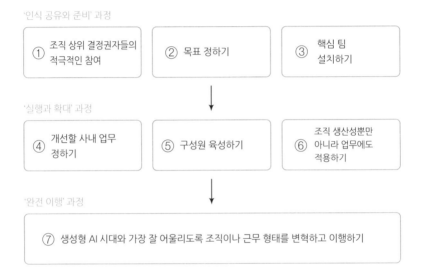

'인식 공유와 준비' 과정
① 조직 상위 결정권자들의 적극적인 참여
② 목표 정하기
③ 핵심 팀 설치하기

'실행과 확대' 과정
④ 개선할 사내 업무 정하기
⑤ 구성원 육성하기
⑥ 조직 생산성뿐만 아니라 업무에도 적용하기

'완전 이행' 과정
⑦ 생성형 AI 시대와 가장 잘 어울리도록 조직이나 근무 형태를 변혁하고 이행하기

과정 1 인식 공유와 준비

조직에 생성형 AI를 적용할 때 가장 중요한 것은 "왜 생성형 AI가 자사에 중요한가?", "생성형 AI 도입을 통해 이루려는 목표는 무엇인가?"라는 인식을 공유하고 생성형 AI 도입을 추진할 수 있도록 체계를 정비하는 것입니다. 그리고 이 과정에서는 다음 3가지 행동이 중요합니다.

● '인식 공유와 준비' 과정의 3가지 행동

행동 1
조직 상위 결정권자들의
적극적인 참여

행동 2
목표 정하기

행동 3
핵심 팀
설치하기

■ 행동 ① 조직 상위 결정권자들의 적극적인 참여

어떤 조직 변혁이든 마찬가지지만, 조직의 경영자, 적어도 이에 준하는 임원진이 생성형 AI의 가능성을 제대로 이해하고 위기감을 느끼며 조직 변혁에 적극적으로 참여해야 합니다.

그러나 "이게 가장 어려운 부분인 것 같은데?"라는 독자의 목소리가 들리는 듯합니다. 실제로도 "저는 생성형 AI에 엄청난 기회와 위기감을 느끼나 경영진이 전혀 이해하려 하지 않아요. 어떻게 하면 좋을까요?"라는 상담을 자주 받곤 합니다.

이 책은 기본적으로 경영진을 주요 대상으로 하여 썼지만, 독자 중에는 자사의 사업이나 조직을 변혁하는 데 열정이 있는 구성원도 많으리라 생각합니다. 그렇다면 자신의 자리에서 생성형 AI를 적극적으로 도입하도록 경영진에게 설명하고 설득했으면 합니다. 이와 달리, 현재 당신이 경영진이나 임원이라면 이 책을 읽고 다른 구성원에게 생성형 AI가 가져올 충격을 설명할 수 있기를 바랍니다.

경영진이나 임원이 생성형 AI를 도입할 의욕을 느끼도록 하는 효과적인 방법에는 2가지가 있습니다. '외부 강사의 강의'와 '사내에서 작은 실험을 통해 효과를 정량적으로 제시'하는 것입니다.

전자는 생성형 AI 비즈니스 활용을 잘 아는 외부 전문가를 초청하여 전 사원을 교육하는 것입니다. 즉, '외부의 충격으로 내부의 눈을 뜨게 하는 접근법'입니다.

일정 수준의 사내 교육 예산을 지출할 수 있는 기업은 많으므로 이 예산으로 외부 강사를 초청하여 강의를 열고, 생성형 AI의 가치를 이해했으면 하는 대표나 임원의 일정을 적극적으로 조정하여 가능한 한 참여하도록 합시다. 다시 한번 강조하지만, 대표와 임원이 참가하는 것이 첫 단추이므로 어떻게든 그들이 참여할 수 있도록 설득합시다.

필자도 기업의 의뢰가 있을 때는 경험을 중심으로 강의하는데, 강의가 끝난 후에는 "생성형 AI는 우리 회사의 사활이 걸린 문제이므로 도입 외의 선택지는 없어 보이네요.", "생성형 AI는 두려운 것이 아니라 나의 업무 질을 높이는 가슴 설레는 존재네요."라며 태도와 자세가 바뀐 대표나 구성원을 보곤 합니다. 이렇게 되면 이후 진행은 순조롭습니다. 여러분은 생성형 AI의 가능성을 통감하지만 주변은 그렇지 않다고 느낄 때는 오히려 '외부의 충격'으로 한 번에 숨통을 트게 하는 방법이 바람직할 수도 있습니다.

또 하나의 방법은 사내 업무 일부에 생성형 AI를 시험 삼아 도입하고 그 개선 효과를 바탕으로 윗사람을 설득하는 것입니다. 모든 부서에 생성형 AI를 도입하기는 어렵다고 해도 하나의 부서나 하나의 부문에서 일정 기간 실험적으로 도입하는 것은 그리 어렵지 않을 터입니다. 이렇게 자기 부서나 부문에서 생성형 AI와 잘 어울리는 업무(5장 참조)에 생성형 AI를 활용하되 정량적으로 개선 효과를 측정해야 한다는 점이 중요합니다.

현재 상태에서도 생성형 AI를 잘 사용하면 특정 업무 효율을 2배 이상, 심지어는 10배 이상 향상할 수 있습니다. 그리고 이처럼 효과가 분명한 개선 수치라면 윗사람을 설득하기도 비교적 쉽습니다. 그러므로 생성형 AI 도입을 열망하는 담당자는 도입 자체를 목적으로 삼지 말고 생성형 AI 도입 전과 후의 변화를 측정하는 일에 관심을 둬야 합니다.

가장 간단한 방법은 도입 전과 후 각각의 시점에 직원을 대상으로 설문 조사를 실행하는 것입니다. 이를 통해 대상 업무에 어느 정도 시간이 걸렸는지 그 차이를 정량화합니다. 실제 작업에 걸린 시간을 측정하는 방법이 더 정확하기는 하지만, 측정 자체에 시간이 걸리다 보니 추가 비용이 드는 등 본말이 전도될 수 있습니다. 설문 조사로 전후 업무 소요 시간을 묻는 편이 간편하기도 하고 어느 정도 신뢰할 수 있는 데이터를 얻을 수도 있습니다.

조직 상위 결정권자들이 생성형 AI 도입을 여전히 망설인다면 여기서 소개한 2가지 방법을 활용하여 설득해 보세요.

■ 행동 ② 목표 정하기

새로운 기술을 도입하여 기업을 혁신할 때, 그 결과로 바라는 상태가 어떤 것인지를 목표로 정해야 합니다. 목표가 없다면 수많은 생성형 AI를 활용할 때 어느 것을 선택할지 명확하지 않고, 구성원 역시 번거로운 과정 혁신이나 학습 비용을 지불하면서까지 생성형 AI를 도입해야 하는지 의문을 느낍니다.

이때 생성형 AI로 달성하려는 결과 중 업무 효과나 비용 절감은 과정일 뿐이며, 이후 사업 확대와 직원의 업무 만족도 향상이 궁극적인 목표여야 한다는 점이 중요합니다.

회사 조직의 원래 목표는 사회 제공 가치를 최대화하고 이를 지속하고자 이익을 최대화하며 기업 구성원의 행복도를 최대화하는 데 있습니다. 업무 효율이나 비용 절감은 이를 달성하는 수단일 뿐입니다.

생성형 AI 덕분에 직원의 업무 질이 올라 반복되는 잡무에서 벗어나 일의 만족도가 오르면 이는 직원의 능력 향상과 업무 효율화로 이어집니다. 그 결과, 이익 구조가 개선되고 잉여 자원이나 이익 재투자를 통해 사회에 제공할 가치가 커집니다. 생성형 AI를 사용하여 업무를 효율화하고 비용을 절감한다는 단순한 목표로는 누구도 가슴을 설레지는 않을 겁니다. 그러기에 긍정적인 목표가 있어야 합니다.

이러한 미래 지향 목표 설정은 본질과는 별도로, 회사 직원이 생성형 AI 활용을 적극적으로 하게 만드는 방법론으로도 무척 중요합니다.

필자는 조직이 생성형 AI를 자연스럽게 도입하려면 '차가운 바람'이 아닌 따뜻한 '햇볕'을 이용한 접근법이 필요하다고 생각합니다.

날마다 쏟아지는 생성형 AI 뉴스 중, AI의 진화 탓에 사무직이 사라지리라는 예측 때문인지 회사가 적극적으로 생성형 AI를 도입하려는 데 대해 무의식적인 공포감을 느끼는 직원도 많습니다.

이런 직원을 "생성형 AI가 이렇게 발전했음에도 이를 제대로 사용하지 못하는 기업이나 회사는 그 가치가 사라진다."라는 공포감을 조장하는 '차가운 바람'으로 움직이려 하면 언젠가 나의 자리가 사라진다는 공포감 때문에 생성형 AI 도입을 반대하는 편에 섭니다. 이렇게 되면 자사 제품이나 작업 흐름에 생성형 AI를 도입하려는 동력도 사라집니다.

이런 일이 벌어지지 않도록 경영자는 따뜻한 '햇볕' 접근법으로 직원을 대해야 합니다. 필자가 자문하는 회사 중에는 가슴 설레는 미래 지향적인 목표 설정은 물론, 직원을 대상으로 생성형 AI 아이디어 대회나 이미지 생성형 AI 워크숍을 개최하는 곳이 많습니다. 직원이 생성형 AI에 재미를 느끼도록 하고 본격적으로 실무에 생성형 AI를 활용하는 과정을 거친다면 도입도 자연스럽게 늘 겁니다.

■ 행동 ③ 핵심 팀 설치하기

생성형 AI의 사내 활용을 추진할 때는 이를 전담하는 핵심 팀을 설치하는 것이 좋습니다. 즉, 생성형 AI나 대규모 언어 모델 활용과 이에 따른 사업 가치 창출, 조직 생산성 향상을 목적으로 하는 전담 부서를 설치하는 것이 바람직합니다. 자원이 부족해 전담 부서를 설치하기 어렵다면 먼저 각 부서에서 생성형 AI 활용에 적극적인 구성원을 모아 사내 에반젤리스트(전도사, Evangelist)로 임명하고 생성형 AI의 사내 확산과 조직의 생산성 향상을 주요 목적으로 하는 실무단working group을 꾸려도 좋습니다. 이때는 본업과 겸하더라도 괜찮습니다.

전담 부서든 겸업 실무단이든, 이러한 핵심 팀을 잘 운영하는 데는 몇 가지 요령이 있습니다. 첫 번째는 조직의 최고 책임자나 이에 준하는 임원이 핵심 팀을 담당하도록 하는 것입니다. 이러한 핵심 팀이 생성형 AI 지식을 각 부서에 전파할 때 조직 상위 결정권자들이 관여하지 않는다면 "기술만 앞세우는 부서에서 귀찮은 일만 떠넘기는 거 아냐?"라며 현장에서 느끼는 거부감으로 진행이 더딜 때가 흔하기 때문입니다.

또한, 핵심 팀은 다양한 전문 지식과 관점을 활용할 수 있도록 가능한 한 여러 부서와 직종 출신으로 구성하는 것이 바람직합니다. 영업직, 기술직, 설계직 등 관점에 따라 생성형 AI 기술 활용 방법은 다르므로 각 부서의 운영 지식과 생성형 AI의 강점을 합하면 큰 성과를 낼 수 있습니다.

마지막으로, 이 핵심 팀은 날마다 변하는 생성형 AI의 새로운 지식 동향이나 업무 활용 중에 발견한 기법을 조직 전체를 대상으로 정기적으로 피드백하는 것이 바람직합니다.

조직이 생성형 AI를 도입할 때, 그 유명한 2:6:2 법칙이 드러날 때가 흔합니다. 새로운 기술에 호기심이 강한 20%는 스스로 그 기술을 배우고, 이와 달리 새로운 기술에 부정적이거나 도입을 꺼리는 20%는 배우려고도 활용하려고도 하지 않으며, 중간 60%는 주변 반응이 긍정적인지 부정적인지에 영향을 받아 행동을 결정한다는 이론입니다.

그러므로 생성형 AI를 추진하는 핵심 팀은 중간 60% 그룹을 주요 대상으로 삼아 정기적으로 지식을 공유해야 합니다. 이를 통해 중간 60%가 긍정적인 반응을 보이고, 결과적으로 움직이려 하지 않던 부정적인 20%도 어쩔 수 없이 해야 하는 상황을 만들 수 있습니다. 우리나라에서는 상상하기 어렵지만, 직원 해고가 비교적 자유로운 서구권에서는 새로운 기술을 활용하여 자신의 생산력을 향상하는 일에 부정적인 인재는 가장 먼저 정리 해고 대상이됩니다. 이와 달리 실질적으로 해고가 어려운 기업 환경이라면 시간은 걸리더라도 앞서 이야기한 방법을 끈기 있게 실행해야 합니다.

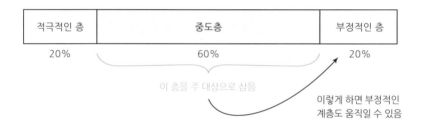

과정2 실행과 확대

이로써 준비를 마쳤다면 이제부터는 조직이나 사업에 생성형 AI를 도입하는 과정으로 넘어갑니다. 생성형 AI 활용을 추진하고 이로부터 얻은 지식이나 실험 결과를 바탕으로 활용의 폭을 넓히는 과정을 반복합니다. 이번에도 크게 3가지 행동으로 나누어 설명합니다.

행동 4
개선할 사내 업무
정하기

행동 5
구성원 육성하기

행동 6
사업 가치 창조에도
적용하기

■ 행동 ④ 개선할 사내 업무 정하기

생성형 AI를 조직에 도입할 때 중요한 주제의 하나는 생성형 AI를 활용하여 실제로 사내 업무 효율을 개선하는 것입니다. 이에 필요한 구체적인 단계는 다음과 같습니다.

● 개선할 사내 업무를 정하는 6단계

① 생성형 AI를 적용할 업무 분야 정하기

② 사내 이용 가이드라인 정비하기

③ 도구 선정과 프롬프트 설계하기

④ 성과 측정하기

⑤ 시스템화하여 조직 내에 퍼뜨리기

⑥ 모범 사례 공유하기

1단계 생성형 AI를 활용할 업무 분야 정하기

먼저 생성형 AI를 활용할 업무 분야를 정하는 것이 첫걸음입니다. 생성형 AI가 아주 강력한 도구이기는 하나, 그렇다고 만능은 아닙니다. 그러므로 생성형 AI가 잘하는 분야를 정확하게 이해하고 업무에 적용해야 합니다. 생성형 AI를 활용할 업무 분야를 정할 때는 다음 3가지 관점을 참고하세요.

● 생성형 AI를 활용할 업무 분야를 정하는 3가지 관점

관점 1
생성형 AI의
본질적 가치
[1장]

관점 2
업무 효율화 기법
[5장]

관점 3
업무 분야별 생성형 AI
활용 효과 평가
by 맥킨지앤컴퍼니
보고서

첫 번째 관점은 1장에서 살펴본 생성형 AI의 본질적인 가치입니다. 생성형 AI의 강점을 이해한 다음, 이를 적용할 업무 분야를 생각합니다.

두 번째는 5장에서 설명한 생성형 AI를 이용한 구체적인 업무 효율화 기법입니다. 앞서 소개한 기법 중 자사와 잘 어울리는 것부터 시작하는 것도 비교적 빠르게 효과를 확인하는 한 가지 방법입니다.

세 번째로 참고할 만한 것은 앞서 이야기한 맥킨지앤컴퍼니의 보고서 「The economic potential of generative AI(생성형 AI가 일으킬 잠재 경제 효과)」에 실린, 업무 분야별로 생성형 AI의 활용 효과를 평가한 표입니다. 이 표에서는 '개발', 'CS', '마케팅', '영업', '제품 R&D' 등이 생성형 AI를 활용하면 개선 효과가 더 큰 업무 분야라고 평가합니다.

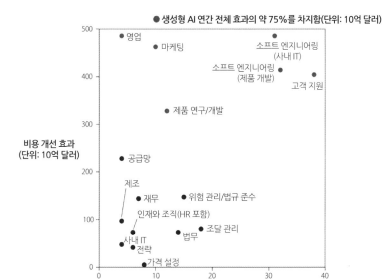

●생성형 AI 연간 전체 효과의 약 75%를 차지함(단위: 10억 달러)

출처: 맥킨지앤컴퍼니 'The economic potential of generative AI' (2023년 6월) https://www.mckinsey.com/ capabilities/mckinsey-digital/our-insights/the-economic-potential-of-generative-ai-the-next-productivity-frontier

이러한 관점에서 먼저 자사의 어떤 사업 분야에서 생성형 AI를 활용하면 최대의 효과를 얻을 수 있을지를 잘 살펴서 결정합시다.

이와 더불어, 업무 효율화의 효과를 높이려면 '기존 업무 흐름을 밑바닥부터 바꿀 방법'을 생각해야 합니다.

예를 들어, A→B→C라는 업무 흐름이 있을 때 이전의 효율화에서는 A, B, C 각각의 업무를 20~30% 정도 효율화하고 이를 더한다는 발상이 흔했습니다. 그러나 생성형 AI를 사용하면 애당초 A와 B 전체를 생략하고 C만으로 마찬가지 성과를 얻을 수도 있습니다. 발상을 과감하게 전환하여 업무를 개선하려는 자세가 생성형 AI 활용에서는 중요합니다.

2단계 사내 이용 가이드라인 정비하기

회사 내에서 생성형 AI 활용을 추진할 때는 위험을 최소화하는 보수적인 설계 역시 중요합니다. 기업이 생성형 AI를 활용할 때는 크게 다음과 같은 4가지 위험이 있습니다. 생성형 AI를 적극적으로 활용하기 위해서도 위험을 최소화하는 보수적인 가이드라인을 미리 설계하여 구성원에게 알려야 합니다. 여기서는 각 위험을 줄이는 방법을 간단하게 살펴봅니다.

● 기업의 생성형 AI 활용과 관련한 4가지 위험

첫 번째(①), 데이터 보안 위험은 AI 기업이 입력한 데이터를 학습하고 그 결과 비밀 정보가 누출되진 않을까 하는 염려입니다. 기본적으로 챗GPT에 입력한 정보를 OpenAI가 학습 데이터로 이용하는 데서 생기는 위험입니다. 챗GPT에서 데이터 학습을 옵트아웃으로 설정하여 이를 방지할 수 있으나 사원 수가 수백, 수천 명인 기업에서 모든 사원이 이를 철저하게 지키기란 쉽지 않습니다. 이에 다음 2가지 방법을 추천합니다.

첫 번째 방법은 OpenAI의 API나 Azure OpenAI Service의 API를 사용하여 자사 전용 챗GPT 도구를 개발하는 방법입니다. API를 이용하면 데이터를 학습하지 않으므로 유일한 보안 위험은 데이터가 클라우드에 있다는 점뿐으로, 클라우드 서비스 자체를 금지하는 엄격한 기업이 아니라면 도입 시의 염려를 크게 줄일 수 있습니다. 챗GPT와 비슷한 인터페이스를 구현하는 라이브러리는 GitHub에서 찾을 수 있으므로 큰 비용을 들이지 않고도 구축할 수 있습니다.

두 번째 방법은, OpenAI의 기업 대상 유료 서비스인 챗GPT Team, 마이크로소프트Microsoft가 대기업을 대상으로 제공하는 마이크로소프트 코파일럿Microsoft Copilot(구 Bing Chat Enterprise) 등의 기업 대상 AI 채팅 서비스를 이용하는 방법입니다. 사용자마다 월 단위로 비용을 내야 하나 초기 개발이나 사내 유지보수 비용은 필요 없습니다. 이러한 기업 대상 AI 채팅 서비스는 OpenAI나 Azure OpenAI Service의 API를 이용하므로 출력 정밀도는 챗GPT에 버금가면서도 청구 관리나 이용 모니터링 등이 가능하다는 장점이 있습니다.

● 데이터 학습 위험을 피하는 2가지 방법

챗GPT의
데이터 학습을
옵트아웃하기

오픈AI 등의 API를
이용하여 자사만의
채팅 인터페이스
개발하기

두 번째② 저작권 위험과 관련해서는 2023년 12월 말, 문화체육관광부가 공개한 「생성형 인공지능(AI) 저작권 안내서」의 주요 내용을 확인해야 합니다. 많은 내용이 있지만, 저작권과 관련해서 주목할 만한 내용을 정리하자면 다음과 같습니다.

우선, AI 산출물은 저작권을 등록할 수 없습니다. 저작권 등록은 인간의 사상 또는 감정이 표현된 창작물에 대해서만 가능하므로, 인간의 창작적 개입이 없는 인공지능 산출물에 대한 저작권 등록은 불가하다고 합니다. 다만, 작업 과정에서 사람의 수작업 비중이 높을 경우 부분적으로 저작물성 및 저작권이 인정될 여지가 있습니다. 따라서 인간의 창의적인 작업이나 개입 없이 오로지 생성형 AI를 통해 사업이나 서비스 작업물을 제작했다면, 이 작업물의 저작권은 보호받기 어려우므로 주의해야 합니다.

또한, 원하는 AI 산출물을 만들기 위해 입력하는 텍스트나 이미지, 오디오 등의 데이터가 타인의 저작권을 침해하거나 침해를 유도하지 않도록 유의해야 합니다.

● 문화체육관광부의「생성형 인공지능(AI) 저작권 안내서」주요 내용

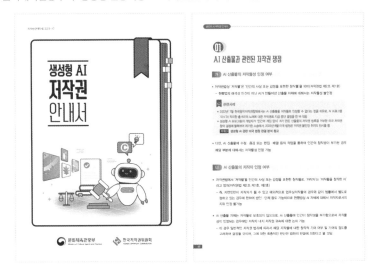

출처: 한국저작권위원회「생성형 인공지능(AI) 저작권 안내서」(2023년 12월)
https://www.copyright.or.kr/information-materials/publication/research-report/view.do?brdctsno=52591

세 번째③ 자료 조사가 목적일 때 잘못된 정보 위험을 피하려면 챗GPT가 아닌 5장에서 소개한 퍼플렉시티 AI를 이용하여 참조 링크 등으로 사실을 확인해야 합니다.

네 번째④ 평판 위험이란 저작권 등의 관점에서 법률적인 문제는 없더라도 생성형 AI를 이용했다는 사실만으로 업계나 커뮤니티의 반발을 부를 수 있다는 위험입니다. 이는 우리나라만의 문제가 아니며, 보조 출연자를 AI로 대체하거나 챗GPT 등이 쓴 각본으로 대체하는 데 위기감을 느낀 미국 배우 조합과 미국 작가 조합이 약 4개월간 대규모 파업에 들어간 일도 있었습니다.

평판 위험을 줄이려면 자사가 속한 업계나 커뮤니티가 어떤 분위기인지를 이해하고 자사가 중요하게 여기는 이해관계자의 이익을 침해하지 않도록 제품을 설계합니다. 그리고 이 사실을 홍보하되 어느 정도 반발을 예상하여 핵심 참여자가 직접 대외적으로 알리는 등의 기획이 필요합니다.

3단계 도구 선정과 프롬프트 설계하기

업무 분야를 정하고 가이드라인을 정비했다면 다음은 실제 업무를 효율화하고자 "어떤 생성형 AI 서비스를 활용할 것인가?"나 "어떤 프롬프트로 이를 실현할 것인가?" 등을 설계합니다.

예를 들어, 요약이나 글 생성 등 텍스트 분야만 하더라도 대표적인 미국 OpenAI사의 GPT-4나 챗GPT 등 외에도 긴 글을 잘 다루는 미국 앤트로픽 Anthropic사의 클로드3Claude-3, 어느 정도 자사에 맞도록 사용자 정의할 수 있는 메타Meta사의 라마2Llama-2 등도 유력한 선택지의 하나가 될 수 있습니다.

또한, 업무에서는 하나의 생성형 AI 서비스로 처리한 내용을 다른 생성형 AI로 이어서 처리하여 결과물을 작성하도록 하는 방법도 있습니다.

사용할 생성형 AI 도구를 정했다면 실제 어떤 프롬프트를 설정하고 어떤 정보를 변수로 전달하여 처리할 것인가를 설계합니다. 이른바 프롬프트 엔지니어링이라 부르는 과정으로, 5장에서 소개한 프롬프트 기법을 참고로 사내에서 프롬프트를 가장 잘 활용하는 인재를 찾는 등 다양한 방법으로 최적의 프롬프트를 설계합시다.

4단계 성과 측정하기

생성형 AI를 업무 흐름에 도입했다면 실제로 어느 정도 업무 효율화를 이루었는지를 정량적으로 측정해야 합니다. 기업의 ROI는 쉽게 알 수 있으므로 단순히 기존 생성형 AI 서비스를 활용할지, 잠시 후 다룰 내용처럼 사내에서 생성형 AI 시스템을 직접 개발할지 등을 판단하는 데도 도움이 됩니다.

기존 생성형 AI 서비스를 사용하여 어느 정도 업무 효율화를 꾀하다 보면 여러 개의 생성형 AI 시스템을 자동화하여 처리를 연결하거나 자사 고유의 사용 방법을 적용하고자 하는 바람이 생기곤 합니다. 이런 과정에서는 지금까지의 지식을 바탕으로 어느 정도 개발 비용을 투자하여 다양한 생성형 AI 시스템을 조합하면서 자사에 가장 잘 어울리는 시스템을 구축하는 것이 좋습니다.

이렇게 하면 직접 해야 했던 일부 작업도 완전히 자동화할 수 있으며 프롬프트를 인터페이스 안에 숨길 수도 있습니다. 이를 통해 지식이 유출될 염려 없이 협력 업체나 프리랜서 등의 회사 밖 관계자까지 활용 폭을 넓힌다면 전체 운영의 효율도 올릴 수 있습니다.

6단계 모범 사례 공유하기

지금까지의 과정을 통해 달성한 업무 효율화의 성과를 사내 다른 부서와 적극적으로 공유해야 합니다. 구체적인 개선 효과를 알면 다른 부서에 활용 동기 부여는 물론, "우리 부서에서는 이 방법을 이렇게 바꿔 사용했어요."처럼 자발적으로 창의성을 발휘할 수도 있습니다.

▪ 행동 ⑤ 구성원 육성하기

생성형 AI를 활용하여 구체적인 업무 과정을 효율화하면서 동시에 직원의 생성형 AI 활용 능력도 함께 길러야 합니다. 직원의 생성형 AI 활용 수준이 올라 생산성이 수십 퍼센트(%)라도 오른다면 회사 전체의 실적에 끼치는 영향은 상당히 클 것이기 때문입니다.

직원의 생성형 AI 활용 능력을 기르려면 다음 3가지가 중요합니다.

● 직원의 생성형 AI 활용 능력을 기르는 3가지 포인트

포인트 1
표지가 아닌
본문을 읽도록 하기

포인트 2
생성형 AI 시대에도
여전히 뒤떨어지지 않는
핵심 능력 기르기

포인트 3
사내 생성형 AI 도구의
주간 활성 사용자(WAU)를
주요 KPI의 하나로
모니터링하기

포인트 1 표지가 아닌 본문을 읽도록 하기

"표지만 보는 게 아니라 본문도 읽는다."라는 말은 실제로 생성형 AI 도구를 사용해 보라는 뜻입니다. 당연한 말처럼 들리지만, 새로운 서비스 소식을 열심히 챙겨 보기는 해도 실제로 사용해 보는 사람은 뜻밖에 많지 않습니다.

마치 새로운 책이 늘어선 서점 진열대를 지나면서 표지만 훑고는 무언가 새로운 지식을 얻은 듯이 느끼는 것과 마찬가지입니다. 진짜 지식을 얻으려면 표지만 보지 말고 그 책을 집어 펼쳐 보고 내용이 마음에 든다면 돈을 내고 사서 집으로 가져와 차분하게 읽어야 합니다.

생성형 AI 서비스를 바라보는 자세도 마찬가지입니다. 생성형 AI 분야는 새로운 AI 모델이나 서비스가 자주 등장하므로 새로운 소식을 쫓기만 해도 생성형 AI 지식을 얻은 듯한 착각이 들기 쉽습니다. 그러나 생성형 AI 도구를 실제로 사용하고, 필요하다면 비용을 투자해서라도 더 자세히 살펴봐야 비로소 진정한 뜻에서 생성형 AI를 안다고 할 수 있습니다.

사내 구성원의 생성형 AI 활용 능력을 기르고자 한다면 단순히 표지만 바라보도록 할 것이 아니라 생성형 AI 서비스를 직접 다루어 보는 여유를 갖도록 해야 합니다.

생성형 AI 시대를 준비하는 사원을 기르다 보면 생성형 AI 탓에 여러 가지 구체적인 기술의 가치가 상대적으로 떨어질 수 있습니다. 그러나 여전히 뒤떨어지지 않는 핵심 능력은 키워야 합니다. 이러한 핵심 능력에는 어떤 것이 있을까요? 필자는 '크리에이티브 디렉션creative direction' 능력이 이에 해당한다고 생각합니다.

생성형 AI를 사용하여 무언가를 하는 행위는 '머릿속의 이상을 언어로 제시하고 그 결과를 적절한 디렉션(지시)과 조합하여 가장 바람직한 결과로 이끄는 것'입니다. 이는 '크리에이티브 디렉터creative director'라 불리는 사람이 하는 일과도 비슷합니다.

그러면 크리에이티브 디렉션 능력이란 무엇일까요? 크게 다음 6가지 능력으로 나눌 수 있습니다.

● 크리에이티브 디렉션을 구성하는 6가지 능력

① 상상력	② 감성을 말로 표현하는 능력
③ 풍부한 지식	④ 눈썰미
⑤ 지휘 능력	⑥ 스토리텔링 능력

먼저, 사람이 열광하는 이상을 자신의 머릿속에 그리는 '상상력'이 있어야 하고, 그 추상적인 머릿속 이미지를 AI나 사람에게 적절하게 전달해줄 '감성을 말로 표현하는 능력'과 '풍부한 지식'이 있어야 합니다.

그리고 생성형 AI가 만든 수많은 결과에서 좋은 것을 선택하는 '눈썰미'와 다양한 AI와 이를 이용하는 사람이 서로 협조하여 같은 목표를 향하도록 하는 '지휘 능력'도 필요합니다.

마지막으로, AI가 아무리 좋은 결과를 생성하더라도 이를 사용하여 회사 안팎이나 사회가 관심을 두도록 하려면 사람이 가진 '스토리텔링 능력'이 중요합니다.

이러한 크리에이티브 디렉션 능력은 생성형 AI가 발전하여 개별 기술을 AI가 대체하더라도 여전히 필요한 핵심 능력으로, 생성형 AI가 널리 퍼질수록 그 중요성은 오히려 더 커질 것입니다.

기업은 이 능력을 키우고자 교육 프로그램을 제공하거나 직무 간 훈련OJT을 통한 교육 등을 실시해야 합니다. 구체적인 디자인이나 엔지니어링 기술과는 달리 크리에이티브 디렉션 능력은 키우기가 어렵습니다. 그러나 어렵다고 이를 피하다 보면 생성형 AI 시대임에도 이를 활용하지 못하는 직원만 넘쳐나는 미래가 기다릴 겁니다. 기업은 당장 이 어려운 주제와 마주해야 합니다.

포인트 3 사내 생성형 AI 도구의 주간 활성 사용자WAU를 주요 KPI의 하나로 모니터링하기

자신의 활동을 측정할 지표를 설정하고 이를 이용하여 어느 정도 위치인지를 항상 모니터링하는 것은 어떤 프로젝트에서든 중요한 일입니다. 이렇게 하면 목표까지의 진행 정도를 정량적으로 나타낼 수 있습니다.

구성원의 생성형 AI 활용 능력을 높이는 3번째 포인트는 바로 이러한 지표화 과정을 생성형 AI 보급 과정에도 적용하는 것입니다.

알기 쉬운 지표의 예로, 사내에 도입한 생성형 AI 도구(대부분 챗GPT의 API를 이용한 사내 시스템이나 기업 대상 챗GPT 서비스)를 1주일에 1번 이상 사용한 직원의 비율(Weekly Active User 비율, 이하 WAU 비율)을 들 수 있습니다.

그리고 자사의 WAU 비율을 다음 기준으로 평가하고 'OK 수준', 'Good

수준', 'Great 수준' 순서로 달성할 수 있도록 사내 분위기를 조성합니다.

이 WAU 비율이 오를수록 사내 구성원의 생성형 AI 활용 능력도 함께 오를 터입니다. WAU 비율을 올리는 데 효과적인 방법은 다음 3가지입니다.

● 사내 생성형 AI 도구의 WAU 비율을 높이는 3가지 방법

첫 번째는 정기적인 교육 모임을 여는 방법입니다. 이는 [과정 1]의 행동 ③에서 살펴본 핵심 팀이 주체가 되어 정기적으로 개최하는 사내 교육 모임으로, 추천하는 사용 방법이나 구체적인 프롬프트, 업무 효율화를 이룬 사내 사례를 공유하여 구성원에게 생성형 AI 사용에 따른 장점을 직접 느끼도록 하는 것이 목적입니다.

두 번째는 사내 소식지를 활용하는 방법입니다. SaaS 제품 등에서 사용자의 이용률을 높이고자 흔히 사용하는 방법으로, 이용하기 시작한 사용자에

게 조금씩 수준이 높아지는 설명서 콘텐츠를 사내 소식지를 통해 전달하는 것입니다. 사내에서 생성형 AI의 활성 사용률을 높일 때도 사내 소식지로 추천하는 사용 방법이나 프롬프트 정보를 전달하는 방법이 효과적입니다.

마지막으로 용도별 템플릿을 준비하고 이를 구성원과 공유하는 방법입니다. 사내에서 이용할 생성형 AI 도구에 이 템플릿을 등록하여 바로 호출할 수 있도록 하는 것이 바람직하나, 이것이 어려울 때는 문서로 정리하여 공유하는 방법도 효과적입니다. 조직의 생성형 AI 능력을 기르고자 한다면 꼭 이용해 보길 바랍니다.

■ 행동 ⑥ 사업 가치 창조에도 적용하기

생성형 AI 활용이 당연한 조직을 만들 때 업무 과정 활용이나 구성원 교육과 더불어 중요한 것이 사업 가치 창조에도 생성형 AI를 적용하는 것입니다. 사업 가치 창조는 크게 생성형 AI를 이용한 새로운 서비스 만들기와 기존 사업에 생성형 AI 기술 활용하기로 나눌 수 있습니다.

전자는 1장에서, 후자는 [칼럼 2]에서 설명했으므로 구체적인 내용은 해당 부분을 참고하세요. 여기서는 조직에 생성형 AI를 보급하려 할 때 중요한 관점이라는 것을 다시 한번 지적하고자 합니다.

과정 3 완전 이행

이제까지 살펴본 단계를 거쳤다면 현시점에서 생각할 수 있는 범위에서 조직에 생성형 AI를 적용하는 과정은 상당히 진행된 상태일 겁니다. 지금부터는 좀 더 욕심을 내어 적용이 상당히 진척된 조직이 다음 목표로 삼아야 하는 과정을 살펴봅니다. 출간 후 몇 년이 흘러 생성형 AI가 지금보다 더 발전하더라도 여전히 읽을 만한 책이 되기를 바라는 마음에서 이후 5~10년 단위로 기업에 바라는 변화도 함께 다루겠습니다.

■ 행동 ⑦ 생성형 AI 시대와 가장 잘 어울리도록 조직이나 근무 형태를 변혁하고 이행하기

생성형 AI 활용이 당연한 조직으로 만드는 마지막 단계는 조직이나 일하는 방법을 생성형 AI 시대에 최적인 형태로 변혁하는 것입니다. 그러면 생성형 AI 시대에서 조직이나 일하는 방법은 어떻게 변화하고 기업에는 어떤 주제가 중요해질까요? 필자는 생성형 AI 시대에 알맞은 조직을 만들려면 다음 4가지 변화를 준비해야 한다고 생각합니다.

● 생성형 AI 시대의 4가지 조직 변화

① 팀 규모의 소형화	② 조직의 다양성 확대
③ 직종의 대이동	④ AI를 이용한 의사 결정

1. 팀 규모의 소형화

생성형 AI 발전과 함께 조직 운영도 많이 달라집니다. 많은 직원이 필요했던 사업이나 프로젝트가 생성형 AI 진보에 따라 적은 수의 인원으로도 운영할 수 있게 될 테니까요. 이전 대규모 조직 구조를 재검토하여 더 작은 규모이면서도 더 효율적으로 팀을 편성한 기업이 성공하고 성장하는 시대가 될 겁니다. 단적으로 말하면, 앞으로는 사내에 스타트업과 같은 소규모 팀 여러 개를 묶은 듯한 조직력을 요구하리라 예상합니다.

이렇게 되면 이전처럼 전문 기술별로 묶은 수직적인 조직이 아니라 다양한 직종의 직원이 서로 협력하는 형태가 되어야 합니다. 즉, 기업 조직 형태로 볼 때는 더 수평적인 조직 구조가 힘을 발휘하게 됩니다.

또한, AI 기술 진보는 중간 관리직의 역할도 바꿉니다. 이전에는 정보 정리나 이해 조정이 중간 관리직의 주요한 역할이었지만, AI를 이용하면 이 작업을 자동화하고 효율화할 수 있으므로 '중간 관리직'이라는 존재 의미가 점점 사라집니다.

그러므로 이전에 그 직위에 있던 사람이라면 새로운 기술을 배워야 할 겁니다. 이는 소규모 팀의 관리자로서 활약해야 한다는 것을 뜻할 수도 있으며, 기업 안의 수많은 소규모 팀을 유기적으로 잇는 매개자 역할을 뜻할 수도 있습니다. 기업 경영자가 이러한 변화에 대처하려면 '중간 관리직'의 재교육에도 힘써야 하고 조직 전체의 유연성과 적응력도 키워야 합니다.

2. 조직의 다양성 확대

생성형 AI 덕분에 언어 장벽도 결국은 사라질 겁니다. 이를 직감적으로 알 수 있는 사례로 미국 모비오_{Movio}사가 제공하는 헤이젠_{HeyGen} 서비스를 들 수 있습니다.

이 서비스에서는 자신이 말하는 모습을 촬영한 5분가량의 동영상을 미리 올리고 이후 텍스트 원고를 올리기만 하면 마치 자신이 말하는 듯한 동영상을 생성할 수 있습니다. 게다가 영어, 프랑스어, 한국어 등 다양한 언어로 생성할 수도 있습니다. 음성이 핵심이므로 필자가 X(구 트위터)에 올린 동영상(QR 코드로 접속 가능)을 시청해 보길 바랍니다. 바로 알 수 있듯이 이 기술은 언어 장벽이 사라진 미래를 현실로 만듭니다.

온라인에서는 줌_{Zoom} 등의 화상 회의 도구를, 오프라인에서는 AR 안경 등의 웨어러블 기기를 이용하면 실시간으로 상대의 목소리를 자국어로 들을 수 있으며 자신의 말한 내용 역시 상대에게는 자국어로 들리는 세상이 5년 내에 실현될 겁니다.

출처: 필자의 X(https://twitter.com/kajikent/status/1717731682311397426)

지금까지는 언어 장벽 탓에 외국의 우수한 인력을 고용할 기회를 놓쳤지만, 앞으로는 이 장벽이 없어집니다. 그러나 언어 장벽은 사라지더라도 문화 장벽은 여전합니다. 이후 언어 장벽을 넘어 외국의 우수한 인력을 채용하고 이들에게 활약할 무대를 제공하는 기업은 성장하지만, 채용은 하되 문화나 종교의 차이를 올바르게 이해하지 못하는 기업은 뒤처질 겁니다. 즉, 언어 장벽이 사라지고 나면 어느 정도 다양성을 받아들이는지가 조직 경쟁력을 결정하는 주요 요인의 하나가 됩니다.

다양성diversity이 중요하다는 말을 들은 지는 오래지만, 이제는 말이 아닌 행동으로 다양성을 추구해야 하며 이를 올바르게 이해하는 기업만이 성장하는 시대가 올 겁니다.

3. 직종의 대이동

생성형 AI 기술이 발전하면 많은 직업이 자동화됩니다. 맥킨지앤컴퍼니는 조사 보고서 「Generative AI and the future of work in America(미국의 생성형 AI와 일자리의 미래)」에서 생성형 AI 등의 기술 발전에 따라 직종별로 고용이 어떻게 달라질지 시뮬레이션한 결과를 공개했습니다.

이 보고서를 보면 관리직은 AI에 따른 자동화 영향을 덜 받으며, 생성형 AI로 결과를 만드는 속도가 빨라지면서 오히려 관리직에 대한 수요가 증가한다고 합니다. 이와 달리 사무직, 고객 지원, 영업 등의 직업은 AI에 따른 자동화의 영향을 받는다고 합니다. 2022년부터 2030년까지 이러한 직종의 전체 고용이 약 10% 줄어들어 미국에서만 약 1,000만 명이 다른 직종으로 옮기리라 예측합니다.

즉, 생성형 AI에 따른 자동화 비율이 높은 직종의 대이동이 지금부터 5년, 10년 안에 일어난다는 뜻입니다. 대기업일수록 이렇게 자동화되는 직종에 해당하는 직원이 많을 겁니다. 또한, 원칙적으로 정리 해고를 하지 않는 나라에서는 이러한 대이동 가능성이 높은 직종의 직원들을 그대로 유지할지, 지금부터 재교육을 통해 대처할지에 따라 조직력에 차이가 나리라 생각합니다.

구체적인 재교육 방향은 이 장의 [행동 ⑤]에서 살펴본 내용을 따르지 않을까 합니다. 기업과 경영자가 이를 자신과는 상관없는 미래라고 생각하고 등을 돌릴지, 오히려 조직이 더 생산적인 창의력을 갖출 기회로 삼을지에 따라 그 결과는 크게 달라질 겁니다.

4. AI를 이용한 의사 결정

생성형 AI나 대규모 언어 모델 발전에 따라 경영이나 조직의 의사 결정 일부를 AI에 맡기는 편이 더 합리적인 장면이 늘어납니다. 업무를 '일상 반복

정도'와 '높은 인지적 복잡성'을 기준으로 4가지로 구분해 보면, 자주 반복하는 일상 업무가 아니면서 인지적으로 복잡한 업무일수록 사람과 AI가 협력해야 한다는 것을 알 수 있습니다.

● 2개의 축을 기준으로 AI를 이용한 자동화 여부 판단

	인지 복잡성이 낮음	인지 복잡성이 높음
빈도가 낮은 일상 업무	AI를 이용한 자동화	사람과 AI가 협력
빈도가 높은 일상 업무	AI를 이용한 자동화	AI를 이용한 자동화

조직의 의사 결정 중 AI로 자동화할 가능성이 큰 구체적인 예가 인사 평가입니다. 언젠가는 기업이, 사람을 타인의 주관으로 평가하는 것보다는 그 직원의 다양한 활동 데이터와 결과물을 바탕으로 AI로 판단하는 편이 합리적이라고 결론을 내릴 것입니다.

이는 SF 소설에서나 보던 이야기가 아니며, 이미 아마존Amazon에서는 아마존 플렉스Amazon Flex라 부르는 계약 사원의 근무 관리나 인사 평가를 AI에 맡깁니다. 즉, 사람의 개입 없이 AI의 판단만으로 해고하는 일이 실제로 일어나고 있습니다.

기업 성장 속도를 올리려면 이전에는 사람만의 영역이라 생각했던 의사 결

정에도 이제는 AI를 활용하는 편이 합리적일 때가 늘 겁니다. 그러려면 조직 운영 관점에서 볼 때 직원이 AI 의사 결정을 이해하고 따르도록 설계하는 것이 중요합니다.

인사 평가처럼 이해관계가 복잡할수록 알고리즘을 이용한 의사 결정에 느끼는 거부감이 큽니다. 과거 연구(Waardenburg et al. 2022)에서는 이해관계자가 AI가 내린 의사 결정의 기초가 되는 과정을 이해하지 못하거나, 특히 그 의사 결정에 동의할 수 없을 때 AI 알고리즘 사용에 저항하는 경향이 있다고 지적했습니다.

직원이 의사 결정에 동의할지를 통제하기는 어렵지만, 가능한 한 AI 의사 결정 과정이나 판단 기준을 공개하고 때에 따라서는 불공평하다고 생각하지 않도록 AI 인사 평가 등의 시스템 설계에 직원이 직접 참여하도록 해야 합니다.

이처럼 이전에는 사람만이 할 수 있는 영역이라 생각했던 의사 결정에 AI를 활용하는 경우가 앞으로 5년, 10년 안에 크게 늘어납니다. 조직을 운영하는 쪽에서는 이를 피하지 않고 자사 구성원의 감정도 존중하면서 어떻게 받아들일지 고민해야 합니다.

생성형 AI가 바꿀 미래 조직의 모습을 머릿속에 두고 지금부터라도 이를 준비하며 착실히 조직을 개선해야 합니다. 이것이 앞으로의 조직 운영에서 중요한 요소일 겁니다.

XR/메타버스에서 생성형 AI의 5가지 역할

생성형 AI가 유행하는 한편, 메타버스는 그 기세가 한풀 꺾인 듯합니다. 그러나 최근 생성형 AI 기술 발전에 따라 지금까지 확장 현실(XR)/메타버스 분야의 주요 과제가 하나씩 해결되면서 이 분야가 다시 발전할 토대를 마련하는 중이라는 사실을 알 필요가 있습니다. 이 칼럼에서는 XR/메타버스 분야에서 생성형 AI 기술이 맡을 5가지 역할을 알아보면서 가까운 미래에 현실이 될 XR/메타버스 세계의 모습을 그려보겠습니다.

XR/메타버스 분야에서 생성형 AI 기술이 맡으리라 생각하는 역할은 다음 5가지입니다.

1. 계속 변화하는 경험 실현
2. 동시 경험이 너무 적다는 문제 해결
3. 사용자 부담을 줄인 CGM 실현
4. 콘텐츠 제작 비용의 병목 현상 해소
5. 멀티모달을 이용한 자연스러운 대화 인터페이스 실현

지금부터 이를 적용한 실제 서비스 사례와 함께 하나씩 살펴봅니다.

1. 계속 변화하는 경험 실현

XR/메타버스 경험의 병목 중 하나가 체험·콘텐츠 업데이트입니다. 제작 비용이 많이 들기도 하여 XR/메타버스 경험 대부분은 한 번 경험하면 잘 바뀌

지 않습니다. 그 결과 '한 번 경험하고 만족하면 그걸로 끝'인 XR/메타버스 경험이 대부분입니다.

이러한 상황에서 XR/메타버스 분야의 스타트업인 센소리움_{Sensorium}은 AI DJ 가 작곡한 음악을 24시간 365일 재생하는 메타버스 라이브 센소리움 갤럭시 Sensorium Galaxy를 운영합니다. 완성도가 높고 끊임없이 변화하는 음악에 맞춰 AI 댄서가 춤을 추는 공간 연출을 즐길 수 있습니다.

출처: Sensorium Galaxy (https://sensoriumgalaxy.com)

많은 메타버스가 실현하지 못했던 반복 경험이었지만, 센소리움 갤럭시 Sensorium Galaxy는 방문할 때마다 변화하는 음악과 춤을 제공하여 몇 번이든 방 문하고 싶은 공간을 만들었습니다. 실제로 이 서비스는 공개 후 2주간 400만 번 이상 접속을 기록했으며 지금도 여전히 사용자의 관심을 끄는 공간입니다. 다음 URL을 방문하여 실제 라이브 공간을 경험해 보세요.

- **센소리움 갤럭시: https://sensoriumgalaxy.com/streaming**

2. 동시 경험이 너무 적다는 문제 해결

특히 메타버스는 그 정의에 따라 실시간으로 이어지는 경험(=동시 경험)이 중요합니다. 그 결과, 업로드했던 글과 같은 과거 사용자의 행동을 되돌아보며 즐기는 비동시 경험인 X(구 트위터)나 인스타그램보다, 메타버스의 이용률이 압도적으로 적습니다.

그러던 중 생성형 AI 스타트업인 미국 인월드 AI_{Inworld AI}사는 대규모 언어 모델을 이용하여 미리 설정한 캐릭터의 성격이나 배경 스토리를 바탕으로 플레이어와 자연스러운 대화를 할 수 있는 NPC(논플레이어 캐릭터, 예를 들어 RPG 게임 속 마을 사람)를 게임 안에서 간단히 구현하는 서비스를 제공합니다(실제 게임이나 경험에도 인월드 AI를 도입하기 시작하여 2023년 8월에는 5,000만 달러의 추가 투자를 유치하는 등 평가액이 5억 달러에 이를 정도로 성장했습니다). 이 분야에서는 인월드 AI 외에도 미국 콘바이 테크놀로지스_{Convai Technologies}사 등이 제공하는 서비스도 성장 중으로, 이러한 서비스 덕분에 적지 않은 실시간 동시 경험, 즉 허전하지 않은 메타버스 경험을 제공할 수 있게 되었습니다.

● 인월드_{Inworld}

출처: Inworld (https://inworld.ai)

3. 사용자 부담을 줄인 CGM 실현

XR/메타버스 경험이 본격적인 흐름이 되려면 인스타그램이나 유튜브처럼 사용자가 직접 콘텐츠를 만들고 이를 다른 사용자가 즐기는 것이 당연한 상태, 즉, CGM~Consumer Generated Media~이 되어야 합니다.

그러려면 3D처럼 복잡한 미디어 형식도 사용자가 간단히 만들 수 있는 상태, 즉 누구라도 간단히 3D 제작이나 월드를 제작할 수 있는 상태를 실현해야 합니다.

2D 모바일 게임 분야에서 로블록스~Roblox~는 사용자가 만든 게임을 다른 사용자가 즐기는 CGM으로서의 위치를 이미 확립했습니다. 이에 더해 사용자의 제작 부담을 줄이고자 제작자 대상 도구에 생성형 AI 기능을 도입하여 2023년 2월에 발표했습니다. 제작자가 텍스트로 지시하기만 해도 3D 모델의 텍스처나 조명, 움직임을 편집할 수 있습니다.

● 온사이버~OnCyber~

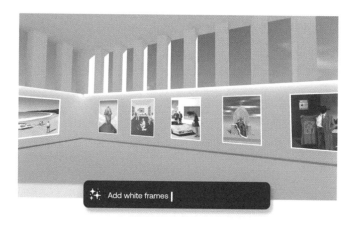

출처: OnCyber (https://oncyber.io/ja)

또한, NFT 3D 갤러리로 자주 사용되는 온사이버OnCyber(미국 oncyber사)도 생성형 AI 기능을 적용하여 텍스트를 입력하기만 해도 3D 공간 안의 장식을 원하는 대로 꾸미는 기능을 발표했습니다.

이처럼 어떤 사용자든 간단하게 콘텐츠를 만들 수 있다면 앞서 이야기한 XR/메타버스 경험이 부족하다는 문제도 상당히 개선할 수 있을 겁니다.

4. 콘텐츠 제작 비용의 병목 현상 해소

XR/메타버스 분야의 병목 현상 중 하나가 바로 제작 비용이 너무 많이 든다는 점입니다. 필자 역시 XR/메타버스 분야의 스타트업을 경영하다 보니, 체감하는 바로는 XR/메타버스 분야에서 무언가를 만들려면 같은 규모의 웹이나 모바일 앱 프로젝트와 비교할 때(물론 단순 비교는 어렵지만) 3~5배의 비용이 들 때가 흔합니다.

그러나 생성형 AI를 이용하면 이 문제도 해결할 수 있을 겁니다. 프로메테안 AIPromethean AI(미국 Promethean AI사) 서비스를 이용하면 생성 범위를 드래그 앤 드롭으로 지정하고 프롬프트를 입력하기만 해도 간단히 고품질의 3D 세계를 만들 수 있습니다.

● 프로메테안 AI_{Promethean AI}

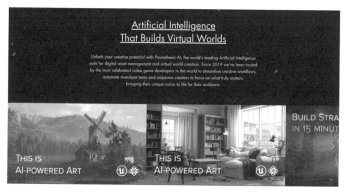

또한, 텍스트 프롬프트로 3D 요소를 생성하고 텍스처 등을 자세하게 조정할 수 있는 캐딤_{Kaedim}(영국 Kaedim사)을 시작으로 XR 경험 콘텐츠 제작비를 큰 폭으로 줄일 수 있는 생성형 AI 서비스가 속속 등장하는 중입니다(Kaedim에서는 사람이 만든 모델도 추가할 수 있습니다).

이러한 서비스를 이용하여 XR/메타버스 경험을 만드는 비용이 대폭 줄어든 다면 XR과 메타버스가 더욱 많이 보급되리라 생각합니다.

● 캐딤_{Kaedim}

5. 멀티모달을 이용한 자연스러운 대화 인터페이스 실현

XR/메타버스 분야에서 인터페이스 역시 사용자에게 부담이 큰 부분입니다. 3차원 공간에서 복잡한 조작을 포인터나 손 제스처, 음성만으로 해결하기는 어렵습니다. 텍스트나 동영상 등의 다양한 데이터를 다루는 멀티모달 대규모 언어 모델이 더 자연스러운 인터페이스를 만들어 이 과제를 해결하는 데 도움이 됩니다.

개인 개발자인 로니스 켄달이 제공하는 아이리스Iris라는 서비스에서는 시리Siri처럼 즉시 호출할 수 있는 AI 모듈에 화면의 특정 부분을 지정하고 이를 인식하도록 하여 더 자연스러운 상호작용을 실현합니다. 즉, "이것은 이렇게, 저것은 저렇게."처럼 '이런저런 말'로 지시하는 인터페이스를 구현했습니다.

● 아이리스Iris

출처: Iris (https://iris.ai)

또한, 4장에서 살펴본 대로 웨어러블 AR 기기 기업인 휴메인Humane에서는 AI 를 내장한 카메라 장치를 이용하여 식품을 비추기만 해도 알레르기를 일으키는 음식인지 판단하여 음성으로 알려줍니다.

이처럼 자연스러운 형태로 장치를 조작하는 인터페이스 실현이 늘고 있습니다.

● 휴메인 AI_{Humane Ai Pin}

출처: Humane (https://hu.ma.ne/aipin)

정리

XR/메타버스가 본격적으로 보급되어 비즈니스나 생활 변혁을 실현하려면 다음 3가지 문제를 해결해야 합니다.

많은 사람이 서비스를 사용하도록 하는 '강력한 적용 사례'를 발견해야 하고, '콘텐츠 제작 비용'을 큰 폭으로 줄여야 하며, 마지막으로 '평소에도 사용할 수 있는 사양의 장치'를 실현해야 합니다.

생성형 AI는 이 중 첫 번째와 두 번째 문제를 해결하는 데 큰 도움이 될 겁니다.

앞서 살펴본 대로 생성형 AI는 커뮤니케이션에 큰 변화를 일으킵니다. 자연스럽고 유연하게 대화할 수 있는 AI 덕분에 NPC가 극적으로 진화하기 때문입니다. 그 결과 게임 분야뿐만 아니라 XR/메타버스 학교, XR/메타버스 상담, 가상 연인 등 다양한 곳에서 몰입도 높은 서비스를 끊임없이 개발하여 많은 이가 열중하는 강력한 적용 사례 탄생으로 이어집니다.

이뿐만 아니라 XR/메타버스 계열의 서비스 개발에서 큰 비중을 차지했던 콘텐츠 제작 비용도 생성형 AI 덕분에 한숨을 돌릴 수 있을 겁니다.

대규모 팀 단위로만 개발할 수 있었던 창작물을 생성형 AI를 이용하여 몇 사람 또는 혼자만으로 만들어 내는 사례는 셀 수도 없을 정도입니다. 이처럼 창작자의 영역이 넓어짐에 따라 끊임없이 강력한 적용 사례가 만들어지는 선순환이 이루어집니다.

마지막으로 장치 또한 애플의 비전 프로_{Vision Pro}가 많은 주목을 받은 것처럼, 착실하게 진화하는 중입니다. 애플, Meta, Nreal 등의 선두 주자뿐만 아니라 그 밖의 스타트업도 계속 개발을 진행 중이므로 문제만 해결된다면 본격적으로 XR/메타버스를 보급하는 데 필요한 마지막 열쇠가 될 겁니다.

생성형 AI의 발전은 필연적으로 XR/메타버스 세계의 도약으로 이어집니다.

끝내며

"경영자나 사업 리더에게 꼭 필요한, 생성형 AI를 다룬 한 권의 책을 만들고 싶다."

이러한 목표로 책을 쓰기 시작했으나, 집필 과정은 이상과는 너무 멀었습니다. 달성하고자 하는 목표에 얼마나 도달했는지는 알 수 없으나, 이 책을 읽고 이후 기업 성장에 생성형 AI를 활용하는 것이 꼭 필요하다고 느끼고 구체적인 방법을 조금이나마 이해했다면 그것이 바로 제가 이 책을 통해 얻는 보람이라 할 수 있겠습니다.

이 책을 읽고 나서 무엇이라도 행동하고자 결심한 독자라면 다음 4단계를 시도해 보길 바랍니다.

1. 이 책에서 소개한 생성형 AI 서비스를 한번 시도해 본다.
2. 5장에서 살펴본 활용 기법을 일상의 업무에 활용해 본다.
3. 6장에서 살펴본 로드맵에 따라 자사 조직에 생성형 AI를 도입한다.
4. 1장~4장에서 설명한 내용을 적용하여 생성형 AI를 활용하는 사업이나 서비스를 만든다.

어떤 분야든 마찬가지지만, 생성형 AI 분야에서도 머릿속에 지식으로만 존재하는 것이 아니라 실제 손을 움직여 실현하는 것이 진정한 의미에서의 배움이라 할 수 있습니다.

생성형 AI는 빠르게 진화하는 분야입니다. 이 책은 이러한 변화를 따라잡는 데 바탕이 되는 지식을 다루고자 했으나 이후에도 새롭게 배워야 하는 정보나 필요한 사고방식은 많이 등장할 겁니다. 진화가 빠른 생성형 AI 분야에서 정보를 따라잡고 싶다면 꼭 필자의 X(구 트위터)나 note, 최신 IT 트렌드를 소개하는 매거진 등을 확인하세요.

필자의 X: https://twitter.com/kajikent
필자의 note: https://note.com/kajiken0630

이 책을 쓰면서 많은 분의 도움을 받았습니다. 편집을 담당한 닛케이 크로스 트렌드 부편집장 모리오카 타이치森岡大地 님은 이 책 기획 단계부터 발간에 이르기까지 여러 방면에서 도와주셨습니다. 조금이라도 이 책이 읽기 쉬웠다고 느꼈다면 이는 모두 모리오카 님 덕분입니다. 이 책의 표지와 도판 등 다양한 디자인은 믿을 수 있는 디자이너인 우메무라 슈토楳村秀冬 님에게 부탁했습니다. 특히 표지(일본 원서의 표지)는 어도비 파이어플라이Adobe Firefly로 생성한 이미지를 우메무라 님이 편집하는 방식으로 '사람과 AI의 공존'이라는 주제를 멋지게 표현했습니다. 이와 함께 에든버러 대학에서 AI 연구를 경험한 나의 벗, 시마다 히로키島田寛基 님은 이 책의 기술적인 내용을 검토하고 조언을 아끼지 않았습니다.

발간에 즈음하여 대담을 나눈 엑사위저즈 하루타 마코토春田真 님, 코르크의 사도시마 요헤이佐渡島庸平 님, 뇌과학자인 콘노 타이치紺野大地 님, 메루카리의 이시다 유키石川佑樹 님, 도판 제작을 지원해 주신 시미즈 레오나清水玲於奈 님, 도판 정리와 부록 작성을 도와준 동생 나오玲緒, 바쁜 연말연시에도 원고를 읽고 귀중한 피드백을 준 친구 타히라 마사토田平誠人 님, 이와하시 후미야岩橋史弥 님, 미츠바시 케이타三橋啓多 님, 주커만 레지ズッカーマン励司 님에게도 고마움을 전합니

다. 그리고 이 책을 쓰는 동안 따뜻한 눈빛으로 지켜봐 준 나의 반려자 마이코麻衣子에게도 고맙다는 말을 전합니다.

마지막으로 한마디만 덧붙이자면, 요즘처럼 우리 사회의 상식이 뒤바뀌는 시대는 그리 흔하지 않을 겁니다. AI의 빠른 진화에 따라 사회나 산업 역시 크게 바뀔 수밖에 없고 이 과정에서 다양한 문제가 생깁니다. 그러나, 전체적으로 보면 사회를 좋은 방향으로 이끄는 인류의 좋은 파트너로서 AI와 함께 해야 한다고 믿습니다. 그리고 여러분도 AI를 좋은 파트너 삼아 다양한 가능성을 찾으세요. 이 책을 참고로 앞날을 함께 할 벗인 AI와 꼭 마주하길 바랍니다.

부록 1 생성형 AI는 지금까지의 AI와 무엇이 다를까? 왜 지금 주목을 받을까?

생성형 AI의 인기는 좀처럼 식을 줄을 모릅니다. 많은 사람이 "생성형 AI가 지금까지의 AI와 명확히 무엇이 다를까?", "왜 지금 시점에 생성형 AI가 이렇게 주목을 받는 걸까?"라는 의문을 느끼는 것도 사실입니다.

이에 여기서는 앞의 2가지 질문에 답하고자 생성형 AI 기술의 원리를 알기 쉽도록 설명한 외국 글이나 동영상 등을 참고로 살펴보고자 합니다. 이 부록의 설명은 어디까지나 알기 쉽게 쓰는 것을 우선시하여 단순화한 내용임을 밝힙니다. 이 내용에 흥미를 느낀다면 마지막에 실은 참고 자료 내용도 함께 살펴보기 바랍니다.

1.1 생성형 AI와 기존 AI 기술과의 관계

먼저 생성형 AI 기술과 지금까지의 AI 기술 사이의 관계를 간략하게 살펴볼까요?

넓은 의미에서 AI 기술을 먼저 살펴봅시다. 데이터의 특징을 학습하여 데이터를 예측하거나 분류하는 등의 특정 업무를 수행하는 머신러닝machine learning이 생겨났고, 이런 과정에서 데이터의 특징을 기계 스스로가 특정하는 딥러닝deep learning 기술이 발전했습니다. 그리고 생성형 AI는 이 딥러닝 발전의 연장 선상에 있는 기술이라 할 수 있습니다.

'생성형 AI'라는 이름은 이전의 기술과 비교하는 의미로 사용하기도 합니다. 2022년, 생성형 AI가 유행하기 전까지는 딥러닝 분야에서 인식과 식별이 주된 흐름이었습니다. 바로 이 시기의 AI와 명확히 구별하고자 AI 스스로 무언가를 만든다는 뜻에서 '생성형 AI'라고 부르게 되었습니다.

● 비교 의미로서의 '생성형 AI'

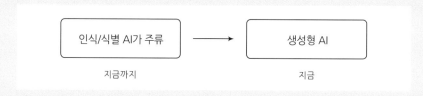

1.2 생성형 AI에 이르기까지의 과정

생성형 AI에 이르기까지의 과정을 정리한 것이 다음 그림입니다. 자세한 내용을 설명하기 전에 이를 먼저 순서대로 살펴봅시다.

● 생성형 AI에 이르기까지의 과정

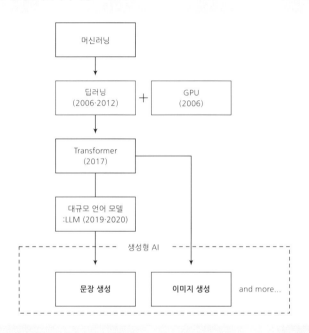

■ 머신러닝의 삼위일체

먼저, 전제가 되는 머신러닝에서 중요한 요소는 다음 3가지입니다. 이는 잠시 후 살펴볼 대규모 언어 모델에서 중요한 '멱법칙$_{power\ low}$ *'의 3요소에도 대응합니다.

1. 입력한 데이터에서 원하는 출력을 유도하는 **모델**

2. 학습에 사용할 **데이터**

3. 연산을 떠받치는 **계산기**

딥러닝의 발전부터 생성형 AI 발전에 이르기까지의 과정은 이 머신러닝의 '삼위 일체'를 염두에 두고 보면 이해하기 쉽습니다.

---

* 멱법칙(冪法則, power law)은 한 수(數)가 다른 수의 거듭제곱으로 표현되는 두 수의 함수적 관계를 의미합니다. 사용 순위 가 뒤로 갈수록 '급격히' 사용 빈도가 떨어지는 법칙으로 '거듭제곱 법칙'이라고도 불리기도 합니다. 원래는 물리학 개념이 지만 사회학이나 경제학, 심리학에서도 쓰이는데, 멱법칙을 그래프로 나타내면 앞쪽은 절벽처럼 하강하고 뒤쪽은 얇은 꼬리로 '롱테일'을 그리게 됩니다. 멱법칙의 그래프는 20%의 사람이 80%의 부를 갖는다는 '파레토 법칙'의 그래프와도 유사합니다.

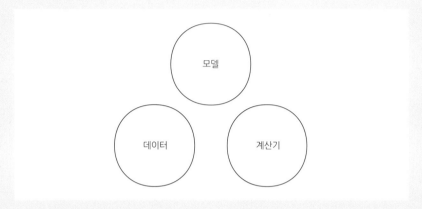

● 머신러닝의 '삼위일체'

모델

데이터

계산기

■ 딥러닝의 발전 역사

딥러닝은 2000년대부터 있었습니다. 딥러닝의 직접적인 기원은 AI 연구의 선구자였던 제프리 힌턴Geoffrey Everest Hinton이 2006년에 고안한 스택드 오토인코더 Stacked Autoencoder라고 합니다. 이전에도 합성곱 신경망CNN이 있었으나 높은 연산 능력을 요구하다 보니 실용적이지 못했습니다.

즉, '모델'은 생겼지만 '계산기'라는 조각이 빠졌던 것입니다. 이 상황을 바꾼 것이 2006년 미국의 엔비디아Nvidia가 발표한 프로그래밍 언어 CUDA였습니다. 이를 통해 GPU를 범용 슈퍼 컴퓨터로 이용할 수 있었습니다.

이렇게 '모델'과 '계산기'가 갖추어진 2006년 시점부터 3년 후인 2009년 스탠퍼드 대학의 AI 연구팀이 컴퓨터 비전 알고리즘 학습에 사용하고자 레이블을 붙인 이미지 '데이터베이스'인 이미지넷ImageNet을 발표합니다.

이렇게 하여 '모델', '데이터', '계산기'가 한곳에 모이자 딥러닝은 전성기를 맞습니다.

2012년 ILSVRC(이미지 인식 정밀도를 겨루는 AI 대회)에서 제프리 힌턴이 이끄는 팀이 첫 출전임에도 압도적인 승리를 거둡니다.

당시 이미지 인식 AI의 정밀도는 75% 정도로, 기껏해야 1년에 1% 개선하는 것이

전부였습니다. 그런데 딥러닝 모델이 다른 AI와 비교하여 10% 이상이나 높은 경이로운 정밀도를 보이자 단숨에 딥러닝이 인기를 얻기 시작했습니다.

■ 딥러닝 인기부터 생성형 AI에 이르기까지의 주요 흐름

그러나 당시의 딥러닝에도 한계는 있었습니다. 이미지 인식에서는 사람보다 뛰어난 정밀도를 보이지만, 자연 언어 처리$_{NLP}$에서 기계가 사람의 말을 이해하고 움직이도록 하는 데는 크나큰 장벽이 있었습니다.

이미지 인식에서는 순서가 상관없지만(이미지 안의 고양이는 어디 있어도 고양이), 언어 처리에서는 순서가 중요("내가 AI를 배운다."는 "AI가 나를 배운다."와 뜻이 다름)했기 때문입니다.

최근까지 데이터를 시간적으로 처리하여 분석하고자 순환 신경망$_{RNN}$이나 장단기 메모리$_{LSTM}$와 같은 모델을 주로 사용했습니다. 이들 모델은 시계열 데이터를 다루므로 지금까지의 신경망 방법에 비해 획기적이었고 인터넷에 있는 문장에 사람이 정보를 부여하는 어노테이션$_{Annotation}$이 원칙적으로 필요 없다는 점에서 데이터 문제도 해결되었습니다. 그러나 긴 문장을 다루기가 어렵다 보니 시리$_{Siri}$나 알렉사$_{Alexa}$와 같은 간단한 음성 어시스턴트에는 적당했지만 그 이상으로 무언가를 하기에는 정밀도가 부족한 것이 현실이었습니다.

■ 생성형 AI가 탄생하기 전의 상황

이러한 생성형 AI 탄생 전 상황을 정리해 보면, 자연 언어 AI에 '계산기'와 '데이터'는 있었지만 이를 활용할 수 있는 '새로운 모델'은 없는 상태, 즉 이것이 마지막 조각이었습니다.

■ 모든 것을 바꿔버린 트랜스포머의 등장

이러한 상황에서 숨통을 틔운 것이 바로, 구글의 번역 연구팀이 개발한 모델이었습니다.

「Attention Is All You Need」라는 유명한 논문에서 발표한 트랜스포머Transformer로, 이것이 바로 생성형 AI의 출발점이라 할 수 있습니다.

왜 구글 번역팀이었을까요? 그들 역시 어순이 중요한, 번역이라는 자연어 처리 문제를 해결하고자 했기 때문입니다.

구글 내부에서 발표한 논문 덕분에 생성형 AI는 전환점을 맞이합니다. 이를 적용한 챗GPT나 Bing AI 등이 큰 위협으로 발전하여 구글이 사내 비상사태를 선언할 정도의 상황에 이르렀다는 점을 생각하면 아이러니가 아닐 수 없습니다.

■ 트랜스포머의 원리

트랜스포머의 원리는 다음과 같은 3가지 주요 특징으로 요약할 수 있습니다. 단, 전체 흐름을 이해하는 데는 영향이 없으므로 개발자가 아니라면 건너뛰어도 좋습니다.

1. Embedding(임베딩)

임베딩Embedding이란 입력한 토큰(≒단어)을 자연어 처리망이 다루기 쉬운 저차원의 벡터 공간으로 매핑하는 과정을 말합니다. 한마디로 말끼리 얼마나 뜻이 가까운지를 수학적으로 쉽게 표현하기 위한 처리입니다.

2. Multi Head Attention(멀티 헤드 어텐션)

트랜스포머 모델에서는 자기 주의Self Attention 메커니즘을 이용하여 한 문장 안의 각 단어가 다른 단어와 어느 정도 관련이 있는지를 점수로 계산합니다. 그리고 멀티 헤드 어텐션Multi Head Attention에서는 이 관련도 점수를 한 종류만 계산하는 것이 아니라 여러 개의 서로 다른 점수 매기기를 병렬로 진행하고 마지막에 이 점수를 합하여 각 단어 사이의 관계성을 드러냅니다. 예를 들어 "The cat was hungry because it didn't eat anything."이라는 문장이 있다면 'it'이라는 단어가 'The cat'을 가리킨다는 등 마치 나름의 문법을 이해하는 것처럼 처리합니다.

3. Feed Forward(피드 포워드)

피드 포워드란 딥러닝에서 출력층에서 입력층을 향해 오차 역전파로 학습하는 것과 반대로 입력층부터 신경망 각 층을 순서대로 통과하여 출력을 수행하는 처리를 말합니다. 대규모 언어 모델의 성능을 표시할 때 자주 사용하는 파라미터 수 대부분은 이 피드 포워드 과정의 가중치 수에 해당하며, 입력한 문장으로 다음 단어의 확률을 출력하는 대규모 언어 모델 처리의 바탕을 이루는 부분입니다.

■ 트랜스포머의 효과

트랜스포머는 다음 2가지 점에서 다양한 언어 문제를 해결하는 데 딱 맞는 모델입니다.

1. 문장이 길수록 정밀도가 떨어지는 RNN이나 LSTM과 달리 문장이 길어도, 마치 문맥을 이해한 듯이 처리할 수 있습니다.

2. 계산 수가 단어 수에 비례하는 RNN이나 LSTM과 달리 분산 학습을 효율적으로 수행하는 모델이므로 GPU에서 처리하기에 어울립니다.

요컨대, 첫 번째 특징 덕분에 실용적인 길이로 문장 등의 문자열을 생성할 수 있으며, 두 번째 특징 덕분에 GPU라는 계산기를 이용할 수 있습니다. 이것으로 '모델', '데이터', '계산기' 등 3가지를 모두 갖추었습니다.

■ '번역'을 다시 번역하기

여기서 재미있는 재번역이 일어납니다. 번역이라는 것이 한글을 영어로 등 반드시 서로 다른 언어 사이에서만 일어나는 일은 아닙니다. 즉, 한글과 한글처럼 같은 언어 사이에도 번역이 일어날 수 있습니다.

예를 들어, 한글로 쓴 긴 글을 몇 개의 짧은 단락으로 요약하거나 상품평이 긍정적인 의견인지 부정적인 의견인지 등을 판단할 때가 이에 해당합니다. 이것이 바로 텍스트 생성이라 부르는 것입니다.

■ OpenAI의 GPT-2 발표(2019)

이러한 발상을 바탕으로 OpenAI는 트랜스포머를 활용한 대규모 언어 모델인 GPT-2를 개발합니다.

챗GPT에서도 사용하는 GPT란 'Generative Pre-trained Transformer'의 줄임말로, "생성에 사용할 수 있도록 사전 학습한 트랜스포머"라는 뜻입니다. 이름을 보면 트랜스포머가 얼마나 중요한 부분인지를 알 수 있습니다.

그리고 GPT-2는 그때까지의 기준에서 볼 때 놀랄 정도로 사람처럼 현실적인 텍스트를, 문장을 넘어 단락 수준으로 생성했습니다. 그러나 텍스트가 길어질수록 내용이 어긋나거나 프롬프트의 유연성이 사라지는 등의 문제 발생도 잦았습니다.

■ GPT-3으로 진화(2020)

진정한 의미에서 생성형 AI로의 전환이 이루어진 것은 GPT-2에서 GPT-3으로 진화한 시점입니다. GPT-2는 파라미터가 약 15억 개였지만, GPT-3에서는 그 100배인 약 1,750억 개의 파라미터를 사용했습니다.

GPT-3은 GPT-2보다 훨씬 뛰어나며 사람이 쓴 것과 거의 구분할 수 없을 정도의 글 한 편을 쓸 수 있었습니다.

GPT-3이 발표될 때 영국의 주요 언론인 〈가디언The Guardian〉이 GPT-3으로 쓴 기사를 공개하여 큰 화제가 되었던 적도 있었습니다.

이처럼 학습 데이터셋 크기, 계산 자원, 모델 파라미터 개수 각각이 늘어나면서 정밀도가 오르는 현상은 멱법칙Power Law으로 표현할 수 있으며, 이를 가장 대표적으로 나타내는 예가 GPT-3으로의 진화입니다. 덧붙여 OpenAI CEO 샘 올트먼은 이 멱법칙도 GPT-4에서는 한계에 이르렀다고 말합니다.

이후는 메타Meta사의 라마2Llama 2처럼 학습 데이터 크기는 늘리되 파라미터 개수는 그대로 두어 빠르게 추론할 수 있도록 모델을 소형화하거나 'Attention Free Transformer'처럼 기존의 트랜스포머를 대신하는 새로운 모델을 개발하는 방향으로 나아가는 중입니다.

■ 연구자의 상상을 뛰어넘는 GPT의 진화

모델을 크게 만들면 단순히 텍스트 생성 능력만 오르는 것이 아니라 요청을 입력하기만 하면 문단을 요약하거나 문장을 특정 문체로 다시 쓸 수도 있습니다. 솔직히 이는 OpenAI 연구자도 상상하지 못했던 결과입니다.

그리고 GPT-3은 단일 목적의 언어 도구를 넘어 다양한 용도에 사용할 수 있는 도구가 되었습니다. 이전에는 기본적으로 태스크마다 모델을 학습해야 했습니다. 그러나 GPT 등 트랜스포머를 활용한 AI 모델에서는 모델을 고정하고 프롬프트 형태로 지시를 바꾸기만 해도 다양한 태스크에 적용할 수 있는 범용 모델로 발전했습니다.

■ 생성형 AI에 이르기까지의 과정 다시 살펴보기

이러한 딥러닝의 흐름에서 태어난 트랜스포머 덕분에 모든 것이 달라지고 이를 이용하여 생겨난 대규모 언어 모델 GPT 덕분에 다양한 문장을 생성할 수 있게 되었습니다.

그러나 지금 생성형 AI가 가리키는 것은 문장뿐만 아니라 이미지도 포함합니다. 이번에는 이미지 생성에 이르게 된 흐름을 알아봅시다.

● 생성형 AI에 이르기까지의 과정

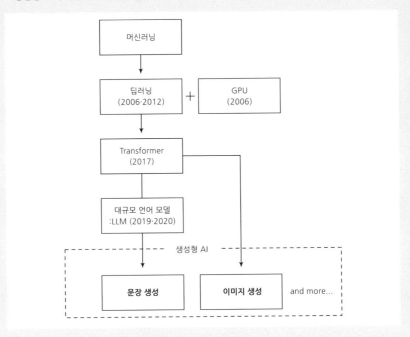

1.3 이미지 생성형 AI의 흐름

트랜스포머 덕분에 대규모 언어 모델이 생겨나고 이에 따라 문장 생성의 전성기를 맞는데, 이미지 생성형 AI는 이와는 다른 방법으로 트랜스포머를 활용하여 발전합니다.

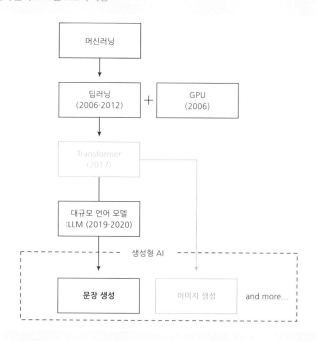

■ 이미지에도 사용할 수 있는 트랜스포머

번역을 추상화하면 특정 순서로 나열한 기호 집합을 다른 순서로 매핑한 것이라 할 수 있습니다. 즉, 언어와 마찬가지 방법으로 해당 매체를 표현하는 방법을 찾기만 하면 트랜스포머 모델을 활용하여 그 언어 사이를 번역할 수 있습니다. 그리고 이미지 생성에서 이 일이 일어났습니다.

■ 언어와 마찬가지 개념으로 이미지를 다루어 매핑하기

딥러닝 덕분에 기본적인 선이나 모양, 패턴 등의 어휘를 기본 구성요소로 하여 이미지를 인식할 수 있었습니다. 즉, 딥러닝은 이미지라는 '언어' 표현을 해석했다고 할 수 있습니다. 그리고 이미지가 '언어'라면 트랜스포머를 이용하여 '번역'할 수 있을 겁니다.

이렇게 하여 이미지에서 중요한 특징을 추출하여 이를 좌표 공간에 표시~plot~하고 (이것이 Embedding에 해당), 이 좌표 공간을 이동하여 이미지를 그릴 수 있었습니다. 요컨대, AI에게 '이미지 그리기란 좌표 공간 안을 이동하는 것'이었습니다.

● 이미지를 언어로 다루어 Transform하기

필자가 만든 그림

■ 인터넷에 넘쳐나는 레이블이 포함된 이미지

인터넷에는 이미지를 표시할 수 없을 때를 대비하여 어떤 이미지인지를 설명하는 'Alt Text'라는 형태의 레이블이 있는 이미지가 많습니다. OpenAI는 이를 이용하여 이미지와 텍스트 세계를 오가는 데 필요한 막대한 데이터셋을 구축했습니다. 그리고 모델, 데이터, 계산기가 하나가 되어 이미지를 텍스트로 변환하는 달리~Dall-E~가 탄생했습니다.

1.4 확산 모델에 따른 발전

현재 이미지 생성형 AI로 널리 사용하는 스테이블 디퓨전Stable Diffusion 역시 텍스트 인코더Text Encoder라 부르는 부분에서 트랜스포머를 이용합니다. 그리고 추가로 확산 모델이라 부르는 방법을 더하여 단순히 트랜스포머를 이용하는 이상으로 품질이 높은 이미지를 만드는 데 성공했습니다.

확산 모델이란 간단히 말해 텍스트와 쌍을 이룬 특정 이미지에 노이즈를 조금씩 더하고, 노이즈가 섞인 이미지에서 원래 이미지를 예측하도록 AI를 학습시킨 모델을 말합니다. 이에 따라 텍스트를 입력하면 거친 노이즈 이미지를 생성하고 이를 점점 깨끗한 이미지로 만들어 가는 동작을 실현할 수 있습니다.

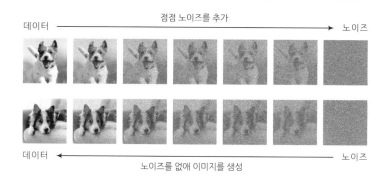

필자가 만든 그림

1.5 딥러닝과 트랜스포머가 생성형 AI의 전환점을 완성하다

정리하자면, 이미지를 포함한 다양한 매체의 '언어'를 학습하는 딥러닝과 이러한 언어 사이를 '번역'할 수 있는 트랜스포머 2가지를 조합하여 오늘날의 생성형 AI에 이르는 전환점이 탄생했습니다.

● 언어 이외의 분야로 확장한 트랜스포머

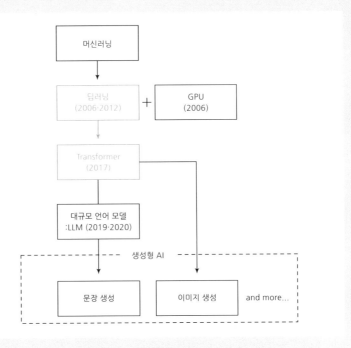

1.6 이러한 전환은 문장이나 이미지에만 머물지 않는다

그리고 생성형 AI가 맞이한 전환점은 문장이나 이미지에만 머물지 않습니다. 언어와 같은 구조로 대상을 표현하는 방법과 이를 학습하는 데이터셋이 있다면 트랜스포머는 규칙을 학습하고 언어 사이를 번역합니다.

예를 들어, 깃허브 코파일럿GitHub Copilot은 영어와 다양한 프로그램 언어 사이를 '번역'하여 엔지니어에게 코드를 추천하거나 조언을 합니다. 또한, 구글의 알파폴드 AlphaFold는 DNA 언어와 단백질 배열 사이를 '번역'하여 생명 공학 발전에 이바지합니다. 이처럼 생성형 AI에는 무한한 가능성이 있습니다.

참고 자료

- Ashish Vaswani et al. (2023), 'Attention Is All You Need', arXiv:1706.03762v7 https://arxiv.org/abs/1706.03762
- Ars Technica, 'The generative AI revolution has begun - how did we get here?' https://arstechnica.com/gadgets/2023/01/the-generative-ai-revolution-has-begun-how-did-we-get-here/
- FINANCIAL TIMES, 'Generative AI exists because of the Transformer' https://ig.ft.com/generative-ai/
- The AI Hacker, 'Illustrated Guide to Transformers Neural Network: A step by step explanation' https://www.youtube.com/watch?v=4Bdc55j80l8
- Pengfei Liu et al. (2023), 'Pre-train, Prompt, and Predict: A Systematic Survey of Prompting Methods in Natural Language Processing', ACM Computing Surveys, Volume 55, Issue 9, Article No.: 195, p1-35 https://dl.acm.org/doi/full/10.1145/3560815
- Shuangfei Zhai et al. (2021), 'An Attention Free Transformer', arXiv:2105.14103 https://arxiv.org/abs/2105.14103

부록 2   주목할 만한 생성형 AI 관련 스타트업

기업이 생성형 AI를 활용할 때는 다음 2가지 이유에서 글로벌 핵심 참여자를 알아야 합니다. 첫 번째는 직접 생성형 AI 서비스를 개발할 때, 도움이 되는 개발 기반을 활용하는 것이 훨씬 효율적이기 때문입니다. 두 번째는 생성형 AI 분야에서 새로운 사업 아이디어를 생각할 때 외국에서 먼저 성공한 기업에서 영감을 얻는 방법역시 무척 효과적이기 때문입니다.

이에 영향력이 있는 유력한 벤처 캐피털이나 액셀러레이터, GAFAM 등의 빅테크 기업이 투자하는 생성형 AI 분야 스타트업을 정리했습니다. 앞서 든 이유에서라도 꼭 참고하세요. (※ 투자액이나 평가액 등의 정보는 2023년 11월 기준입니다.)

Anthropic

주요 투자자	Google, Amazon 등
범주	#BtoB, #LLM, #Chatbot, #Ethics
투자 총액	16억 달러
추정 평가액	44억 달러
URL	https://www.anthropic.com

책임 있는 AI 사용을 목표로 범용 인공지능과 대규모 언어 모델 개발을 전문으로 하는 AI 스타트업 기업이자 공익 법인입니다. 대규모 언어 모델 Claude 2를 공개했으며 Slack, Notion, Zoom 등이 이를 도입했습니다.

AI21 Labs

주요 투자자	Google, Nvidia 등
범주	#BtoB, #LLM
투자 총액	2.8억 달러
추정 평가액	14억 달러
URL	https://www.ai21.com

Jurassic-2 등의 대규모 언어 모델과 글쓰기 어시스턴트 도구인 wordtune 등을 개발했습니다. 챗GPT가 등장하기 전에는 OpenAI의 경쟁 기업으로도 유명했습니다. Amazon의 생성형 AI 활용 기반인 Bedrock과의 제휴를 발표하는 등 기업 영업에 힘을 기울입니다.

Cohere

주요 투자자	Nvidia
범주	#BtoB, #LLM
투자 총액	4.6억 달러
추정 평가액	22억 달러
URL	https://cohere.com

RAG라 부르는 외부 지식을 대규모 언어 모델이 참조하도록 하여 기업 데이터에 바탕을 둔 정확한 대화를 실현하는 챗봇과 지식 어시스턴트를 구축할 수 있는 Coral이라는 시스템을 제공하는 기업입니다. [부록 1]에서 소개한 'Attention Is All You Need' 논문 저자 중 한 사람이 창업했습니다.

Ada

주요 투자자	Accel Partners, Tiger Global 등
범주	#BtoB, #SaaS
투자 총액	1.9억 달러
추정 평가액	12억 달러
URL	https://www.ada.cx

GPT 기반 AI를 활용하여 자사 정보를 바탕으로 고객과 자연스럽게 대화할 수 있는 챗봇 서비스를 제공합니다. Meta, Square, Shopify 등의 기업에서 도입했으며 큰 폭의 비용 절감, 고객 질의 응대 속도 향상 등의 효과가 있었습니다.

AlphaSense

주요 투자자	Goldman Sachs 등
범주	#SaaS, #Productivity, #Marketplace
투자 총액	6.2억 달러
추정 평가액	18억 달러
URL	https://www.alpha-sense.com

수많은 시장 보고서나 경제 뉴스에서 기업 분석 인사이트 리포트를 자동으로 정리하여 컨설팅 기업이나 투자 회사를 대상으로 제공하는 서비스를 운영합니다. Microsoft, J. P. Morgan, Google 등의 대기업과 제휴했으며 S&P100 기업 중 85%가 이 서비스를 이용합니다.

Character.AI

주요 투자자	Andreessen Horowitz 등
범주	#Chatbot, #Creator_economy
투자 총액	1.5억 달러
추정 평가액	10억 달러
URL	https://beta.character.ai

사용자는 GPT 기반의 독창적인 AI 캐릭터를 간단하게 생성할 수 있으며, 다른 사용자가 만든 다양한 장르의 AI 캐릭터와 채팅 형식으로 대화할 수 있는 플랫폼을 제공합니다. 사용자 절반 가까이 MZ 세대이며 평균 세션 시간은 30분으로, 많은 사용자가 관심을 두는 서비스입니다.

Runway

주요 투자자	Google, Nvidia
범주	#Video, #Creator_tools
투자 총액	2.3억 달러
추정 평가액	15억 달러
URL	https://runwayml.com

텍스트나 이미지로 동영상을 생성하는 Gen-2나 오브젝트 삭제, 슬로모션 등 AI를 이용한 동영상 편집 기능을 한 데 모은 Runaway를 제공합니다. Google, Microsoft, New Balance 등의 글로벌 브랜드를 비롯하여 R/GA, Ogilvy 등의 세계적인 크리에이티브 에이전시 등이 이를 도입했습니다.

Descript

주요 투자자	OpenAI 등
범주	#Creator_economy, #Video
투자 총액	1억 달러
추정 평가액	5~10억 달러
URL	https://www.descript.com

생성형 AI 기술과 자연어 처리를 활용한 동영상과 팟캐스트 편집 서비스를 제공합니다. 동영상이나 팟캐스트 음성을 자동으로 글로 옮기거나 텍스트 일부를 삭제하면 자동으로 동영상의 해당 부분을 잘라낼 수 있고 텍스트를 교체하면 화자의 목소리를 자동으로 생성하여 교체하는 등의 복잡한 편집이 가능합니다. HubSpot, Shopify 등의 기업이 도입했습니다.

Eightfold AI

주요 투자자	Lightspeed 등
범주	#BtoB, #Database
투자 총액	3.96억 달러
추정 평가액	21억 달러
URL	https://eightfold.ai

기업의 채용 담당자나 인사 담당자를 대상으로 AI를 활용하여 구직자의 적성을 판단하는 데 도움을 주는, Copilot과 비슷한 형태의 인사 서비스를 제공합니다. Vodafone과 게임 소프트웨어 개발 회사 Activision 등 현재 1,000곳 이상의 고객사가 이 시스템을 이용합니다.

Glean

주요 투자자	Kleiner Perkins, Sequoia, Lightspeed 등
범주	#Productivity, #BtoB, #SaaS, #Big Data
투자 총액	1.55억 달러
추정 평가액	10억 달러
URL	https://www.glean.com

대규모 언어 모델과 Google Drive나 Confluence 등 다양한 SaaS 서비스와 제휴하여 자연어로 사내 정보를 물으면 관련한 사내 문서를 바탕으로 대답하는 서비스를 제공합니다. Canva, grammarly, Okta, Duolingo, Amplitude 등의 대규모 스타트업에서 이미 도입했습니다. Glean 사용자는 매일 평균 5번 정도 검색하여 한 주에 2~3시간의 노동 시간을 절약한다고 합니다(Glean 추정).

Ironclad

주요 투자자	Y Combinator, Accel Partners, Sequoia 등
범주	#BtoB, #Productivity, #AI_Assistant, #Writing
투자 총액	3.34억 달러
추정 평가액	32억 달러
URL	https://ironcladapp.com

AI를 이용하여 비즈니스 계약서 업무 흐름을 자동화하고 계약서 작성, 계약서 검토 등을 AI가 자동으로 수행하는 솔루션을 제공합니다. 화장품 기업인 L'ORÉAL과 Mastercard 등의 대기업은 물론, Dropbox나 Zoom 등의 정보통신기술 기업에서도 이를 도입했습니다.

Jasper

주요 투자자	Y Combinator 등
범주	#Productivity, #Writing
투자 총액	1.31억 달러
추정 평가액	15억 달러
URL	https://www.jasper.ai

텍스트 프롬프트를 입력하면 블로그 글이나 홍보 문구 등을 생성하는 AI 글쓰기 도구를 제공합니다. 다양한 용도에 사용할 수 있는 풍부한 템플릿도 제공합니다. 이미 10만 명 이상의 사용자가 이용하는 중입니다.

Moveworks

주요 투자자	Kleiner Perkins, Lightspeed, Tiger Global 등
범주	#BtoB, #SaaS, #Enterprise, #AI_Assistant, #Productivity
투자 총액	3.05억 달러
추정 평가액	21억 달러
URL	https://www.moveworks.com

SAP이나 Oracle 등의 기간 시스템부터 문서화 서비스인 Confluence나 고객 지원 서비스인 Zendesk 등의 SaaS에 이르기까지 다양한 사내 시스템과 제휴하여 사내 IT 부문 담당자나 인사, 회계 담당자 등을 대신하여 AI가 사원의 질문이나 요청에 답하는 서비스를 제공합니다. Coca-Cola Consolidated나 Broadcom 등 300곳 이상의 기업과 제휴했습니다.

Pinecone

주요 투자자	Andreessen Horowitz, Tiger Global 등
범주	#BtoB, #SaaS, #Database
투자 총액	1.38억 달러
추정 평가액	7.5억 달러
URL	https://www.pinecone.io

대규모 언어 모델이나 머신러닝 개발에 최적화한 벡터 데이터베이스를 제공합니다. Zapier, HubSpot, Shopify 등의 기업에서 도입했습니다.

Replit

주요 투자자	Andreessen Horowitz, Khosla Ventures 등
범주	#BtoB, #Developer_tools
투자 총액	2.2억 달러
추정 평가액	12억 달러
URL	https://replit.com

브라우저에서 바로 코드를 실행할 수 있는 IDE(통합 개발 환경)를 제공합니다. 50개 이상의 언어를 지원하며 코드 보완이나 코드 생성 등 코딩을 지원하는 다양한 AI 기능을 탑재했습니다. 이미 2,000만 명이 넘는 개발자가 Replit을 사용합니다.

Stability AI

주요 투자자	Lightspeed
범주	#Creative_tools, #LLM

투자 총액	1.7억 달러(?)
추정 평가액	(?)
URL	https://stability.ai

　이미지 생성형 AI인 Stable Diffusion이나 대규모 언어 모델인 Stable LM, 음악 생성 모델인 Stable Audio 등을 개발했습니다. Coca-Cola 광고나 Netflix의 단편 애니메이션 〈개와 소년〉에도 사용하는 등 많은 곳에서 활용 중입니다.

Scale AI

주요 투자자	Y Combinator, Founders Fund 등
범주	#BtoB
투자 총액	6.02억 달러
추정 평가액	73억 달러
URL	https://scale.com

　AI 개발 기업을 대상으로 데이터 수집, 어노테이션, 클린업 등을 원스톱으로 진행하는 서비스를 제공합니다. Microsoft, Meta, TOYOTA, Accenture 등의 대기업에서 이를 도입했습니다.

Synthesia

주요 투자자	Google, Accel Partners, Kleiner Perkins, NVentures (Nvidia) 등
범주	#BtoB, #SaaS, #Video
투자 총액	1.56억 달러
추정 평가액	10억 달러
URL	https://www.synthesia.io

　주로 사내 연수나 마케팅 소재 등의 용도로, 텍스트 원고를 입력하면 AI 아바타가 사람처럼 자연스럽게 말하는 동영상을 생성하는 서비스를 제공합니다. Johnson & Johnson이나 Amazon 등 포춘지 100 기업 3분의 1 이상을 포함하여 5만 곳 이상에서 도입하여 사용 중입니다.

Typeface

주요 투자자	Lightspeed, Google 등
범주	#BtoB, #Marketing
투자 총액	2억 달러
추정 평가액	10억 달러
URL	https://www.typeface.ai

기업이 자사 브랜드의 블로그 글, 마케팅 홍보 문구, 상품 소개 영상 등의 콘텐츠를 빠르게 생성할 수 있는 AI 서비스를 제공합니다. 브랜드의 분위기나 상품 정보 등을 학습하여 기업별로 최적화한 콘텐츠를 생성합니다.

Weights & Biases

주요 투자자	NVentures (Nvidia) 등
범주	#BtoB, #Developer_tools, #Machine_learning
투자 총액	2.5억 달러
추정 평가액	12.5억 달러
URL	https://wandb.ai

개발자가 더 뛰어난 머신러닝 모델을 만들 수 있도록 실험 관리, 데이터셋 버전 관리, 모델 성능 평가 등을 담당하는 MLOps 플랫폼을 제공합니다. OpenAI, Stability AI, Nvidia 등 머신러닝 분야의 선두 기업이 이용합니다.

Inflection AI

주요 투자자	NVentures (Nvidia), Google, Microsoft 등
범주	#SaaS, #Chatbot
투자 총액	15억 달러
추정 평가액	40억 달러
URL	https://inflection.ai

코칭, 상담 상대, 어시스턴트 등 다양한 형태의 개인 AI를 제공합니다. 챗GPT

등의 대규모 언어 모델을 이용한 채팅과 달리 친근한 말투로 대화한다고 합니다. Linkedin 창업자이자 전 CEO인 리드 호프먼과 DeepMind의 공동 창업자가 2022년에 설립한 회사로, 창업 1년 만에 15억 달러의 투자를 유치하는 등 많은 주목을 받는 AI 기업입니다.

Hugging Face

주요 투자자	Google, NVentures (Nvidia), IBM 등
범주	#SaaS, #API, #Machine_learning, #Creator_economy
투자 총액	3.6억 달러
추정 평가액	40억 달러
URL	https://huggingface.co

학습이 끝난 AI 모델이나 데이터를 공유하고 이용할 수 있는 개발자 대상 플랫폼 Hugging Face를 운영합니다. 이미 1만 5천 곳 이상이 이용하고 있습니다.

Adept

주요 투자자	NVentures (Nvidia), Microsoft 등
범주	#Productivity, #Chatbot, #AI_assistant, #SaaS
투자 총액	4.15억 달러
추정 평가액	10억 달러
URL	https://www.adept.ai

다양한 소프트웨어, 앱, 서비스에서 사용자가 텍스트로 지시하기만 하면 데이터 입력이나 클릭 등 복잡한 조작을 대신 수행하는 AI 모델을 개발하는 중입니다. 현재는 데모 버전인 Chrome 확장 기능을 공개했는데, 이는 캠프장 예약 사이트에 일정을 지정하면 AI가 자동으로 빈방 상황을 조사하는 등 특정 업무에 사용할 수 있는 기능입니다.

Gong

주요 투자자	Sequoia 등
범주	#BtoB, #SaaS, #AI_assistant, #Voice
투자 총액	5.83억 달러
추정 평가액	73억 달러
URL	https://www.gong.io

이메일이나 전화 등 다양한 채널을 이용하여 자사의 영업팀과 고객이 주고받은 내용을 AI가 분석하여 고객 인사이트 추출하고 영업 기법 개선을 제안하는 등 세일즈 인에이블먼트_{Sales Enablement} 기능을 갖춘 서비스를 제공합니다. LinkedIn, Shopify, Snowflake 등의 기업에서 이용 중입니다.

부록3 AI 관련 추천 소식지 목록

날마다 변하는 AI 분야에서는 엄청난 양의 정보를 하나하나 살펴보기가 쉽지 않습니다. 그러므로 AI 관련 뉴스를 정리한 이메일 소식지를 구독하여 효율적으로 정보를 얻도록 합시다.

다음 AI 관련 소식지는 모두 영어로 제공되지만, 기본적으로 웹 페이지이므로 AI 번역 도구인 DeepL의 웹 페이지 전체 번역 기능 등을 활용하면 이해하는 데는 어려움이 없을 겁니다.

Ben's Bites

AI 분야와 관련하여 가장 유명한 소식지의 하나입니다. AI 관련 뉴스나 새로운 서비스 대부분은 이 소식지를 구독하면 따라잡을 수 있습니다.

URL: Ben's Bites (https://bensbites.co) | 추천: ★★★

NLP NewsLetter

자연어 처리(_{NLP})나 머신러닝의 최신 논문을 알기 쉽고 간결하게 소개하는 소식지입니다. 현재는 대규모 언어 모델에 관한 논문 소개가 많으며 새로운 모델이나 프롬프트 기법의 등장을 가장 빨리 접할 수 있습니다.

URL: NLP NewsLetter (https://nlp.elvissaravia.com) | 추천: ★★☆

TLDR AI

AI 분야의 최신 뉴스를 매일 트위터 글 1개 분량의 간결한 문장으로 전달하는 소식지입니다. AI 외에도 다양한 장르가 있으나 TLDR AI는 AI 관련 주제에 특화한 뉴스를 요약하여 전달합니다.

URL: TLDR AI (https://tldr.tech/ai) | 추천: ★★☆

SemiAnalysis

반도체 공급망 전문인 컨설팅 회사 SemiAnalysis가 운영하는 소식지입니다. AI와 많은 관련이 있는 반도체 관련 움직임을 알 수 있습니다.

URL: SemiAnalysis (https://www.semianalysis.com) | 추천: ★★☆

SEMAFOR Technology

뉴스 미디어 SEMAFOR가 운영하는 소식지로, 기술 관련 주제에 초점을 둡니다. 최신 기술 전체 모습뿐만 아니라 중요한 인터뷰 기사도 정기적으로 받아 볼 수 있다는 점이 매력입니다.

URL: SEMAFOR Technology (https://www.semafor.com/newsletters)
| 추천: ★★☆

TLDR

앞서 소개한 TLDR AI의 상위 소식지입니다. 기술 전반에 걸쳐 주목할 만한 뉴스를 각각 간결한 문장으로 요약하여 매일 전달합니다.

URL: TLDR (https://tldr.tech) | 추천: ★☆☆

The Rundown AI

X(구 트위터)에서 유명한 AI 인플루언서인 로완 첸이 운영하는 소식지입니다. 가끔

과격한 표현이 등장하기도 하지만, AI 분야의 최신 움직임을 아는 데는 도움이 됩니다.

URL: The Rundown AI (https://www.therundown.ai) | 추천: ★☆☆

Superpower Daily

The Rundown AI와 비슷한 경향을 소개하는 소식지입니다. The Rundown AI와는 다른 각도에서 서비스나 논문을 소개할 때도 흔하므로 함께 살펴보면 좋습니다.

URL: Superpower Daily (https://www.superpowerdaily.com) | 추천: ★☆☆

Future Tools

매주 5가지 AI 도구 설명, 3가지 AI 관련 뉴스, 3가지 AI 관련 동영상을 추천합니다. 특히 여기서 소개한 AI 도구 중에는 아직 알려지지 않은 유용한 것도 있으므로 추천하는 소식지입니다.

URL: Future Tools (https://futuretools.beehiiv.com) | 추천: ★☆☆

TWiST Ticker

앞서 소개한 TLDR처럼 기술 전반의 뉴스를 짧은 문장으로 정리하여 보내는 소식지입니다. TLDR 등의 소식지와 함께 구독한다면 빠짐없이 정보를 접할 수 있습니다. 또한, 같은 이벤트를 다른 관점에서 설명하는 뉴스도 도움이 되므로 활용해 보길 바랍니다.

URL: TWiST Ticker (https://twistticker.substack.com) | 추천: ★☆☆

The Algorithmic Bridge

AI 분야 뉴스나 주제에 관한 심층 기사가 많은 소식지입니다. 단순히 경향을 좇는 것뿐만 아니라 그 뉴스 뒤편에 있는 기업의 의도나 이후 움직임을 예상하는 데도 참고할 수 있습니다.

URL: The Algorithmic Bridge (https://thealgorithmicbridge.substack.com)
| 추천: ★☆☆

The Download

MIT Technology Review가 발행하는 소식지입니다. AI 이외의 기술 분야에 관한 정보도 많은데, 앞으로 AI는 다양한 첨단 기술 분야와 함께 발전할 것이므로 최신 기술을 폭넓게 파악하는 데 도움이 됩니다.

URL: The Download (https://www.technologyreview.com/topic/download-newsletter) | 추천: ★☆☆

Exponential View

첨단 기술 주제에 관해 중요한 생각이나 논리를 전달하는 소식지입니다. 무료로 제공하는 소식만으로도 충분한 도움이 됩니다.

URL: Exponential (https://www.exponentialview.co) | 추천: ★☆☆

찾아보기

AX 시대, 기업의 승부수는 사업·서비스·조직의 AI 전환에 있다

초판 1쇄   2024년 8월 12일

지은이 카지타니 켄토梶谷健人
옮긴이 안동현
발행인 최홍석

발행처 (주)프리렉
출판신고 2000년 3월 7일 제 13-634호
주소 경기도 부천시 길주로 77번길 19 세진프라자 201호
전화 032-326-7282(代) **팩스** 032-326-5866
URL www.freelec.co.kr

편   집 서선영, 박영주
디자인 황인옥

ISBN 978-89-6540-393-7

이 책에 대한 의견이나 오탈자, 잘못된 내용의 수정 정보 등은 프리렉 홈페이지(freelec.co.kr)
또는 이메일(webmaster@freelec.co.kr)로 연락 바랍니다.